Michalicki/Schneider

Kostenrechnung in der Lean Produktion

Mathias Michalicki
Markus Schneider

Kostenrechnung in der Lean Produktion

Verschwendung ausweisen, Wertschöpfung ermitteln, Entscheidungen verbessern

Mit zahlreichen Abbildungen und Tabellen

Die Autoren:
Dr.-Ing. Mathias Michalicki
Prof. Dr. Markus Schneider

Bibliografische Information der Deutschen Nationalbibliothek:
Die Deutsche Nationalbibliothek verzeichnet diese Publikation in der Deutschen Nationalbibliografie; detaillierte bibliografische Daten sind im Internet über http://dnb.d-nb.de abrufbar.

© 2020 Carl Hanser Verlag München, www.hanser-fachbuch.de
Lektorat: Dipl.-Ing. Volker Herzberg
Herstellung: Björn Gallinge
Coverkonzept: Marc Müller-Bremer, www.rebranding.de, München
Titelmotiv: © Max Kostopoulos, unter Verwendung von Grafiken von: © gettyimages.de/CSA-Archive
Coverrealisation: Max Kostopoulos
Satz: Kösel Media GmbH, Krugzell
Druck und Bindung: CPI books GmbH, Leck
Printed in Germany

Print-ISBN: 978-3-446-46568-8
E-Book-ISBN: 978-3-446-46592-3
ePub-ISBN: 978-3-446-46642-5

Inhalt

Vorwort
Dr. Mathias Michalicki

„Wenn Sie gegen die klassische Kostenrechnung und damit auf das Flaggschiff der deutschen Betriebswirtschaft schießen wollen, dann haben Sie hoffentlich genug starke Munition dabei!", sagte 2014 ein BWL-Professor zu meinem Forschungsthema „Controlling for Lean". Eine Herausforderung, die mich damals wie heute motiviert.

Vom Thema Lean bin ich hoch ansteckend infiziert. Mit größter Freude arbeite ich seit Jahren mit Unternehmen an deren nachhaltigem Kulturwandel in Richtung Lean. Entscheidend ist es letztlich Menschen aller Ebenen und Bereiche mitzunehmen, um einen wirklichen kontinuierlichen Verbesserungsprozess anzustoßen. Jedoch lassen sich „Zahlenmenschen" (zu Recht) nur von Zahlen überzeugen. Und hier kommen wir zum Problem:

Den Konflikt zwischen klassischer Kostenstellen- und Kostenträgerrechnung (HKs) und dem fluss- und wertstromorientierten Optimierungsbemühungen der Produktion erlebe ich in meiner Arbeit als Prozessplaner und Trainer nahezu täglich. Was die einen optimieren wollen (Verschwendung reduzieren), finden die anderen nicht in ihrem Zahlenwerk wieder. So entstehen Reibungsverluste, die bis zum völligen Erliegen der Lean Transformation im Unternehmen führen können.

Mit dem hier vorliegenden Fachbuch ist es nun soweit: Endlich können sich der Lean Manager und der Controller wieder besser verstehen, in dem das Zahlenwerk zum Lean Produktionssystem passt. Verschwendung muss treffsicher erkannt und wie in klassischer Kostenrechnung verdeckt bzw. sogar gefördert werden.

Dieses Buch ist der Startschuss für völlig neue berufliche Herausforderungen. Die Industrie benötigt nicht nur das Wissen um ein modernes Kostenrechnungssystem für Lean Unternehmen, sondern auch eine Software und ein Entscheidungsassistenzsystem, um die Theorie in die Praxis zu überführen. Mit größtem Eifer arbeite ich derzeit mit meinen Kollegen Stefan Blöchl und Johannes Fürst an der Realisierung, um noch 2020 unsere Kunden mit einem Informationssystem Für Operative EXzellenz (IFOX) auszustatten. Eine spannende Lernreise steht uns damit bevor!

Mein Dank gilt besonders dem Co-Autor Prof. Dr. Markus Schneider. Ohne dich wäre das Buch nicht entstanden. Ich freue mich auf die weitere Zusammenarbeit mit dir und deinen erfolgreichen Gründungen, dem Technologiezentrum Produktions- und Logistiksysteme (TZ PULS) in Dingolfing sowie der PuLL Beratung GmbH.

Besten Dank auch an Dag Heidecker für die sprachliche Überarbeitung des Manuskriptes.

Dr. Mathias Michalicki, März 2020

Widmung

Ich widme dieses Buch meiner Frau Claudia. Deine Unterstützung in den letzten Jahren durch alle Höhen und Tiefen war für den Erfolg entscheidend. Ich freue mich nicht nur auf die beruflichen Schritte, sondern vor allem auf die vielen kommenden Erlebnisse mit dir und unserem Sohn Hannes.

Vorwort
Prof. Markus Schneider

Meine Mission ist, Unternehmen dabei zu helfen weiterhin in einem Hochlohnland wie Deutschland wettbewerbsfähig zu produzieren. Ein wichtiges und in der Praxis eingehend erprobtes und akzeptiertes Hilfsmittel stellt hierzu Lean Production dar. Trotz aller Erfahrungen mit dieser Produktionsphilosophie habe ich immer wieder beobachtet und in eigenen Projekten erlebt, dass sehr viel Widerstand gegen die Einführung von Lean aus den Controllingabteilungen kommt. Die Controller und Kostenrechner können augenscheinlich die Wirkzusammenhänge mit ihrer Denkweise nicht gänzlich nachvollziehen und mit ihren Methoden nicht kostenrechnerisch bewerten. Spätestens wenn dann die klassische Kostenrechnung eine Erhöhung der Herstellkosten ausgeweist, bekommt der eine oder andere Entscheider „kalte Füße" und schreckt vor einer Umsetzung der Lean Production zurück.

Natürlich hat mich interessiert, warum das so ist. Bei meinen Überlegungen und Recherchen bin ich bereits 2013 auf den Gedanken gekommen, die zeitliche Entstehungshistorie unserer heutigen Kostenrechnungsinstrumente zu betrachten. Die Erkenntnis dabei war, dass der Kern der heutigen Kostenrechnung, wie Grenzplankostenrechnung und Einzelkostenrechnung, in den 40er und 50er Jahren des letzten Jahrhunderts entstanden und somit logischerweise auf die Bewertung und Steuerung unseres über 100 Jahre alten Massenproduktionssystems ausgerichtet sind. Das Lean Production System ist viel später entstanden und wird bei uns erst seit den 80er und 90er Jahren eingesetzt. Die genannten Controlling- und Kostenrechnungsinstrumente können die in einem Lean Production System wichtigen Größen, wie bspw. Bestand und Durchlaufzeit nicht messen und schon gar nicht bewerten. Man muss objektiv betrachtet wohl zu dem Schluss kommen, dass im Controllingumfeld seit den 60er Jahren nichts substanziell Neues entwickelt wurde.

Diese Erkenntnis habe ich seit dieser Zeit auch in meinen Vorträgen, Büchern und Vorlesungen kundgetan, aber mir wurde immer wieder, durchaus auch verständlicherweise entgegnet, dass man ja über keine besseren Tools verfüge und die alten Instrumente daher weiterverwenden würde. Ich konnte den interessierten

Controllern leider über Jahre keine besseren Methoden und Tools für Lean-Unternehmen zur Verfügung stellen.

Cash Flow Design (CFD) ist ein völlig neuartiger Ansatz für ein Controlling for Lean, der in diesem Buch beschrieben wird. Dieser Ansatz wurde maßgeblich von H. Dr. Mathias Michalicki im Rahmen seiner Promotion am Technologiezentrum PULS in Kooperation mit der Firma ebm papst entwickelt.

CFD richtet den Kapitalfluss am Wertstrom aus und ist in unseren ausgereiften Methodenbaukasten „CoMIC" zur ganzheitlichen Optimierung von Produktions- und Logistikprozessen integriert. CoMIC setzt sich aus folgenden Bausteinen zusammen:

Co munication Flow Design (CoFD)

M aterial Flow Design (MFD)

I nformation Flow Design (IFD)

C apital Flow Design (CFD)

CoFD fokussiert das für einen Projekterfolg enorm wichtige Thema der Kommunikation. Es wird strukturiert eine Kommunikation zu und zwischen verschiedenen Ebenen des Kunden aufgebaut. Von zentraler Bedeutung ist die gemeinsame Vision, die Führungsmethode KATA und verschiedene Boards als Kommunikationswerkzeuge. Aktuell haben wir das Konzept des „Obeya" („Großer Raum") aus dem Toyota Produktentstehungsprozesses auf die Produktionsplanung und -steuerung übertragen und somit ein Referenzmodell für eine ganzheitliche „Kommunikationszentrale" entwickelt. Besondere Hoffnungen setze ich hier in meinen Forschungsprojekten auf das Thema Künstliche Intelligenz, um bspw. die PPS-Systematik grundsätzlich weiterzuentwickeln.

MFD umfasst eine Top down Betrachtung des gesamten Kundenstandortes mit Hilfe der Wertstrommethode und eines softwarebasierten Materialflussplanungssystems, das wir Lean-kompatibel einsetzbar gemacht haben. Ergänzt wird dies durch eine Bottom up-Methodik, die den einzelnen Arbeitsplatz optimiert. Den besonderen Mehrwert für den Kunden bildet hier unsere ausgefeilte über viele Jahre methodisch entwickelte Vorgehensweise. Diese sind in meinem Buch „Lean Factory Design" (Schneider 2016) beschrieben. In der Materialflussplanung bewegt mich aktuell besonders der Einsatz von kollaborativen Robotern und deckengestützten FTS, die ganz neue Gestaltungsmöglichkeiten in Prozessen zulassen.

IFD fokussiert den immer wichtiger werdenden Bereich der Informationsflussgestaltung und stellt die Methoden und Werkzeuge zur Verfügung, um den Material- und Informationsfluss in einem Unternehmen zu synchronisieren. Dieser Bereich wird in meinem Buch „Lean und Industrie 4.0" (Schneider 2019) beschrieben.

CFD rundet unseren Methodenbaukasten ab und schließt die wichtige Lücke, so-dass wir Lean Unternehmen und den interessierten Controllern eine Lean-kompa-tible Kostenrechnungsmethodik an die Hand geben können.

Das Alleinstellungsmerkmal von CoMIC ist, dass alle vier Leistungsbereiche über EINE Methode, das Wertstromdesign, aufeinander ausgerichtet werden. Dies bietet enorme Vorteile bezüglich der Konsistenz der mit diesem Methodenbaukasten er-arbeiteten Strategien und Maßnahmen – es ist alles aus einem Guss.

Ich würde mich sehr freuen, wenn mein ganzheitliches Optimierungskonzept Lean Factory Design, in das der Methodenbaukasten CoMIC u.a. integriert ist, weite Verbreitung finden und von vielen Unternehmen genutzt werden würde, um noch besser zu produzieren und weiter zu wachsen. Ich möchte allen Unternehmern in unserem Land für ihren Mut und ihr Engagement danken. Mit Lean Factory Design möchte ich einen Beitrag zu sicheren Arbeitsplätzen leisten.

Vielen Dank Mathias für die umfangreichen Ausarbeitungen und die vielen span-nenden Diskussionen rund um die Zusammenhänge von Lean Denkweisen und der Kosten- und Investitionsrechnung. Mein weiterer Dank gilt H. Dag Heidecker für die Unterstützung bei der redaktionellen Überarbeitung der Texte.

Prof. Dr. Markus Schneider, März 2020

Widmung

Ich widme dieses Buch allen Unternehmern, die mit Ihrem Mut und Engagement Werte und Arbeitsplätze schaffen.

Die Autoren

Dr.-Ing. Mathias Michalicki

Derzeitige Tätigkeiten

Gründer von IFOX Systems (Information For Operational eXcellence), einem Software as a Service Anbieter von Controlling- und Informationssoftware für Lean Unternehmen

Managing Consultant in den Gebieten Controlling und Accounting for Lean sowie Produktions-, Logistik- und Materialflussoptimierung

Trainer und Coach für Lean Production, Lean Logistics und Lean Leadership.

Spezialgebiete

- Controlling und Kostenrechnung in Lean Unternehmen
- Lean Management
- Shopfloormanagement und Kennzahlen

- Materialfluss-, Produktions- und Logistikoptimierung
- Prozessoptimierung

Berufserfahrung

- Ausbildung von über 100 Lean Experten in Theorie und Praxis
- Umfangreiche Beratungserfahrung in den Bereichen Lean Production, Lean Logistics, Controlling for Lean und Fabrikplanung bei mehr als 25 mittelständischen und großen Unternehmen
- Mehr als 10 wissenschaftliche Veröffentlichungen und Buchbeiträge in deutscher und englischer Sprache
- Tätigkeit als Lehrbeauftragter im Modul Logistik und Fabrikplanung an der Hochschule Landshut
- Externe Promotion zum Dr.-Ing. zum Thema Kostenrechnung in Ganzheitlichen Produktionssystemen an der Otto-von-Guericke Universität Magdeburg
- Tätigkeit im Qualitäts- und Anlaufmanagement eines Automobilzulieferers im internationalen Umfeld
- Bachelor und Master of Engineering (Wirtschaftsingenieurwesen) mit Schwerpunkt Produktion und Logistik

Widmung

Ich widme dieses Buch allen Unternehmern, die mit Ihrem Mut und Engagement Werte und Arbeitsplätze schaffen.

Prof. Dr. Markus Schneider

Derzeitige Tätigkeit

- Professur für Logistik, Material- und Fertigungswirtschaft an der Hochschule Landshut – *www.haw-landshut.de*
- Leiter Technologiezentrum PULS (Produktions- und Logistiksysteme) – *www.tz-puls.de*
- Leiter der Lern- und Musterfabrik „Intelligente Produktionslogistik" – *www.tz-puls.de*
- Geschäftsführender Gesellschafter PuLL Beratung GmbH – *www.pull-beratung.de*
- Prokurist und Gesellschafter der Technologiezentrum Dingolfing GmbH (An-Institut der Hochschule Landshut) – *www.tzding.de*
- Leiter KIP (Kompetenznetzwerk Intelligente Produktionslogistik) – *www.tz-puls.de*
- Spezialgebiete
- Lean Management
- Intelligente Produktionslogistik
- Materialfluss-, Produktions- und Logistikoptimierung
- Prozessoptimierung
- Fabrikplanung und Lean Factory Design
- Industrie 4.0, Digitale Produktion und Digitale Fabrik

Berufserfahrung

- Umfangreiche Beratungserfahrung in zahlreichen Unternehmen und verschiedenen Branchen und Schulung von über 3500 Teilnehmern rund um Lean in Produktion und Logistik, Aufbau und Einführung von Produktionssystemen und Fabrik- und Materialflussplanung (siehe *www.pullberatung.de*)

- Aufbau und Leitung des TZ PULS mit 2700 m² und 6 Laboren

- Leitung mehrerer Forschungsprojekte (ca. 4,5 Mio.€ Drittmittel) zu den Themen Lean (Aufbau eines Referenzproduktionssystems für den Mittelstand/ Controlling for Lean, etc.) und Industrie 4.0 (Einsatz eines Real Time Location Systems zur Digitalisierung von Bewegungsdaten und ortungsbasierten Produktionssteuerung) als Professor für Logistik, Fertigungs- und Materialwirtschaft

- Autor mehrerer Fachbücher (Logistikplanung in der Automobilindustrie 2008, Prozessmanagement & Ressourceneffizienz 2012, Lean Factory Design 2016, Lean und Industrie 4.0 2019, Industrie 4.0 (mit Prof. Arlt) 2019, zahlreiche Veröffentlichungen und Vorträge auf Konferenzen

- Aufbau und Leitung (bis 2016) des erfolgreichsten berufsbegleitenden Masters der Hochschule Landshut „Prozessmanagement & Ressourceneffizienz"

- Berufsbegleitende Promotion zum Thema "Logistikplanung in der Automobilindustrie". Entwicklung einer Planungsmethodik für die Logistik im Rahmen der Digitalen Fabrik und Konzeptionierung als Software. Die Arbeit bildet heute die Basis für die Logistiklösung im Rahmen der "Siemens PLM Software"

- Mehrjährige Tätigkeit als Logistikplaner für die Fahrzeugmodellreihe A3 bei der AUDI AG an der Schnittstelle zwischen Technischer Entwicklung, Montageplanung und Logistikplanung. Logistikvertreter im SE-Team

- Ausbildung zum Speditionskaufmann

1 Einleitung

Verantwortliche und Mitarbeiter im produktionstechnischen Umfeld begegnen auf ihrem beruflichen Weg wiederkehrend zwei Begriffen: der Massenproduktion nach Frederick Taylor und dessen Konzepten sowie dem Toyota-Produktionssystem. Die Empfehlungen von Taylor sind deutlich älter und beziehen sich in ihren Grundsätzen auf die Massenproduktion von Waren mit geteilten Arbeitsabläufen in Verkäufermärkten. Das Toyota-Produktionssystem zielt auf modernere Anforderungen. Ganzheitliche Produktionssysteme und Lean Production, Orientierung an den Bedürfnissen einer Käufermarktes sowie die Vermeidung von Verschwendung sollen hier bereits als erste Begriffe „zum Aufwärmen" genannt werden. Das hier vorliegende Fachbuch verfolgt nicht das Ziel, die beiden genannten Verfahren erneut zu beschreiben – das haben bereits zahlreiche Experten in den letzten Jahrzehnten hervorragend gemacht. Vielmehr geht es um die bei beiden Verfahren zum Einsatz kommenden Kostenrechnungssysteme. Diese sind für das Controlling und Überprüfen der Ergebnisse für Unternehmen unabdingbar.

Bereits zum Taylorismus kamen auf die Produktion von Massenwaren zugeschnittene Kostenrechnungsverfahren zum Einsatz. Das wäre nun eigentlich auch beim Toyota-Produktionssystem zu erwarten, welches zahlreiche Unternehmensverantwortliche heute als das geeignetste Verfahren für die modernen Herausforderungen ansehen. Problematisch wird an dieser Stelle, dass die hierbei verwendeten Kostenrechnungsverfahren immer noch auf der Denkweise des Taylorismus aufbauen. Das ist einerseits wenig zeitgemäß und andererseits auch gefährlich, da beide Ansätze grundverschieden sind. Diesen Irrweg sehen zahlreiche Experten als einen der Stolpersteine, warum viele Einführungsversuche von Lean-Production-Prinzipien zum Scheitern verurteilt sind. Demzufolge gilt es, sowohl Begriffe als auch Vorgänge klar voneinander zu trennen bzw. eindeutig zu definieren.

Ab diesem Scheideweg kommt das hier vorliegende Fachbuch ins Spiel. Es klärt eindeutig die zur Anwendung kommenden Begriffe, zeigt Defizite vorhandener Kostenrechnungsverfahren auf und gibt wegweisende Vorschläge zur Abhilfe und Verbesserung. Leserinnen und Leser erhalten in logischer Abfolge und mit immer wieder unterhaltsamen Einlagen einen Reiseführer an die Hand, mit dem sie den teils steinigen und von zahlreichen Faktoren beeinflussten Pfad hin zu einer Lean

Production mit einem geeigneten Kostenrechnungsverfahren erfolgreich beschrei-
ten. Wer diesen Marathon meistert, dem winken am Ziel eine wandlungsfähige
Fabrik und agile Produktionsabläufe für mehr Effizienz in den Abläufen, weniger
Verschwendung in allen Bereichen und eine wachsende Profitabilität selbst im dynamischen globalen Wettbewerb.

FÜR SCHNELL-LESER – die Kapitel beschreiben folgende Themen:

1. Motivation der Arbeit: Warum gibt es dieses Buch?
2. Notwendiges Training: Grundlagen und Erläuterung der verwendeten Begriffe
3. Wieso scheitern viele Projekte? Defizite vorhandener sowie Anforderungen an
   neue Kostenrechnungssysteme
4. Neues schaffen: Beschreibung der Lösung
5. In die Tat umsetzen: Anwendung bei einem Pilotprojekt in der betrieblichen
   Praxis
6. Ziellinie erreicht? Zusammenfassung und Ausblick

■ 1.1 Startvorbereitungen

Auch andere Wegbegleiter, aktuell noch oft aus dem englischsprachigen Raum,
stießen bereits auf diese Problematik. BYRNE erkannte vor wenigen Jahren: *„Stan-
dardkosten-Rechnungssysteme sind nicht kompatibel zu Lean. Sie sind gegensätzlich
zu Lean, weil sie genau die Verhaltensweisen fördern und belohnen, welche man eliminieren möchte.* **In Wirklichkeit sehe ich die Standardkostenrechnung als das
„Anti-Lean" an."** (übersetzt nach Byrne 2013, S. 116)

Das hilft uns bei der Überzeugung, auf dem richtigen Weg zu sein. Zunächst folgt
eine kurze Beschreibung, wie sich die Welt um uns herum einem permanenten
Wandel unterzieht. Das hat Auswirkungen im privaten Umfeld ebenso wie im produzierenden Gewerbe. Beide „Welten" hängen in hohem Maße voneinander ab. Das
zwingt Produktionsunternehmen, wiederkehrend ihre Prozesse anzupassen, um
im globalen Wettbewerb nach wie vor erfolgreich zu sein.

Aktuell ändert sich das Markt- und Produktionsumfeld für Industriebetriebe besonders dynamisch. Verantwortliche sind in immer kürzeren Zeitabständen gezwun-
gen, ihr unternehmerisches Handeln den veränderten Rahmenbedingungen kontinuierlich anzupassen. Die wesentlichen Herausforderungen liegen dabei u. a. in

- dem steigenden Wettbewerbsdruck infolge der Globalisierung
- einem starken Verdrängungswettbewerb mit sinkenden Wechselbarrieren für
  die Kunden

- einem hohen Kostendruck durch Überangebote
- einem raschen sozialen und technologischen Wandel
- einer rasant steigenden Variantenvielfalt durch einen Individualisierungstrend
- kürzeren Produktlebenszyklen und
- erheblichen Nachfrageschwankungen (Spath 2003, S. 37; Bergmann, Crespo 2009, S. 5; Gerberich et al. 2006, S. 9 – 10).

Vorrangiges Ziel eines Produktionsunternehmens ist ein effizienter und damit wirtschaftlicher Betrieb. Die genannten Punkte verschärfen zunehmend die klassischen Bedingungen, um diese Ziele zu erreichen (s. Bild 1.1).

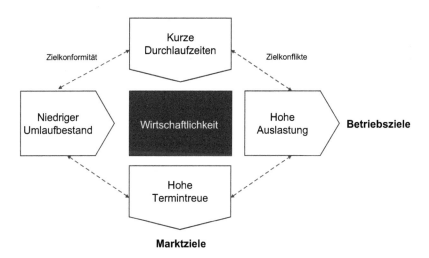

Bild 1.1   Zielbeziehungen im Produktionsbetrieb (Pfeffer 2014, S. 5)

Die Wettbewerbssituation verlangt sowohl kurze Durchlaufzeiten als auch eine hohe Termintreue. Zunehmende Varianz und rascher Wandel sowie ein gesteigertes Bewusstsein für die Bedeutung von Kapitalfluss und Liquidität als Folge der Wirtschaftskrise 2008/2009 erfordern niedrige Umlaufbestände. Eine hohe Auslastung bei zunehmend dynamisch wechselnden Märkten lässt sich dabei nur durch flexible Organisationsstrukturen erreichen.

Das auf Frederick W. Taylor zurückgehende tayloristische Massenproduktionskonzept mit seinen vorwiegend intern ausgerichteten Managementansätzen wird diesen beschriebenen Entwicklungen nicht mehr gerecht. *„Die Lösung für die aktuellen Herausforderungen kann aufgrund völlig veränderter Rahmenbedingungen nicht innerhalb der tayloristischen Konzepte liegen."* (Spath 2003, S. 37). Im Anbietermarkt Taylors reichte ein auf betriebsinterne Effizienzsteigerung ausgerichtetes Produktionssystem aus (Betriebsziele). Die heutigen diversifizierten Kunden- und

Marktbedürfnisse verlangen hingegen eine deutlich stärkere Ausrichtung nach außen (Marktziele). Das bedeutet den Wandel von einer intern ausgerichteten und angebotsorientierten Massenfertigung hin zu einer extern ausgerichteten und nachfrageorientierten Fertigung in kleinen Losen bei hoher Varianz.

 Aktuelle Herausforderungen des Marktes lassen sich nur mit flexiblen wandlungsfähigen Unternehmensstrukturen begegnen.

Um den Wandel mitzugestalten und die Ziele eines Produktionsbetriebs angesichts der genannten Herausforderungen zu erreichen, führten zahlreiche Unternehmen seit den 1990er Jahren Ganzheitliche Produktionssysteme[1] nach dem Vorbild Toyotas ein. Ganzheitliche Produktionssysteme umfassen Prinzipien, Methoden und Werkzeuge, um nicht wertschöpfende Kosten zu eliminieren oder zumindest entscheidend zu verringern. Sie stellen den anerkannten Stand der Wissenschaft und Praxis für die effiziente Gestaltung einer Produktion im beschriebenen Marktumfeld dar.

 Damit Optimierungen nicht nur auf lokaler Ebene stattfinden, ist die Entwicklung eines aufeinander abgestimmten Gesamtsystems (Lean Enterprise) empfehlenswert.

Ganzheitliche Produktionssysteme sind weit verbreitet und allgemein anerkannt. Nichtsdestotrotz liegen die Ergebnisse einer Einführung in der Praxis häufig bezüglich Nachhaltigkeit und Höhe hinter den Erwartungen des Managements zurück. Oftmals bleiben durchgreifende Erfolge aus oder die Implementierung verläuft eher schleppend. Experten sehen eine Ursache darin, dass Lean nicht als umfassendes Managementsystem erkannt und umgesetzt wird. Um zu vermeiden, dass Optimierungen lediglich auf lokaler Ebene stattfinden, ist die Entwicklung eines aufeinander abgestimmten Gesamtsystems (Lean Enterprise) zu empfehlen (Dombrowski et al. 2015, S. 300). Die Beschränkung auf die Bereiche Produktion und Logistik reicht dabei (leider) nicht aus. Der entscheidende Wurf für tiefgreifende Verbesserungen bleibt hierbei meist aus, da ein Unternehmen mit allen direkten und indirekten Funktionen als System agiert. Für einen nachhaltigen und durchgreifenden Erfolg Ganzheitlicher Produktionssysteme ist daher auf mehreren Gebieten ein geeignetes Umfeld zu schaffen. Bild 1.2 zeigt die Elemente für eine erfolgreiche Lean-Transformation und deren Beziehungen (in Anlehnung an Grasso 2006, S. 10; Gerberich et al. 2006, S. 10; Grasso et al. 2015, S. 14).

---

[1] Englisch: Lean Production System. Die Begriffe Lean Production und Ganzheitliche Produktion werden im Rahmen der Arbeit synonym verwendet. Aufgrund des feststehenden Ausdrucks wird der Begriff „Ganzheitliches Produktionssystem" mit großem Anfangsbuchstaben geschrieben.

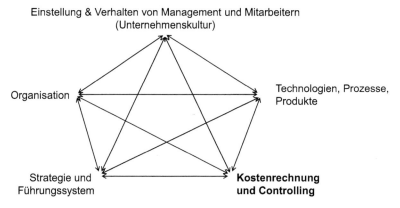

Bild 1.2 Elemente und deren wechselseitige Beziehungen für eine erfolgreiche Lean-Transformation

Jede der aufgeführten Dimensionen in Bild 1.2 beeinflusst alle übrigen und wird ebenso von diesen beeinflusst. Zu folgenden Elementen existieren in der Forschung und Praxis bereits relevante Untersuchungen und Weiterentwicklungen:

- Unternehmenskultur (z. B. Kaizen, Toyota KATA (Rother 2013))

- Organisation (z. B. Managementprinzipien, Wertstromorientierung (Rother et al. 2004; Schneider 2016)

- Strategie und Führungssystem (z. B. Hoshin Kanri (Kudernatsch 2013)) sowie

- kundenorientierte Gestaltung von Technologien, Prozessen und Produkten (z. B. Target Costing (Weber, Schäffer 2011; Cunningham et al. 2003)).

Controlling und Kostenrechnung für Ganzheitliche Produktionssysteme hingegen stellen seit dem Aufkommen der Lean-Bewegung ein weitgehend unbeachtetes Feld dar.

 Die Kostenrechnung ist eine wesentliche betriebswirtschaftliche Grundlage und muss sowohl den Anforderungen als auch der Philosophie des Produktionssystems entsprechen.

Das Controlling besitzt als Kommunikationsmittel und Steuerungsinstrument eine hohe Bedeutung. Demzufolge ist dringend zu empfehlen, ein sorgfältig gestaltetes System zu erstellen, das die Lean-Strategie unterstützt und nicht etwa ein Hindernis darstellt. Die Kostenrechnung gilt als wesentliche Grundlage betriebswirtschaftlichen Denkens und Handelns. Sie muss sowohl den Anforderungen als auch der Philosophie des Produktionssystems entsprechen, damit sie sich als verhaltenssteuerndes und zielführendes Instrument einsetzen lässt. Das Kostenrechnungssystem kann die Unternehmenskultur ganz entscheidend beeinflussen. Daher ist eine Anpassung sowohl an die Unternehmensstrategie als auch an das Produktionssystem ganz besonders wichtig. Infolgedessen macht es Sinn, die Kostenrechnung als ein dem Produktionssystem untergeordnetes und unterstützendes System zu betrachten. Insbesondere im japanischen Management, der Quelle der Lean Production, wird das Controlling als interner Dienstleister der Produktion und nicht als dessen „Lehrmeister" gesehen (Hutchinson, Liao 2009, S. 33; Ahlstroem, Karlsson 1996, S. 54).

Die Kostenrechnung beeinflusst den langfristigen und durchgreifenden Erfolg Ganzheitlicher Produktionssysteme. Verantwortliche sind also bestens beraten, ein entsprechend geeignetes System der Kostenrechnung und Kostenanalyse für Steuerungs-, Planungs- und Kontrollzwecke zu entwickeln (vgl. Fullerton et al. 2013, S. 67). Die hier vorliegende Publikation nimmt bewusst eine ingenieurwissenschaftliche Perspektive ein. Ziel ist, die deutlichen Veränderungen auf dem Gebiet der Produktionssysteme in die Unterstützungsfunktion des Controllings zu übertragen und so ein effektives Umdenken zu erzielen.

 Das japanische Management sieht das Controlling als internen Dienstleister der Produktion – und nicht als dessen „Lehrmeister".

■ 1.2 Dilemma zwischen klassischen Methoden und modernen Herausforderungen

Zum ursprünglichen Kern des Controllings in Unternehmen gehört die „Rationalitätssicherung" der Führung. Rationalitätssicherung bedeutet in diesem Zusammenhang, die Wahrscheinlichkeit zu erhöhen, dass die Realisierung der Führungshandlungen den antizipierten Zweck-Mittel-Beziehungen entspricht (Konzeption nach Weber, Schäffer 2011, S. 26). Auch Manager sind nur Menschen: Sie verfolgen mit individuell begrenzten kognitiven Fähigkeiten eigenständige Ziele.

Rationalität wird oft als Effizienz von Handlungen (Zweckrationalität) gesehen und hängt damit unter anderem direkt vom Stand des Wissens ab (Weber, Schäffer 2011, S. 45 – 46). Diese Controllingkonzeption nach Weber verdeutlicht den Bedarf, klassische Controllinginstrumente zu überprüfen und anzupassen. Das gilt in besonderem Maße auch für die Kostenrechnung, die in Ganzheitlichen Produktionssystemen zum Einsatz kommen soll. Haben Verantwortliche entschieden, Lean-Methoden einzuführen, gilt es die Rationalität von Handlungen anders zu betrachten. Um die Rationalität der Führung sicherzustellen, müssen die verwendeten Instrumente angepasst werden. Nur so kann das Controlling den Unternehmenswandel aktiv mitgestalten und die gemeinsame Ausrichtung der Organisation bezüglich veränderter Ziele gewährleisten (vgl. Biel 1995, S. 73).

 Zahlreiche Betriebe sehen die klassische Kostenrechnung als „heilige Kuh", die lieber unangetastet bleibt.

Wie so oft weicht die Praxis hier von der Theorie deutlich ab: Trotz erheblicher Veränderungen durch die Einführung Ganzheitlicher Produktionssysteme kommen die klassischen Kostenrechnungsinstrumente[2] weitgehend unverändert zum Einsatz und gefährdet so die Rationalitätssicherung der Führung (Weber, Schäffer 2016, S. 165 – 166; Rao, Bargerstock 2011, S. 49). Konzeptionell hat sich die Kostenrechnung nur begrenzt gewandelt. Die Basisstruktur mit den entsprechenden zugrundeliegenden Annahmen basiert auf ihrer rund 100 Jahre alten Entwicklung zur Unterstützung tayloristischer Massenproduktionskonzepte in Verkäufermärkten (vgl. Schneider 2016, S. 54; Darlington 2016, S. 3).

Goldratt bezeichnet die klassische Kostenrechnung als „heilige Kuh" innerhalb zahlreicher Betriebe, die in einer veränderten Unternehmensrealität oft zu wenig hinterfragt wird (Goldratt, Cox 2013, S. 6).

Eine große Anzahl an Autoren beschreibt die klassische Kostenrechnung als teilweise völlig ungeeignet für den Einsatz in Ganzheitlichen Produktionssystemen. Da elementare Anpassungen bei der Kostenrechnung fehlen, bleiben die entscheidenden Erfolge durch Fehlsteuerungen oftmals aus. Eine detaillierte Analyse von Defiziten klassischer Kostenrechnung in Ganzheitlichen Produktionssystemen erfolgt in Abschnitt 3.1.

 Sogar Ford und General Motors stuften erste Lean-Einführungen aufgrund unangepasster Kostenrechnungssysteme als Fehltritt ein.

Der bereits zu Beginn dieses Buches zitierte Byrne beschreibt die fehlende Anpassung des Kostenrechnungs- und Controllingsystems als einen der größten Fehler bei der Einführung von Lean (Byrne 2013, S. 115 – 116). Finden klassische, auf den Thesen Taylors beruhende Kostenrechnungssysteme weiterhin Verwendung, führt dies in vielen Fällen in der Praxis zum vollständigen Versagen der Initiative und zur Abkehr von den Prinzipien schlanker Produktion (vgl. Gracanin et al. 2014, S. 1226; Sobczyk, Koch 2008, S. 151; DeLuzio 2006, S. 89). Selbst die Unternehmen Ford und General Motors stuften erste Lean-Einführungen aufgrund unangepasster Kostenrechnungssysteme als Fehltritt ein (Schunter, Zirkler 2007, S. 89 – 90).

Studien belegen, dass zahlreiche Betriebe bei der Einführung von Lean die Notwendigkeit zur Anpassung der internen Kostenrechnungssysteme erkennen (vgl.

---

[2] Eine Definition klassischer bzw. traditioneller Kostenrechnungssysteme erfolgt in Abschnitt 3.1.

Myrelid, Olhager 2015, S. 403; Fullerton et al. 2013, S. 66). Dabei werden die Konflikte zwischen den Aussagen der Kostenrechnung und den Prinzipien Ganzheitlicher Produktionssysteme häufig bereits in frühen Implementierungsphasen offensichtlich. Bild 1.3 verdeutlicht anhand zahlreicher Beispiele, welche Konflikte die Standardkostenrechnung mit den Zielen Ganzheitlicher Produktionssysteme auslösen kann.

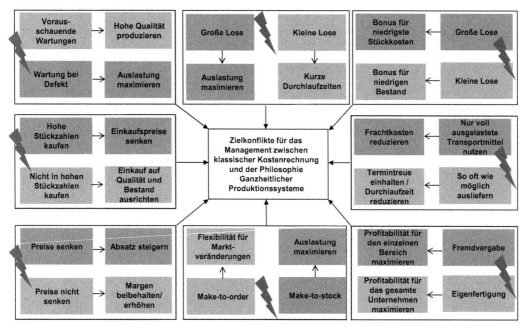

Bild 1.3 Zielkonflikte zwischen Standardkostenrechnung (grau hinterlegt) und Ganzheitlichen Produktionssystemen (blau hinterlegt) (in Anlehnung an Smith 2000, S. 25)

Zwei typische Szenarien aus der Praxis verdeutlichen exemplarisch die in Bild 1.3 dargestellten Zielkonflikte (Smith 2000, S. 23; Schunter, Zirkler 2007, S. 27 – 28):

- **Große Lose vs. kleine Lose:** Klassische Kostenrechnungsmodelle weisen niedrigste Stückkosten bei maximal produktiver Auslastung aller Ressourcen aus. Die Folgen sind unter anderem große Produktionslose, die zu Beständen an sowohl fertigen als auch unfertigen Erzeugnissen führen und die Durchlaufzeiten erhöhen. Dies steht nicht im Einklang mit der Philosophie Ganzheitlicher Produktionssysteme, die einen kontinuierlichen Materialfluss und kurze Durchlaufzeiten anstrebt.

- **Make-to-stock vs. Make-to-order:** Die klassische Kostenrechnung motiviert für einen Bestandsaufbau, da unverkauften Erzeugnissen ein Teil der Perioden-Fixkosten zugerechnet wird (zur detaillierten Erläuterung s. Abschnitt 3.1.3). Übertragen auf die grundlegenden Fertigungsprinzipien wird so eine prognoseorientierte Produktion auf Lager (make-to-stock) bei voller Auslastung gefördert, um Stückkosten zu minimieren. Im Gegensatz dazu betrachtet das Lean Management Bestände als Verschwendung, da sie die Flexibilität für marktseitige Veränderungen reduzieren, Kapital binden und Durchlaufzeiten erhöhen. Anzustreben ist daher tendenziell eine nachfragebasierte Auftragsfertigung (make-to-order).

Bereits in der Theorie sind also die Widersprüche zwischen klassischer Kostenrechnung und Ganzheitlichen Produktionssystemen offensichtlich. Kommt jetzt noch die bereits vorne angedeutete fehlende Anpassung hinzu, folgt logischerweise die oft zu beobachtende geringe Veränderungsgeschwindigkeit bzw. sogar das Stoppen der Lean-Projekte in der Praxis. Viele der aufgezeigten Konflikte entstehen durch unterschiedliche Ansichten über das Wirtschaftlichkeitsprinzip, das die Basis der Produktionstheorie darstellt. Die Maximierung der Wirtschaftlichkeit lässt sich dabei durch zwei Kernprinzipien erreichen (Günther, Tempelmeier 2009, S. 3 – 4):

- **Maximumprinzip:** Erreichen eines maximal wertmäßigen Produktionsergebnisses mit einem gegebenen Wert von Inputgütern.

- **Minimumprinzip:** Erzielen eines vorgegebenen wertmäßigen Produktionsergebnisses mit minimalen Inputwerten.

Das Maximumprinzip war zu Zeiten von Ford und Taylor in den damaligen Anbietermärkten Garant für die Maximierung der Wirtschaftlichkeit und stetiges Wachstum. Klassische Kostenrechnungssysteme entsprechen dem Maximumprinzip, indem sie maximale Auslastung und große Lose fördern. Im Gegensatz dazu verfolgen Ganzheitliche Produktionssysteme das Ziel, die Wirtschaftlichkeit insbesondere durch das Vermeiden von Verschwendung zu steigern (vgl. Ohno 2013, S. 28). Dazu ist ein minimaler Gesamtressourceneinsatz anzustreben, um den Kundenbedarf zu erfüllen. Diese dem heutigen Käufermarkt angemessenere Sichtweise entspricht dem Minimumprinzip. Traditionelle Kostenrechnungssysteme hingegen sind nicht zur Unterstützung des Minimumprinzips entwickelt worden.

 Klassische Kostenrechnungssysteme fördern eine maximale Auslastung und große Lose. Ganzheitliche Produktionssysteme hingegen sollen die Wirtschaftlichkeit insbesondere durch das Vermeiden von Verschwendung steigern.

Eine Lösung der beschriebenen Problematik fehlt bisher weitgehend. Trotz punktueller Entwicklungen existiert in Wissenschaft und Praxis keine klare Meinung darüber, wie ein System der Kostenrechnung und Kostenanalyse für Ganzheitliche Produktionssysteme gestaltet sein muss.

Johnson empfiehlt, die interne Kostenrechnung bei der Einführung von Lean zu stoppen.

Besonders erwähnenswert an dieser Stelle ist auch die extreme Ansicht von Johnson zu Kostenrechnungssystemen in Lean-Unternehmen. Johnson, Co-Entwickler des Activity Based Costing (dem Vorläufer der deutschen Prozesskostenrechnung) und langjähriger Forscher auf dem Gebiet des Toyota-Produktionssystems, lehnt jeglichen Einsatz von Kostenrechnungssystemen zu internen Steuerungszwecken ab. Er vertritt die Ansicht, dass Kostenwerte lediglich Ergebnisgrößen sind und stets nur beschreibenden Charakter haben. Eine Erklärung oder Steuerung von Systemen mit komplexen Beziehungen sei daher mit keinem Kostenrechnungssystem möglich (Johnson 2005, 2006b, 2007). Er empfiehlt daher, die interne Kostenrechnung bei der Einführung von Lean zu stoppen (Johnson 2006a). Dies entspricht der Ansicht von Ohno, dem „Vater" des Toyota-Produktionssystems. Seiner Auffassung nach, sollen Kosten nicht kalkuliert, sondern reduziert werden (zitiert nach Bicheno, Holweg 2016, S. 295). Diese radikale Sichtweise scheint jedoch in der Praxis insbesondere in frühen Phasen der Lean-Einführung nicht haltbar zu sein. Das Management benötigt geeignete Unterstützungsfunktionen, um die Rationalität seiner Handlungen sicherzustellen. Die Kostenrechnung kommt darüber hinaus für vielfältige weitere Zwecke zum Einsatz. Infolgedessen ist eine vollständige Abkehr von der Kostenrechnung als wenig realistisch zu erachten.

Wir halten als Zwischenerkenntnis fest: In der industriellen Praxis ist das Ignorieren von Controlling und Kostenrechnung weder möglich noch zielführend. Demnach bleibt als logische Konsequenz lediglich die Möglichkeit, das Kostenrechnungssystem anzupassen, damit es seine Unterstützungsfunktion in Ganzheitlichen Produktionssystemen erfüllt. Nur so kann eine nachhaltige und durchgreifend erfolgreiche Lean-Einführung stattfinden. Die in diesem Fachbuch zugrunde liegende Problemstellung lässt sich somit wie folgt zusammenfassen:

- Klassische Kostenrechnungssysteme stehen teilweise in unvereinbarem Widerspruch zur Philosophie Ganzheitlicher Produktionssysteme.

- In der Unternehmenspraxis führt dies zu Unsicherheiten über den Erfolg Ganzheitlicher Produktionssysteme bis hin zum Abbruch der Einführung.

- Offene Fragen können diese Unsicherheit weiter verstärken: Sind die gewünschten Vorteile durch die Einführung des Ganzheitlichen Produktionssystems real gar nicht gegebenen oder liegt es lediglich daran, dass der Nutzen wegen eines unpassenden Bewertungssystems nicht darstellbar ist?

- Grundlegende Voraussetzung für den Erfolg ist, das Kostenrechnungssystem für den Einsatz in Ganzheitlichen Produktionssystemen anzupassen.

■ 1.3 Kostenrechnung für Ganzheitliche Produktionssysteme anpassen

Vorrangiges Ziel dieser Fachpublikation ist die erstmalige **Entwicklung eines geeigneten Systems der Kostenrechnung und -analyse für Ganzheitliche Produktionssysteme**. Der Fokus liegt dabei insbesondere auch auf den unternehmensinternen Aufgaben der Kostenrechnung wie Planung und Kontrolle. Extern orientierte Dokumentationsaufgaben (z. B. Herstellkostenrechnungen im Rahmen der Bilanzierung) bleiben dabei unberücksichtigt. Von zentraler Bedeutung ist, die Konformität des Kostenrechnungssystems zu den Spezifika Ganzheitlicher Produktionssysteme sicherzustellen. Als Teilziel sind hierfür die Anforderungen an ein Kostenrechnungssystem für Ganzheitliche Produktionssysteme aus Theorie und Praxis zu erheben. Generell ist auf die Wirtschaftlichkeit, Flexibilität, Schnelligkeit und Handhabbarkeit des zu entwickelnden Kostenrechnungssystems zu achten.

Aufgrund der hohen Praxisrelevanz der Problemstellung und der nach wie vor weiten Verbreitung klassischer Kostenrechnungssysteme ist die erstmalige und detaillierte Erarbeitung von Defiziten klassischer Kostenrechnung in Ganzheitlichen Produktionssystemen und deren Ursachen ein wesentliches Teilziel der Arbeit. Ein Verständnis für die Defizite und Probleme bildet in der Praxis die notwendige Grundlage für die Implementierung neuer Systeme.

 Ziel dieser Fachpublikation ist, erstmalig eine geeignete Kostenrechnung für Ganzheitliche Produktionssysteme zu entwickeln

Unter dem Begriff „Kostenrechnung" wird vor allem die Gestaltung einer geeigneten Erfassung monetärer Informationen in Ganzheitlichen Produktionssystemen verstanden: Es geht um die zweckneutrale Erfassung von **Grunddaten** in einer **Grundrechnung der Kosten und Erlöse.** Die Kostenanalyse verarbeitet die Daten in Form von spezifischen **Auswertungsrechnungen** auf Basis der Grundrechnungen. Hierfür erfolgt zum besseren Verständnis zunächst eine Beschreibung des Aufbaus und Ablaufs von Kostenrechnungssystemen. Anschließend ist ein Vorgehensmodell für die Einführung in enger Kooperation mit der Praxis zu entwickeln und dessen Anwendbarkeit zu evaluieren.

Vorrangig gilt es, die folgenden praxisrelevanten Fragen zu beantworten:

1. Welche **Anforderungen** bestehen an ein geeignetes System der Kostenrechnung und Kostenanalyse in Ganzheitlichen Produktionssystemen?

2. **Sind** aktuell **bestehende Systeme** und Verfahren der Kostenrechnung **geeignet** für die Rechnungszwecke der Planung, Kontrolle und Verhaltenssteuerung in Ganzheitlichen Produktionssystemen?

3. **Wie gestaltet sich ein künftiges System** der Kostenrechnung (Grundrechnungen) und Kostenanalyse (Auswertungsrechnungen) für die Rechnungszwecke der Planung, Kontrolle und Verhaltenssteuerung in Ganzheitlichen Produktionssystemen?

■ 1.4 Von der Forschung in die Praxis

Die in diesem Fachbuch zum Einsatz kommende methodische Vorgehensweise startet mit einer praxisrelevanten Problemstellung. Im Hauptteil ist sie auf die Erfassung und Untersuchung des relevanten Anwendungszusammenhangs ausgerichtet. Die Methodik endet mit der Anwendung und Evaluierung der Ergebnisse in der Praxis (s. Bild 1.4).

Kapitel 1 beschreibt allgemein die praxisrelevante Problemstellung bzw. Motivation der Arbeit.

Die zum Verständnis notwendigen Grundlagen und Begrifflichkeiten bezüglich Ganzheitlicher Produktionssysteme und Kostenrechnung erläutert Kapitel 2.

Das Kapitel 3 widmet sich dem Beantworten der oben genannten Fragen 1 und 2.

Die Beschreibung des neu entwickelten Systems der Kostenrechnung und -analyse für Ganzheitliche Produktionssysteme übernimmt Kapitel 4.

Die Anwendung des entwickelten Ansatzes beschreibt Kapitel 5.

In Kapitel 6 erfolgen eine Zusammenfassung der Arbeit und der Ausblick auf weiterführende mögliche Aktivitäten.

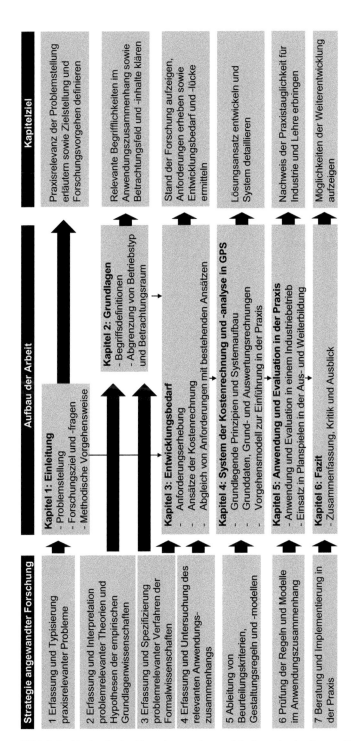

Bild 1.4 Methodische Vorgehensweise und Aufbau der in diesem Fachbuch beschriebenen Arbeit

2

Erweiterung von Lean Production hin zu Ganzheitlichen Produktionssystemen

■ 2.1 Grundlagen Ganzheitlicher Produktionssysteme

Um den Forschungsbedarf darzulegen und den Ansatz besser zu verstehen, erläutert Abschnitt 2 den Untersuchungsbereich und die zugrunde liegenden Begriffe. Dies umfasst die Definition wesentlicher Grundlagen aus den Bereichen Ganzheitlicher Produktionssysteme (Abschnitt 2.1) und Kostenrechnung (Abschnitt 2.2).

Die Abgrenzung der Begrifflichkeiten und des Betrachtungsraums (Abschnitt 2.3) legt den Lösungsraum der durchgeführten Untersuchung fest. Der betrachtete Betriebstyp wird definiert sowie der praktische Anwendungszusammenhang dargestellt und eingegrenzt.

Aufgrund der veränderten Marktbedingungen wird der Begriff „Lean" nachfolgend als Lösungsansatz für die Praxis charakterisiert. Unter Bezugnahme auf den Schwerpunkt der hier vorliegenden Arbeit werden der Begriff „Lean Production" geklärt und die im deutschsprachigen Raum etablierte Erweiterung zu „Ganzheitlichen Produktionssystemen" erläutert.

Die Globalisierung und der Wandel von Verkäufermärkten hin zu Käufermärkten haben zu einem erheblich gestiegenen Wettbewerbsdruck für produzierende Unternehmen bezüglich Qualität, Flexibilität, Preisen und Liefertreue beigetragen. Als Reaktion auf die verschärften Anforderungen führen zahlreiche Unternehmen seit den 1990er Jahren weltweit Grundsätze des Lean Managements ein. Dessen Ursprung liegt in der betrieblichen Praxis - eine einheitliche Definition des Begriffs „Lean" sucht man jedoch vergebens. Groth und Kammel charakterisieren Lean Management als ein *„pragmatisches, ganzheitliches, integratives Konzept der Unternehmensführung mit strikter Ausrichtung auf Kundenzufriedenheit, Marktnähe und Zeiterfordernisse, auf die Durchgängigkeit der auf Kernfunktionen konzentrierten Wertschöpfungskette, auf die kontinuierliche gleichzeitige Verbesserung von Produktivität, Qualität und Prozessen sowie auf die bestmögliche Nutzung des Humankapitals des Unternehmens."* (Groth, Kammel 1994, S. 25). Diese Definition muss man sich erst mal auf der Zunge zergehen lassen. Vereinfachung von Komplexität sieht meist anders aus … Das wollen wir insgesamt mit diesem Fachbuch besser machen: Dazu gehört u. a., komplexe Begriffe und Zusammenhänge – wo möglich – mit einfachen Worten darzustellen. Bei Zitaten müssen wir uns dabei manchmal etwas zurückhalten. Eigene Erklärungen sollen allerdings dabei helfen, auch diese Hürden zu überwinden. Zurück zum Thema „Lean": Basis des zugrunde liegenden Wirtschaftlichkeitsverständnisses ist das Minimumprinzip. Mit kleinstem Faktor-kosteneinsatz soll eine quantitativ und qualitativ optimierte Produktpalette ent-wickelt, gefertigt und angeboten werden.

 Lean ist als umfassendes System zu sehen: Der Fokus liegt auf der Wertschöpfung für den Kunden, dem Verbessern von Abläufen und Reduzieren von Verschwendung sowie der Förderung des Respekts für den Mitarbeiter.

Demnach steht im Mittelpunkt des Lean Managements die Ausrichtung aller Ak-teure eines Unternehmens auf die kontinuierlich bessere Beherrschung der kriti-schen Erfolgsfaktoren Qualität, Kosten und Zeit. Lean ist dabei nicht als leicht ko-pierbares und geschlossenes Organisationsmodell zu verstehen. Vielmehr steht es für eine Philosophie zur erfolgreichen Gestaltung des Führungs- und Leistungs-systems eines Unternehmens (Fieten 1992, S. 311). Es macht daher Sinn, Lean als ein umfassendes System zu sehen. Der Fokus liegt dabei auf der Wertschöpfung für den Kunden, Verbesserungen des Flusses von Produkten oder Dienstleistungen sowie dem Reduzieren von Verschwendung bei gleichzeitiger Förderung von Wert-schätzung und Respekt für den Mitarbeiter[1].

 Ganzheitliche Produktionssysteme enthalten Elemente der Lean Production. Be-rücksichtigt werden bei der individuellen Ausprägung organisatorische, personelle und wirtschaftliche Unternehmensaspekte.

Die Anwendung der Prinzipien und Methoden des Lean Managements in der Pro-duktion (Lean Production) ist in Deutschland weit verbreitet. Nach Meinung von Spath hat sie sich zur Bewältigung von Komplexität und für die Verbesserung ope-rativer Leistungsdaten bewährt (Spath 2003, S. 42). Lean Production sei dabei die konsequente Anwendung verschiedener Methoden, Maßnahmen und Prinzipien zur Planung, Gestaltung und Optimierung der gesamten Produktion (Gottmann 2016, S. 25).

Aktuell liegt ein Hauptaugenmerk zur Steigerung der Leistungsfähigkeit von Pro-duktionssystemen auf verkürzten Durchlaufzeiten. Allerdings erkannte bereits Toyota als Vorreiterunternehmen und Quelle des Lean Managements, dass der technische Fortschritt und die Rationalisierung reiner Bearbeitungs- und Prozess-zeiten zu geringeren Wirtschaftlichkeitspotenzialen führen als die Vermeidung von Verschwendung aller Prozesse. Je schneller ein Kundenauftrag durch das Produktionssystem geführt wird, desto geringer ist die Belastung der Unternehmensressourcen – als positive Folge sinken die Kosten. Diese Ansicht deckt sich mit der vielzitierten Aussage von Taiichi Ohno zum Erfolg Toyotas:

„Alles, was wir tun, ist, den Zeithorizont nicht aus den Augen zu verlieren [...] von dem Augenblick an, in dem wir einen Kundenauftrag erhalten, bis zu dem Moment, in dem wir das Geld kassieren." (Ohno 2013, S. 24).

Spath erweiterte den mittlerweile im deutschsprachigen Raum etablierten Begriff Lean Production hin zu Ganzheitlichen Produktionssystemen (vgl. Wiendahl et al. 2014, S. 103). Ein Ganzheitliches Produktionssystem stellt eine unternehmensspezifische und damit individuelle Ausprägung eines Produktionssystems mit Elementen der Lean Production dar. Berücksichtigung finden dabei sowohl organisatorische als auch personelle und wirtschaftliche Aspekte des Unternehmens (vgl. Dombrowski, Mielke 2015a, S. 19; Wiendahl et al. 2014, S. 103). Die Norm VDI 2870 Blatt 1 kennzeichnet Ganzheitliche Produktionssysteme (GPS) wie folgt:

- *„Ausrichtung aller Unternehmensprozesse auf den Kunden, Vermeidung von Verschwendung und kontinuierliche Verbesserung zur Sicherstellung einer nachhaltigen Gewinnrealisierung;*
- *GPS ist als methodisches Regelwerk zur Sicherstellung und Steigerung der Wettbewerbsfähigkeit des Unternehmens zu verstehen.*
- *Kulturwandel bei Mitarbeitern aller Ebenen hin zu einer kontinuierlichen Verbesserungsmentalität"* (VDI 2870 Blatt 1, S. 2 – 3).

Zwar muss ein Ganzheitliches Produktionssystem kontextspezifisch dem jeweiligen Unternehmen angepasst werden, das Grundgerüst ist jedoch weitgehend identisch. Der Aufbau und die Struktur eines Ganzheitlichen Produktionssystems bestehen aus den

- Zielen
- Unternehmensprozessen
- definierten Gestaltungsprinzipien sowie
- Methoden und Werkzeugen.

Für das zu entwickelnde Kostenrechnungssystem gibt es bei einem Ganzheitlichen Produktionssystem besonders relevante Elemente. Diese werden im Folgenden nach einer kurzen historischen Herleitung erläutert.

2.1.1 Ganzheitliche Produktionssysteme: Ursprung und Entwicklung

Der Ursprung Ganzheitlicher Produktionssysteme geht auf die wissenschaftliche Betriebsführung nach Frederick Taylor im frühen 20. Jahrhundert zurück (Dombrowski, Mielke 2015a, S. 10). Kennzeichnend für das Produktionssystem Taylors sind einerseits das Prinzip der Arbeitsteilung, andererseits die systematische Optimierung und methodische Rationalisierung der Produktion durch eine auf Arbeitsablaufstudien gestützte, detaillierte Arbeitsvorbereitung. Das Umfeld des Taylorismus war von mehreren Randbedingungen gekennzeichnet, die sich von heutigen dynamischen Märkten deutlich abgrenzen: stabile und wachsende Absatzmärkte, ein nur begrenzter Wettbewerb sowie ein hohes Arbeitskräftepotenzial. Als zentraler Erfolgsfaktor galt dabei die Maximierung der Produktivität durch eine möglichst hohe Ausnutzung des Mitarbeiters und der Maschinen. Der Taylorismus fokussierte auf die Erfüllung der Nachfrage ungesättigter Märkte. Dazu dienten Massenprodukte mit geringer Varianz, hergestellt auf Basis des Maximumprinzips der Wirtschaftlichkeit.

 Veränderte Marktsituationen offenbaren eine Reihe von Defiziten der tayloristischen Massenproduktion. Es zeigte sich eine klare Überlegenheit japanischer Automobilhersteller gegenüber der europäischen und amerikanischen Konkurrenz – der Begriff „schlanke Produktion"/„Lean Production" für Toyotas Produktionssystem war geboren.

Die damalige Massenproduktion verbuchte große Erfolge. Im Gegensatz dazu wurden im Nachkriegs-Japan unter den Bedingungen einer Mangelwirtschaft mit akuter Kapital- und Ressourcenknappheit andere Formen industrieller Produktion geschaffen. Mit dem Ziel, die Wirtschaftlichkeit durch die konsequente Beseitigung von Verschwendung zu erhöhen, entwickelte sich das Toyota-Produktionssystem (Ohno 2013, S. 28). Der Hauptunterschied zum Massenproduktionssystem liegt im Verständnis der Effizienz, das sich vom Maximumprinzip (mehr produzieren) hin zum Minimumprinzip (weniger verbrauchen) änderte. Die Veränderungen der Unternehmens- und Marktsituation offenbarten Ende der 1980er Jahre eine Reihe von Defiziten der tayloristischen Massenproduktion. Eine groß angelegte Studie verdeutlichte die klare Überlegenheit japanischer Automobilhersteller gegenüber der europäischen und amerikanischen Konkurrenz bezüglich verschiedener Leistungsdaten – der Begriff „schlanke Produktion"/„Lean Production" für Toyotas Produktionssystem war geboren (Womack et al. 1992). Für die unternehmensindividuelle Entwicklung eines Produktionssystems auf Basis der Elemente einer Lean Production etablierte sich in Deutschland der Begriff „Ganzheitliches Produktionssystem" (vgl. Dombrowski, Mielke 2015a, S. 19).

Tabelle 2.1 stellt wesentliche Differenzen zwischen der tayloristischen Massenproduktion und Lean Production gegenüber (vgl. Vahrenkamp 2010, S. 139; Hansen et al. 2009, S. 399).

Tabelle 2.1 Vergleich Massenproduktion und Lean Production

	Klassische Massenproduktion	Lean Production
Zielsystem	hohe Kapazitätsauslastung	Flussbeschleunigung
Wirtschaftlichkeitsprinzip	Maximumprinzip (Output)	Minimumprinzip (Input)
Bestände	hoch	niedrig
Produktvarianz	niedrig	hoch
Varianz der Bearbeitungszeiten	hoch	niedrig
Lieferanten	Konkurrenzmodell	Kooperationsmodell
Lieferantenanzahl	hoch	niedrig
Fertigungstiefe	hoch	niedrig
Mitarbeiterkooperation	niedrig	hoch
Produktionssteuerung	Push-System	Pull-System
Arbeitsorganisation	funktionale Strukturen	prozessuale Organisation
Unterstützungsfunktionen	zentralisiert	dezentralisiert
Marktsituation	Verkäufermarkt	Käufermarkt

Um die Quelle dieser Unterschiede zu verstehen, ist es notwendig, die Prinzipien von Lean Production bzw. Ganzheitlicher Produktionssysteme zu kennen.

2.1.2 Von Prinzipien und anschaulichen Darstellungen

Die Kostenrechnung ist dem Produktionssystem untergeordnet und soll insbesondere zur Unterstützung dienen. Daher muss die Kostenrechnung zur Wahrung ihrer Relevanz den Entwicklungen des Produktionssystems folgen und dessen Prinzipien fördern. Um nun ein wirklich praktikables Kostenrechnungssystem für Lean-Unternehmen zu entwickeln, ist es unerlässlich, die zugrunde liegenden Prinzipien zu kennen und zu verstehen. Leider versagen an dieser Stelle zahlreiche Beschreibungen und Literaturveröffentlichungen. Oft wird das ohnehin schon komplexe Thema durch weitere Fremdwörter, umfangreiche Darstellungen und unnötige Vergleiche weiter verkompliziert. Der Anspruch des hier vorliegenden Werkes liegt hingegen in einer anschaulichen, unterhaltsamen Art der Darstellung.

Ein „Prinzip" stellt eine verdichtete Handlungsweise dar. Es dient der lösungsfreien Beschreibung komplexer Systeme und zur Gestaltung von Entscheidungsprozessen (vgl. Schneider 2013, S. 56). Gleichzeitig führen Prinzipien inhaltlich ähnliche oder verknüpfte Methoden und Werkzeuge zusammen, sodass ein stimmiges Gesamtsystem entsteht (VDI 2870 Blatt 1, S. 6).

Die folgende Darstellung begrenzt sich auf die etablierten fünf Schlüsselprinzipien des „Lean Thinking" nach Womack und Jones (Womack, Jones 2013) sowie auf die Gestaltungsprinzipien Ganzheitlicher Produktionssysteme nach der Richtlinie VDI 2870 (VDI 2870 Blatt 1).

Womack und Jones identifizieren in jahrzehntelanger Forschung über Toyota und Lean die folgenden fünf Prinzipien eines schlanken Unternehmens (Womack, Jones 2013, S. 23 – 120; Schunter, Zirkler 2007, S. 84 – 89):

- **Spezifikation des Wertes:** Der „Wert" stellt eine rechtzeitig und zu einem annehmbaren Preis an den Kunden gelieferte Leistung dar. Grundlegend dabei ist, dass der Wert „aus Sicht des Kunden" – im Gegensatz zum Management oder der Entwicklung – definiert wird. Die Preisvorstellung des Kunden basiert auf seiner Wertvorstellung der jeweiligen Leistung und den Marktpreisen vergleichbarer Leistungen. Der Verkaufspreis ist somit weitgehend unabhängig von den Selbstkosten! Diese „Sorgen" interessieren den Kunden nicht, erklärt aber wiederum die hohe Bedeutung der „Zielkostenrechnung" (target costing) zur Sicherstellung der Produktprofitabilität in der japanischen. Primärer Ansatz für die Gestaltung und Optimierung des Produktionssystems ist sowohl die exakte Definition des Wertes als auch der Übertrag auf die wertgenerierenden Prozesse.

- **Mehr Transparenz durch die Identifikation des Wertstroms:** Der „Wertstrom" spiegelt den Wert einer Leistung wider. Er umfasst alle notwendigen Tätigkeiten, um ein Produkt durch die drei grundlegenden Unternehmensaufgaben zu führen:

  - Produktentstehung (vom Konzept zum Produktionsanlauf)

  - Informationsmanagement (von der Bestellung bis zur Auslieferung)

  - physikalische Produktion (vom Rohmaterial zur Fertigware).

- Die Wertstromsichtweise unterscheidet sich fundamental von der klassischen funktionalen Betrachtung. Sie berücksichtigt insbesondere auch, dass der betriebliche Kapitalfluss unter Mitwirkung zahlreicher Akteure entsteht. Einer der größten Vorteile der Wertstromorientierung ist, dass nicht wertschöpfende Tätigkeiten, Prozesse und Zeiten offengelegt und damit deutlich transparenter werden.

- **Fluss des Wertes ohne Unterbrechungen:** Grundvoraussetzung für effiziente Prozesse ist die Einrichtung eines Fertigungsflusses durch den Wertstrom (Ohno 2013, S. 68). Oberstes Ziel ist dabei, einen möglichst *„[…] schnellen, durchgängigen und turbulenzarmen Fluss von Materialien und Informationen über die gesamte Wertschöpfungskette zu ermöglichen"* (VDI 2870 Blatt 1, S. 14).

Der Ein-Stück-Fluss stellt dabei die Maxime dar. Das Flussprinzip grenzt sich deutlich ab von der losgrößenorientierten Fertigung bei der klassischen Massenproduktion. Funktional getrennte Abteilungen sind hierbei unerwünscht.

- **Pull des Wertes durch den Kunden:** Das Pull-Prinzip beschreibt die kaskadenförmige Produktionssteuerung von den nachgelagerten Stellen (Senken) zu den vorgelagerten Quellen. Sie ist logischerweise das Gegenteil einer Push-Steuerung. Ausgehend von einer Kundenbestellung soll der jeweils vorgelagerte Prozess erst dann produzieren, wenn der nachgelagerte Kunde einen Bedarf meldet (ziehende Fertigung). Eine typische, weit verbreitete Form in der Praxis ist die Kanban-Steuerung. Die Pull-Steuerung wirkt auf den ersten Blick schwieriger, vereint jedoch einige Vorteile: Sie verringert und stabilisiert die Bestände und reduziert darüber hinaus auch den Steuerungsaufwand.

- **Streben nach Perfektion:** Bei der angestrebten „Perfektion" sind alle nicht wertschöpfenden Tätigkeiten vollständig beseitigt! Ziel ist, die verbleibenden wertschöpfenden Tätigkeiten in einen kontinuierlichen Pull-gesteuerten Fluss zu versetzen. Dieser unerreichbare Zielzustand soll in Kombination mit den vorher genannten vier Prinzipien eine permanent voranschreitende Veränderung zum Besseren („Kaizen" oder „kontinuierlicher Verbesserungsprozess" – KVP) auslösen.

 Schlanke Unternehmen verfolgen fünf Prinzipien
- Der „Wert" ist eine rechtzeitig und zu einem annehmbaren Preis an den Kunden gelieferte Leistung.
- Im „Wertstrom" wird Wert einer Leistung erstellt. Er umfasst die drei Tätigkeiten Produktentstehung, Informationsmanagement und physikalische Produktion.
- Fluss ohne Unterbrechung: Ziel ist, einen schnellen, durchgängigen und turbulenzarmen Fluss von Materialien und Informationen über die gesamte Wertschöpfungskette zu erreichen.
- Das Pull-Prinzip verringert und stabilisiert die Bestände und reduziert den Steuerungsaufwand
- Perfektion: Alle nicht wertschöpfenden Tätigkeiten sind beseitigt. Da dieses Ziel unerreichbar ist, sorgen kontinuierliche Verbesserungsprozesse für eine stetige Annäherung an diese Vorgabe.

Das Fließprinzip, das Pull-Prinzip und der kontinuierliche Verbesserungsprozess finden sich auch in den Gestaltungsprinzipien Ganzheitlicher Produktionssysteme nach VDI 2870 wieder. Angelehnt an die Norm werden ergänzend folgende weitere Prinzipien genannt (Dombrowski, Mielke 2015b, S. 30):

- **Standardisierung:** Festlegung des Ablaufs und der Handlungsverantwortlichen für repetitive, sich wiederholende Vorgänge.

- **Null-Fehler-Prinzip:** Fehler sind Gift! Es gilt sie auf mehreren Ebenen zu vermeiden – sowohl bei der Annahme als auch bei der eigenen Erstellung sowie

Weitergabe. Als motivierende Belohnung gibt es eine hohe sichergestellte Produkt- und Prozessqualität.

- **Mitarbeiterorientierung und zielorientierte Führung:** Im Unterschied zu tayloristischen Arbeitsformen sehen Ganzheitliche Produktionssysteme die Mitarbeiter als Hauptquelle der Ideen zur kontinuierlichen und zielorientierten Systemverbesserung. Dies setzt eine durchgängige Unternehmenskultur voraus, die Fehler und Verschwendung vermeidet! Allein diese Voraussetzung dürfte in manchen Industriebetrieben und -regionen bereits für einen Genickbruch bei der Lean-Einführung gesorgt haben. Nicht jeder Chef setzt seine Mitarbeiter gerne auf dieselbe Stufe wie sich selbst. Zudem neigen Menschen oft dazu, zwischenzeitliche Erfolge lieber für sich selbst zu nutzen, als langfristige diffuse Ziele zu verfolgen. Die klassische Kostenrechnung agiert im Gegensatz dazu deutlich nüchterner: Allein die Differenzen zwischen Soll- und Istkosten dienen hier als Informationsquelle über Verschwendung.

- **Verschwendung vermeiden:** „Verschwendung" sind alle nicht wertschöpfenden Vorgänge im Unternehmen. Ziel des Ganzheitlichen Produktionssystems ist die konsequente Ausrichtung sämtlicher Unternehmensprozesse am Kundenbedarf und Wertverständnis des Kunden, indem jegliche Verschwendung eliminiert wird.

- **Visuelles Management motiviert:** Wer eigene Kinder hat, weiß wie wissbegierig die kleinen Racker in aller Regel sind. Lässt man sie „außen vor", ist das Geschrei oft laut – gefolgt von langen Diskussionen. Das gilt meist auch für die Großen, nur versteckter. Erhalten Mitarbeiter mehr Einblicke und Transparenz über Ziele, Prozesse und Leistungen, wächst häufig damit auch die Motivation.

Übergeordnetes Ziel des zu entwickelnden Kostenrechnungssystems ist es nun, die oben genannten Prinzipien zu fördern. Hierfür gilt es, die „Kostenrechnung" entsprechend zu gestalten und aufzubauen sowie geeignete Methoden bei der „Kostenanalyse" zu verwenden.

2.1.3 Begriff mit hohem „Wert"

Der Begriff „Wert" hat in Bezug auf Ganzheitliche Produktionssysteme eine zentrale Bedeutung. Nichtsdestotrotz findet diese Bezeichnung in bestehenden Kostenrechnungssystemen kaum ausreichend Berücksichtigung. Das soll an dieser Stelle nachgeholt werden: Es folgen grundlegende Bemerkungen zum Wertverständnis.

Unternehmen mit traditioneller Sicht beurteilen den Wert eines Produkts anhand des eigenen betrieblichen Aufwands. Ganzheitliche Produktionssysteme betrachten den Wert aus Sicht des Kunden. Als Wertschöpfung wird derjenige Anteil des Transformationsprozesses gesehen, für den der Kunde bereit ist zu zahlen.

Allgemein betrachtet steigern Ausgangsmaterialien durch einen betrieblichen Transformationsprozess ihren Wert. Die Höhe des Wertes hängt stets ab vom Resultat einer Bewertung bezogen auf einen Maßstab (Erlach 2010, S. 9 – 10). Dieser wiederum ist von verschiedenen Sichtweisen abhängig. Dabei lässt sich generell differenzieren zwischen der (betriebswirtschaftlichen) Unternehmenssicht und der Kundensicht.

In der traditionellen Unternehmenssicht wird der Wertzuwachs am Maßstab des jeweiligen Produktionsaufwands gemessen. Er orientiert sich damit vor allem an den Herstell- bzw. Selbstkosten abzüglich externer Vorleistungen (Materialkosten und Fremdvergaben). Das heißt, die Wertschöpfung besteht monetär betrachtet aus Materialgemeinkosten, Fertigungseinzel- und Fertigungsgemeinkosten sowie gegebenenfalls Verwaltungs- und Vertriebskosten. Jeglicher Produktionsaufwand – gemessen an direkten Fertigungs- und Prozesszeiten –, aber auch indirekte Transport-, Lager-, Liege-, Prüfzeiten etc. steigern dieser Sichtweise zufolge den Produktwert. Dieser Maßstab liegt klassischen Kostenrechnungssystemen zugrunde.

Das klingt zunächst logisch. Wir werden aber gleich erkennen, dass Kunden in der heutigen Zeit immer weniger interessiert, welcher Aufwand hinter der Produktion eines Bleistifts, Elektrorasierers oder einer Werkzeugmaschine steckt. Im „schlimmsten" Fall geht er einfach online, checkt bei Vergleichsportalen den Preis und wählt das kostengünstigste Angebot aus. Dabei ist ihm schnuppe, wie der Anbieter an seine Preisfindung kommt.

Im Gegensatz zur klassischen Unternehmenssichtweise definieren Ganzheitliche Produktionssysteme den Wert aus Sicht des (End-)Kunden. Als Wertschöpfung wird derjenige Anteil des Transformationsprozesses gesehen, für den der Kunde bereit ist zu zahlen. Die Wertschöpfung ist damit das Resultat des Transformationsprozesses aus Input zu Output, abzüglich

- des Zukaufs (bezogene Leistungen)
- der Bestandsveränderungen sowie
- der Verlustleistungen/Verschwendung.

Bild 2.1 visualisiert diese Sichtweise des Begriffs „Wertschöpfung".

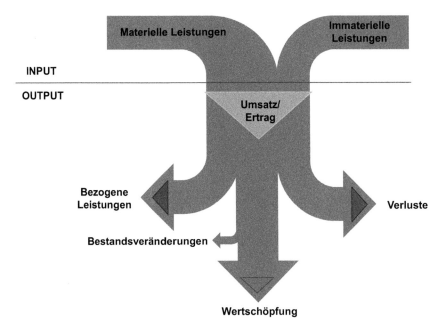

Bild 2.1 Wertschöpfung produzierender Unternehmen (in Anlehnung an Westkämper, Löffler 2016, S. 35)

Nicht wertschöpfende Tätigkeiten erhöhen in der klassischen unternehmerischen Betrachtungsweise die Herstellkosten eines Produktes und damit – fast schon widersinnig – den Wert. Aus Sicht des Kunden steigert sich der Produktwert durch nicht wertschöpfende Tätigkeiten keinesfalls. Der Kunde ist nur bedingt bereit, beispielsweise für interne logistische Prozesse (Transport, Lagerung etc.), einen höheren Preis zu zahlen. Gemäß dieser Sichtweise sind selbst die direkten Bearbeitungs- und Montagezeiten nicht vollständig mit Wertschöpfung gleichzusetzen (Kristensen, Israelsen 2013, S. 42). So tragen Zeiten zum Hinlangen, Greifen, Bringen und Loslassen (gemäß der Bestandteile des klassischen Methods-Time-Measurement-Zyklus – MTM) nicht zur Wertsteigerung aus Kundensicht bei. Es kommt aus Unternehmersicht noch schlimmer: Das trifft auch für Tätigkeiten zum Erstellen von Produkteigenschaften zu, für die der Kunde nicht bereit ist zu zahlen (z. B. ungenutzte Funktionen). Deutschen Ingenieuren wurde beispielsweise lange Jahre vorgeworfen, ihre Produkte mit Over-Engineering zu überfrachten. Nicht alles, was technisch umsetzbar ist, zahlt sich in der praktischen Verkaufswelt auch aus. Kurzum: Die Wertdefinition aus Sicht des Kunden unterscheidet sich damit erheblich von der Unternehmenssichtweise klassischer Kostenrechnungen.

2.1.4 Verschwendung vermeiden als einer der beiden Lean-Grundpfeiler

Zusammenfassend gibt es allen verwirrenden Begriffen zum Trotz glücklicherweise nur zwei Hauptmerkmale bei der Lean-Philosophie:

- Konzentration auf die Wertschöpfung aus Sicht des Kunden sowie

- das Vermeiden von Verschwendung.

Dabei werden alle Aktivitäten, die Ressourcen verbrauchen (Mitarbeiter, Waren, Kapital, Produktionshilfsmittel und insbesondere Zeit), jedoch keinen Wert aus Kundensicht erzeugen, als Verschwendung angesehen.

Die Literatur verbreitet inzwischen verschiedene Ansichten über die Arten und Ausprägungen von Verschwendung. An dieser Stelle findet eine Bezugnahme auf die sieben „originalen" Verschwendungsarten von Ohno und Shingo statt (Ohno 2013, S. 54; Bicheno, Holweg 2016, S. 18 – 24). Die Verschwendungsarten richtig zu verstehen, gehört zur Grundlage für die Analyse des Ressourceneinsatzes im Rahmen der:

- **Überproduktion:** … ist eine Produktionsmenge über dem Kundenbedarf oder eine zu frühe Produktion. Sie verhindert einen schnellen Materialfluss, ist die Ursache übriger Verschwendungsarten und bindet unnötig Ressourcen.

- **Wartezeiten:** … verlangsamen die Flussgeschwindigkeit des Auftrages bzw. Materials. Lean betrachtet Wartezeiten des Kundenauftrags als kritischer gegenüber Wartezeiten des Personals aufgrund von Überkapazitäten.

- **Überflüssige Bewegungen:** Ungünstige Arbeitsplatzgestaltung (Layout) und fehlende ergonomische Betrachtung erzeugen eine Vielzahl unnötiger Bewegungen im Arbeitsablauf von Mitarbeitern und Maschinen.

- **Transportbewegungen:** Innerbetriebliche Materialflüsse, egal welcher Art, erhöhen nicht den Wert eines Produktes aus Kundensicht.

- **Ungenügende Prozessgestaltung:** Diese Verschwendungsart wird „erzeugt" durch unnötige Bearbeitungsschritte, den Einsatz von Monumenten (geteilten Anlagen bzw. Ressourcen) sowie nicht fähige und nicht beherrschte Prozesse.

- **Bestand,** der unnötig auf Lager liegt, wird als kritisch sowohl für die Produktivität als auch Qualität gesehen: Er verlängert die Durchlaufzeiten und die Qualitätsregelkreise, erhöht den Flächenbedarf und verursacht Kosten weit über die Kapitalbindung hinaus.

- **Fehler:** Nacharbeiten, Ausschuss, Reklamationen etc. erzeugen unnötigen Ressourcenaufwand. Zudem weiß jeder aus eigener Erfahrung: Fehler fördern nicht gerade die Motivation.

Auf Grundlage dieser Verschwendungsarten lassen sich alle Tätigkeiten klassifizieren als

- Arbeit mit Wertschöpfung (wertschöpfende Tätigkeit)

- Arbeit ohne Wertschöpfung (momentan notwendige Verschwendung; notwendige unterstützende Tätigkeiten zur wertschöpfenden Arbeit) und

- Verschwendung (Ohno 2013, S. 97).

Direkte Arbeit, d. h. die unmittelbare Fertigungszeit, ist entgegen klassischer Betrachtungsweisen nicht mit Wertschöpfung gleichzusetzen, da sie immer nicht wertschöpfende Tätigkeiten einschließt.

 Lean fokussiert im Wesentlichen nur zwei Ziele – sich auf die Wertschöpfung aus Sicht des Kunden zu konzentrieren sowie Verschwendung zu vermeiden.

2.1.5 Mehr Überblick mit der Wertstromperspektive

Für Lean-Unternehmen ist die Wertstromorientierung der Aufbau- und Ablauforganisation von hoher Bedeutung. Ein Wertstrom umfasst alle wertschöpfenden und nicht wertschöpfenden Tätigkeiten zur Entwicklung, Produktion und Lieferung eines Produktes, einer Produktfamilie oder einer Dienstleistung zu einem Endkunden. Ein Wertstrom überschreitet damit klassisch funktionale Abteilungsgrenzen mehrfach. Konzeptionell lassen sich folgende Wertstromarten unterscheiden:

- **Kundenauftragsabwicklungswertströme** beschreiben vorwiegend die Versorgung bestehender Kunden mit bestehenden Produkten

- **Produktentstehungswertströme** dienen dem Erschließen neuer Kunden mit neuen Produkten

- **Marketing- und Vertriebswertströme** kommen zur Anwendung, um bestehende Produkte an neue Kunden oder neue Produkte an bestehende Kunden abzusetzen (vgl. Kennedy, Huntzinger 2005, S. 32; Maskell et al. 2012, S. 125).

Zur Vereinfachung konzentriert sich dieses Fachbuch in den verwendeten Beispielen auf die Entwicklung eines „Systems der Kostenrechnung und -analyse" für die erstgenannten Kundenauftragsabwicklungswertströme. Wir haben aber Glück: Die generelle Logik ist auch auf die übrigen Wertstromarten übertragbar.

In einer Wertstromdarstellung werden die von einer gesamten Produktfamilie durchlaufenen Prozesse gemäß des zeitlichen Ablaufs mit zunehmendem Bearbeitungsfortschritt abgebildet. Bild 2.2 stellt einen Wertstrom zur Kundenauftragsabwicklung grafisch dar. Dieser umfasst alle Tätigkeiten, die zur Umwandlung eines Rohmaterials in ein Endprodukt nötig sind. Dazu zählen alle

- unmittelbar produzierenden Tätigkeiten, d. h. das Urformen, Umformen, Trennen, Fügen, Beschichten und Ändern von Stoffeigenschaften

- logistischen Tätigkeiten (Handhabung, Lagerung, Transport, Bereitstellung, Kommissionierung) sowie

- unterstützenden Tätigkeiten und Geschäftsprozesse, beispielsweise die Planung und Steuerung, Instandhaltung und Qualitätssicherung (vgl. Erlach 2010, S. 11).

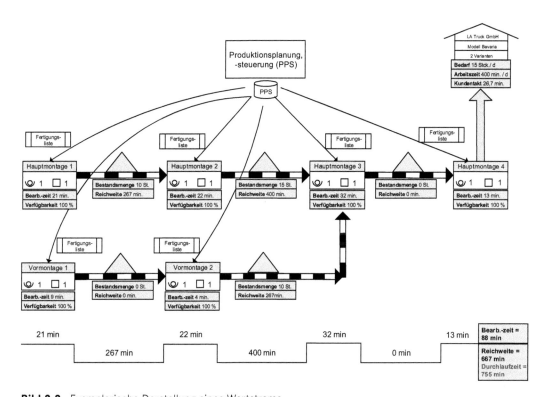

Bild 2.2 Exemplarische Darstellung eines Wertstroms

Bild 2.2 verdeutlicht, dass in der Wertstromdarstellung im Gegensatz zur klassischen Kostenrechnung nicht nur die Bearbeitungs- und Prozesszeiten, sondern auch die Übergangszeiten zwischen den Prozessen Berücksichtigung finden. Dies ist von zentraler Bedeutung! Das Verkürzen der Durchlaufzeit eines Auftrages durch Verbesserung des Material- und Informationsflusses zählt zu den wichtigsten Zielen der Lean Production. Die Wertstromperspektive bietet eine ganzheitliche Betrachtung des Material- und Informationsflusses unter Berücksichtigung aller Elemente des Wertschöpfungsprozesses. Dazu zählen sowohl wertschöpfende als auch nicht wertschöpfende Tätigkeiten.

■ 2.2 Kostenrechnung

Unter dem Begriff „Kostenrechnung" wird in aller Regel eine Kosten-, Erlös- und Ergebnisrechnung verstanden. Dieses Verständnis liegt auch der vorliegenden Arbeit zugrunde. Die Kostenrechnung ist neben der Finanzrechnung und der Investitionsrechnung ein Bestandteil des innerbetrieblichen Rechnungswesens (Betriebsbuchhaltung). Sie grenzt sich somit von der Bilanzrechnung des externen Rechnungswesens (Finanzbuchhaltung) ab.

Tabelle 2.2 zeigt die Abgrenzung und Merkmale der Teilsysteme des Rechnungswesens.

Tabelle 2.2 Merkmale und Abgrenzung der Teilsysteme des Rechnungswesens (in Anlehnung an Götze 2010, S. 4)

Rechnungs-system	Externes Rechnungswesen		Internes Rechnungswesen		
	Bilanz-rechnung				
	Bilanz	Gewinn- und Verlust-rechung	Kosten-rechnung	Finanz-rechnung (Kapitalfluss-rechnung)	Investitions-rechnung
Merkmale					
Zeitbezug	Zeitpunkt	Zeitraum	Zeitraum	Zeitraum	Mehrere Zeiträume
Abbildungs-gegenstand	Güter-bestände	Güterbewe-gungen	Güter-bewegungen	Geld-bewegungen	Zahlungsaus-wirkungen
Entschei-dungsziel	Perioden-erfolg	Periodener-folg	Periodener-folg, Stück-erfolg	Liquidität	Mehrperio-diger Erfolg
Maßaus-drücke	Vermögen, Schulden	Erträge, Auf-wendungen	Erlöse, Kosten	Einzahlun-gen, Aus-zahlungen	Einzahlun-gen, Aus-zahlungen

 In der deutschsprachigen Literatur zum Thema Kostenrechnung findet sich trotz zunehmender Bedeutung von Ganzheitlichen Produktionssystemen/Lean Production keine Beschreibung eines dafür geeigneten Kostenrechnungssystems.

Wie andere Instrumente des Controllings lässt sich auch die Kostenrechnung im Wesentlichen als internes Informationssystem zur Abbildung ökonomisch relevanter Daten verstehen (Becker et al. 2014, S. 115). Das Erstellen einer Kostenrechnung geschieht in aller Regel für Unternehmen auf freiwilliger Basis. Dies hat den oftmals großen Vorteil, dass sie bis auf wenige Ausnahmen unabhängig von rechtlichen Regelungen gestaltet werden kann.

Um bestimmte Rechnungszwecke erfüllen zu können, muss die Kostenrechnung entsprechend gestaltet sein. Ein derart ausgelegtes Programm wird als „Kostenrechnungssystem" bezeichnet. Ein betriebliches Kostenrechnungssystem muss neben einer schlüssigen, theoretischen Fundierung den Belangen der Praxis gerecht werden.

In den deutschsprachigen Standardwerken der Kostenrechnung findet sich trotz der zunehmenden Verbreitung von Ganzheitlichen Produktionssystemen bzw. von Lean keine Beschreibung eines dafür geeigneten Kostenrechnungssystems. So tauchen die Begrifflichkeiten „Lean" bzw. „Ganzheitliches Produktionssystem" in vielen aktuellen Lehrbüchern entweder gar nicht oder in nicht nennenswertem Umfang bezüglich der Auswirkungen auf die Kostenrechnung auf. Im Gegensatz dazu gilt folgende Erkenntnis als gesichert: Die traditionellen und weit verbreiteten Standard- bzw. Plankostenrechnungssysteme beruhen alle auf Taylors Ansichten zur wissenschaftlichen Betriebsführung und Massenproduktion (s. Abschnitt 3.1.1). Hier beißt sich der Hund in den Schwanz. Für die heutigen dynamischen Marktbedingungen gelten die „Gesetze" nach Taylor immer weniger. Die für Unternehmen fundamental wichtige Kostenrechnung bezieht sich jedoch viel zu wenig oder gar nicht auf die Belange der Lean Production. Dies kann als ein wesentliches Indiz gesehen werden, warum die eingangs beschriebenen Probleme wiederkehrend auftauchen und die Entwicklung eines angepassten Systems so wichtig ist.

2.2.1 Notwendiges Training: Grundbegriffe des Rechnungswesens

Ohne die Kenntnis relevanter Grundbegriffe des Rechnungswesens lassen sich die bestehenden Kostenrechnungsverfahren in Kapitel 3 weder erklären noch bewerten. Ausgerechnet beim Rechnungswesen existiert eine Reihe sachlich verwandter, aber nicht identischer Vorgänge. Hier muss eine begriffliche Trennschärfe her! Daher erläutert dieser Abschnitt zunächst die Grundbegriffe des Rechnungswesens. Anschließend folgt eine Feingliederung des für diese Arbeit zentralen Kostenbegriffs nach den bedeutendsten Kriterien (s. Bild 2.3).

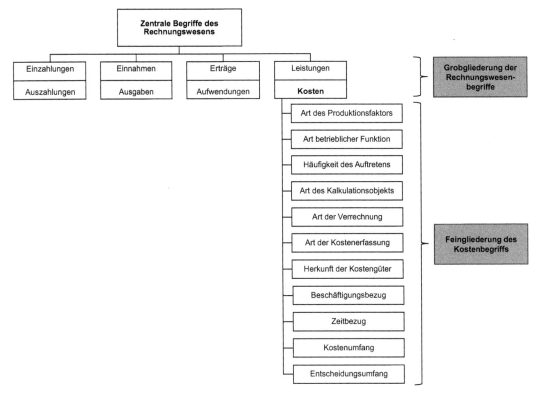

Bild 2.3 Gliederung zentraler Begriffe des Rechnungswesens und des Kostenbegriffs (aufbauend auf Olfert 2010, S. 33)

Zentrale Begriffe des Rechnungswesens

Ab jetzt wird sich mancher wie ein Rechnungsprüfer oder Finanzverwalter vorkommen. Die korrekten Bezeichnungen zu kennen, gehört aber – wie bereits vorne angedeutet – zum Handwerkszeug dazu. Also los! Folgende Begriffspaare bilden die Rechengrößen des Rechnungswesens (Götze 2010, S. 4):

- **Auszahlung und Einzahlung:** Auszahlungen stellen einen Zahlungsmittel**ab**fluss dar, Einzahlungen einen Zahlungsmittel**zu**fluss. Sie betreffen somit den Zahlungsmittelbestand. Ein- und Auszahlungen bilden die Zahlungsströme des Unternehmens ab und nehmen damit Einfluss auf die liquiden Mittel. Sie sind die Rechengrößen der Kapitalfluss- und Investitionsrechnung.

- **Ausgaben und Einnahmen:** Einnahmen sind positive, Ausgaben negative Veränderungen des Geldvermögens. Zum Geldvermögen zählen neben dem Zahlungsmittelbestand auch schuldrechtliche Verpflichtungen (z. B. Forderungen). Entscheidend ist also nicht (mehr) der Zeitpunkt des Zahlungsmittelflusses, sondern der Zeitpunkt des Güterzugangs bzw. Güterabgangs.

- **Erträge und Aufwendungen:** Sie sind die zentralen Rechengrößen des exter-nen Rechnungswesens und beschreiben die Veränderungen des Nettovermö-gens (Geld- und Sachvermögen). Aufwendungen bezeichnen den Werteverzehr für Güter innerhalb einer bestimmten Rechnungsperiode, Erträge den Werte-zuwachs – beide unabhängig von der Erfüllung des Betriebszwecks. Entschei-dend sind dabei die Zeitpunkte der Güterentstehung und des Güterverzehrs.

- **Kosten und Erlöse:** Erlöse beschreiben das in Geldeinheiten bewertete Ergeb-nis des betrieblichen Leistungserstellungs- und Leistungsverwertungsprozes-ses. Kosten stellen den bewerteten und durch die betriebliche Leistungserstel-lung sowie -verwertung bedingten Güterverzehr dar. Sie sind die Rechengrößen der Kostenrechnung. Maßgebend sind auch hier die Zeitpunkte der Güterent-stehung und des Güterverzehrs.

Als Merkmale des Kostenbegriffs können somit

- der Güterverzehr

- dessen Betriebs- und Sachzielbezug sowie

- dessen Bewertung (pagatorisch/auf Zahlungsvorgängen beruhend oder wert-mäßig)

gesehen werden (Götze 2010, S. 8).

Ein weiterer Hinweis zum Kostenbegriff ist an dieser Stelle insbesondere aufgrund der Besonderheiten des Wertverständnisses Ganzheitlicher Produktionssysteme angebracht. In der Kostenrechnung findet ein Übertrag des Grundsatzes der Perio-denabgrenzung des **externen** Rechnungswesens in das **interne** Rechnungswesen statt. Bei der Kostenrechnung ist es identisch wie in der Gewinn- und Verlustrech-nung: Auch hier entscheidet der Zeitpunkt der Güterentstehung und des Güter-verzehrs über die Periodenabgrenzung von Kosten und Erlösen. Fast überraschend: Der Zahlungszeitpunkt (Kapital- bzw. Zahlungsmittelfluss) ist dabei ohne Belang! So stellen Lagerleistungen bewertet zu Herstellkosten ebenfalls (kalkulatorische) Erlöse der Periode dar. Diese Erkenntnis ist von großer Bedeutung. Warum? Ein Anreiz zur Beschleunigung der Transportabläufe und des damit einhergehenden Zahlungsmittelflusses gilt als wesentliches Ziel der Lean Production; die Motiva-tion hierfür wird aber allein durch die klassische Definition des Kostenbegriffes bereits reduziert. Den Zeitpunkt des Güterverzehrs bzw. der Güterentstehung als Ansatzzeitpunkt zu verwenden, kann somit gegen das Flussprinzip Ganzheitlicher Produktionssysteme sprechen (s. auch Abschnitt 3.1.3).

Kosten – Feingliederung und Definitionen

Um die besonderen Merkmale bestimmter Arten von Kosten zu beschreiben, hat sich eine detaillierte Untergliederung der Rechengröße „Kosten" durchgesetzt. Ta-belle 2.3 zeigt anschaulich die in diesem Fachbuch verwendeten Möglichkeiten der Kostengliederung.

Tabelle 2.3 Möglichkeiten der Kostengliederung

Kriterium der Kostengliederung	Ausprägung
Art verbrauchter/eingesetzter Produktionsfaktoren	Personal-, Material-, Zins-, Energiekosten, Abschreibungen etc.
Art betrieblicher Funktion	Beschaffungs-, Produktions-, Verwaltungs-, Vertriebskosten etc.
Häufigkeit des Auftretens	einmalige und laufende Kosten
Art des Kalkulationsobjekts (Kostenträger i. w. S.)	Stück-, Prozess-, Auftrags-, Wertstromkosten etc.
Art der Verrechnung	(Relative) Einzel- und Gemeinkosten
Art der Kostenerfassung	aufwandsgleiche und kalkulatorische Kosten
Herkunft der Kostengüter	primäre und sekundäre Kosten
Verhalten bei Beschäftigungsänderungen	fixe und variable Kosten bzw. Bereitschafts- und Leistungskosten, Mischkosten
Zeitbezug	Ist-, Normal- und Plankosten
Kostenumfang	Voll- und Teilkosten
Entscheidungsbezug	relevante und irrelevante Kosten

Auf eine Beschreibung der Gliederung nach verbrauchten Produktionsfaktoren, betrieblichen Funktionen, der Auftrittshäufigkeit und nach Art des Kalkulationsobjekts wird an dieser Stelle aufgrund der weiten Verbreitung verzichtet. Was nicht direkt benötigt wird, können wir ja auch mal überspringen – das beschleunigt den Informationsfluss ... und ist fast schon lean-konform.

„Einzelkosten" lassen sich einem Kostenträger unmittelbar verursachungsgerecht zuordnen, „Gemeinkosten" hingegen nicht. Diese traditionelle Betrachtungsweise sieht ein Erzeugnis zentral als Kalkulationsobjekt. Bezieht man sich bei dieser Verrechnungsweise auf unterschiedliche Arten von Kalkulationsobjekten, so findet eine Relativierung des Zurechnungskriteriums statt. „Relative Einzelkosten" sind Kosten, die dem jeweils betrachteten Kalkulationsobjekt (z. B. Auftrag, Wertstrom, Prozess, Kunde etc.) unmittelbar zugerechnet werden können. In diesem Verständnis lassen sich Gemeinkosten einem betrachteten Kalkulationsobjekt hingegen nicht unmittelbar zurechnen (Hummel, Männel 1999, S. 99).

Aus der Abgrenzung zwischen Aufwand und Kosten ergibt sich der Begriff „kalkulatorische Kosten". Diesen steht entweder kein Aufwand oder ein Aufwand in anderer Höhe gegenüber.

„Primäre Kosten" fallen durch den Verbrauch von außen bezogenen Gütern an. Durch das Erstellen und Verrechnen innerbetrieblicher Leistungen entstehen aus primären die „sekundären Kosten" in der in Anspruch nehmenden Kostenstelle (z. B. Verrechnung primärer Kosten der Instandhaltung auf Produktionskostenstellen).

Versuchen Sie besser nicht, sofort alle Begriffe nachzuvollziehen. Sobald die Thematik in ihrer Gesamtheit verständlicher ist, lohnt im Nachhinein wieder der Einstieg in die Detailbegriffe.

„Fixe Kosten" bleiben innerhalb bestimmter Beschäftigungsgrenzen und in einem definierten Zeitraum identisch. „Variable Kosten" dagegen verändern sich unmittelbar mit Beschäftigungsschwankungen. Dies ist ein relativ allgemein gehaltenes Begriffspaar. Infolgedessen wurden zur weiteren Verfeinerung die Begriffe „Bereitschafts- und Leistungskosten" definiert, mit denen sich die Leistungsabhängigkeit der Kosten bestimmen lässt. Bereitschaftskosten sind Kosten, die aufgrund von Erwartungen in Bezug auf das künftige Leistungsprogramm disponiert wurden. Sie ändern sich nur mit dem Auf- oder Abbau von Kapazitäten (Betriebsbereitschaft) und sind damit nur kurzfristig fix. Leistungskosten dagegen variieren automatisch und ohne zusätzliche Dispositionen über Kapazitäten mit der Art, der Menge oder dem Wert der erzeugten oder abgesetzten Leistungen (Männel, Hummel 2004, S. 51).

„Istkosten" stellen tatsächlich angefallene und damit vergangenheitsbezogene Kosten dar. „Normalkosten" leiten sich aus den Istkosten vergangener Perioden als durchschnittliche Kosten ab. „Plankosten" sind im Voraus bestimmte, meist methodisch errechnete und zukunftsbezogene Kosten.

In „Vollkostenrechnungen" werden sämtliche im Betrieb anfallenden Kosten auf die Kostenträger bzw. Kalkulationsobjekte verrechnet. In „Teilkostenrechnungen" sind den Kostenträgern nur Teile der Gesamtkosten zugerechnet, wobei die Kostenerfassung vollständig bleibt. Im klassischen Verständnis werden in Teilkostenrechnungen nur variable Kosten verrechnet.

In manchen Fällen beeinflussen Entscheidungen über eine bestimmte Aktion die Kosten. Diese Kostenveränderung heißt dann „relevante Kosten der Entscheidung". Endlich mal wieder ein bildlich vorstellbarer Begriff! Alle übrigen Kosten werden als irrelevant bezeichnet.

Fazit: Das war „schweeeere" Kost. Die Klärung der relevanten Begriffe des Rechnungswesens sowie dessen Teilgebiet der Kostenrechnung sind jedoch wesentlich zur Abgrenzung dieser Arbeit in Bezug auf die Kostenrechnung.

2.2.2 Aufgaben der Kostenrechnung

Die Hauptaufgabe der Kostenrechnung liegt in der zielführenden Steuerung innerbetrieblicher Leistungserstellungsprozesse. Dazu stellt sie Informationen über das betriebliche Geschehen bereit (Coenenberg et al. 2016, S. 22 – 24). Die klassische Rechnung verfolgt mehrere Aufgaben:

- Aus vorherigen Erfahrungen heraus (ex ante) sollen wirtschaftliche Auswirkungen von Entscheidungen auf die Finanzziele des Unternehmens bestimmt werden.

- Im Nachhinein (ex post) Kontrolle der Wirtschaftlichkeit von Entscheidungen sowie der Information über Ist-Abläufe (z. B. Ergebnisse): Sie übernimmt damit die Überwachung und Lenkung der Zielerreichung.

- Dokumentation, um externe Rechnungszwecke zu erfüllen (vgl. Wöhe, Döring 2013, S. 642 – 643; Hummel, Männel 1999, S. 40; Coenenberg et al. 2016, S. 22 – 24).

Bei dieser klassischen Herangehensweise wird die Kostenrechnung mit ihrer Planungs- und Kontrollfunktion aus einer entscheidungsorientierten Perspektive betrachtet. Diese Sichtweise wurde in den letzten Jahren vor allem um die Verhaltensorientierung der Kostenrechnung erweitert. Die Informationen aus der Kostenrechnung sind vielfältig und lassen sich entscheidend einsetzen – sowohl positiv als auch negativ. Beispielsweise können die Systematik der Kostenverrechnung, -darstellung und -analyse sowie daran gekoppelte Anreizsysteme das Verhalten einzelner Menschen und deren Zusammenwirken stark beeinflussen (vgl. Weber, Schäffer 2011, S. 134 – 136). Aha: Nicht umsonst gilt der allgemeine Spruch: *„Traue keiner Statistik, die Du nicht selbst gefälscht hast."* Eine ähnliche Macht strahlen positive oder negative Zahlen bei der Kostenrechnung auf Verantwortliche und die Belegschaft aus.

Eine modernere Zusammenfassung der Haupt-Rechnungsziele der Kostenrechnung unter Berücksichtigung der Verhaltensorientierung liefert Götze. Er definiert folgende fünf Rechnungszwecke (vgl. Götze 2010, S. 10 – 12):

a) **Abbildung und Dokumentation des Betriebsprozesses:** Dies geschieht durch die Bestimmung von Isterlösen und Istkosten einer Periode (Ergebnisrechnungen) und/oder unterschiedlicher Kalkulationsobjekte. Voraussetzung dafür ist das Erfassen sowie die anschließende Verteilung von Kosten und Erlösen auf Bezugsobjekte.

b) **Informationen zur Planung des Betriebsprozesses bereitstellen:** Die Kostenrechnung gilt nach wie vor als das am weitesten verbreitete Modell, um den Mitteleinsatz in der Wirtschaft zu optimieren (Brauckmann 2002, S. 17). Die Prognose von Erlösen und Kosten lässt sich zur Vorbereitung und Fundierung zahlreicher betrieblicher Entscheidungen heranziehen. Dazu zählen vor allem

  - Programmentscheidungen (z. B. Eigenfertigung oder Fremdbezug) sowie

  - Prozess- und Verfahrensentscheidungen (beispielsweise Fertigungsverfahren oder Wertstromgestaltungen).

  Für diese „Entscheidungsfunktion" muss die Kostenrechnung die relevanten Kosten und Erlöse zur Bewertung alternativer Handlungsmöglichkeiten bereitstellen.

c) **Bereitstellung von Informationen zur Kontrolle des Betriebsprozesses:** Die Kontrollfunktion dient dem Überwachen der Wirtschaftlichkeit. Im klassischen Verständnis geschieht dies vorwiegend durch Abweichungsanalysen in Form eines Plan-Ist-Vergleichs oder durch Zeit- und Betriebsvergleiche. In Ganzheitlichen Produktionssystemen ist hierunter vor allem die Beurteilung des Ressourceneinsatzes bezüglich Wertschöpfung aus Sicht des Kunden zu verstehen. Dies lässt sich für zwei Aufgaben verwenden. Einerseits für die Wirtschaftlichkeitskontrolle von Entscheidungen, andererseits zur Gewinnung von Anregungen, um den Wertstrom zu verbessern.

d) **Verhalten der Entscheidungsträger und Mitarbeiter steuern:** Wer lässt sich schon gerne manipulieren? In positivem Sinne angewandt, kann es jedoch durchaus für alle Beteiligten nützlich sein. Kurzum: Das Verhalten der Informationsadressaten lässt sich beeinflussen. Wie? Durch die operative Ausgestaltung der Ermittlungs-, Entscheidungs- und Kontrollfunktion im Kostenrechnungssystem sowie vieler darauf aufbauende betriebswirtschaftlicher Instrumente. Die vom Management getroffene Entscheidung über die Gestaltung einer Kostenrechnung legt somit den Rahmen bzw. Lösungsraum für die Entscheidungen untergeordneter Ebenen fest.

e) **Informationen für externe Adressaten liefern:** Dazu zählen

- die Preiskalkulation für öffentliche Aufträge

- die Preiskalkulation für singuläre, nicht marktmäßig handelbare Güter sowie

- die Bewertung von Beständen und eigenerstellten Gütern des Anlagevermögens (vgl. Weber, Schäffer 2011, S. 134–136).

Im Fokus dieses Fachbuches steht die Entwicklung eines Systems der Kostenrechnung und Kostenanalyse für die unternehmensinternen Rechnungszwecke, also das Bereitstellen von Informationen für die internen Adressaten (Elemente a, b, c) sowie die Verhaltenssteuerung der Mitarbeiter und Entscheidungsträger (Element d).

Gesetzliche Regelungen zum Erfüllen externer Rechnungszwecke (Element e) beeinflussen die Systemgestaltung nicht.

Die Kostenrechnung erfüllt fünf Kernaufgaben:

- Betriebsprozesse abbilden und dokumentieren
- Informationen liefern, um den Betriebsprozess besser planen zu können
- Informationen bereitstellen zur Kontrolle des Betriebsprozesses
- Verhalten von Mitarbeitern und Verantwortlichen steuern
- Informationen für externe Zwecke liefern.

Um die genannten Aufgaben zu erfüllen, hat sich ein dreistufiger Grundaufbau der Kostenrechnung etabliert. Abschnitt 2.2.3 geht im Detail auf diese Thematik ein.

2.2.3 Ablauf der traditionellen Kostenrechnung

Als Grundgerüst der Kostenrechnung dient die Abfolge von Kostenarten-, Kostenstellen- und Kostenträgerrechnung. Bild 2.4 liefert einen Überblick über Ablauf und Gesamtzusammenhang der traditionellen dreistufigen Kostenrechnung.

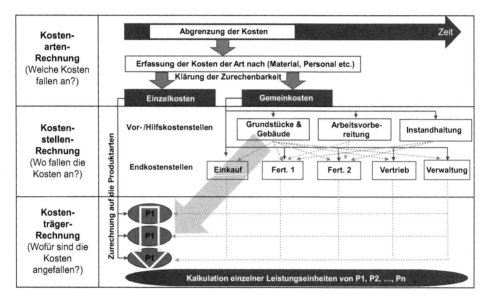

Bild 2.4 Ablauf und Gesamtzusammenhang von Kostenarten-, Kostenstellen- und Kostenträgerrechnung (in enger Anlehnung an Becker et al. 2014, S. 118)

 Lassen Sie sich Zeit, um die verschiedenen Begriffe der Kostenrechnung zu verarbeiten. Im Gesamtzusammenhang erscheinen die Bezeichnungen später klarer und eindeutiger.

Der erste Schritt der Kostenrechnung ist die „Kostenartenrechnung". Sie dient dazu, die Primärverbräuche (eingesetzte Produktionsfaktoren nach Menge und Wert) zu erfassen („Welche" Kosten fallen an?). Ziel ist die Sammlung aller Kosten einer Periode (Abgrenzung) sowie die Durchführung einer Gliederung der Kosten nach bestimmten Kriterien (s. Tabelle 2.3). Datenquellen sind die Kostenarten aus der Finanzbuchhaltung, die zudem geringfügige Änderungen und Ergänzungen erfahren können. Neben dem Erfassen der Kosten nach Art der verbrauchten Produktionsfaktoren ist vor allem die Zurechenbarkeit auf Kostenträger zu klären. Demzufolge finden zunächst eine Selektion und Zuordnung der den Produkten direkt zurechenbaren Kosten statt. Diese Einzelkosten gehen direkt in die „Kostenträgerrechnung" über. Hier wird offengelegt, „wofür" die Kosten angefallen sind. Bei den verbleibenden Gemeinkosten bestehen keine direkten Abhängigkeiten zwischen Kosten und Produkten. Die Gemeinkosten werden als Grundlage für die „Kostenstellenrechnung" den Leistungserstellungsprozessen zugeordnet, also „wo" die Kosten angefallen sind.

Die Kostenstellenrechnung richtet dazu abgegrenzte Kostenstellen ein. Diese nehmen wiederum die Gemeinkosten aus der Kostenartenrechnung auf. Um eine Verrechnung durchzuführen, wird zunächst der Leistungszusammenhang zwischen den Kostenstellen ermittelt – differenziert nach Vor- und Endkostenstellen. Die Hauptaufgabe der Kostenstellenrechnung liegt in einem mehrstufigen Verrechnungsprozess. Er entlastet vollständig die Vorkostenstellen und legt alle Gemeinkosten auf die Endkostenstellen um. Dies wird auch als „innerbetriebliche Leistungsverrechnung" bezeichnet (Weber, Schäffer 2016, S. 146).

Wie bereits „befürchtet", schließt sich eine weitere Gliederung an. Die Kostenträgerrechnung unterteilt sich in „Kostenträgerstückrechnung" und „Kostenträgerzeitrechnung". In der Kostenträgerstückrechnung (Kalkulation) werden die Einzelkosten aus der Kostenartenrechnung mit den anteiligen Gemeinkosten aus der Kostenstellenrechnung ergänzt. Dazu ist es notwendig, die Inanspruchnahme der Endkostenstellen durch eine Produkteinheit zu erfassen; das geschieht typischerweise mit einer „Lohnzuschlagskalkulation" oder einer „Bezugsgrößenkalkulation", wie die Maschinenstundensatzrechnung auf Basis von Arbeitsgangplänen erfolgt. Die Summe aus Material- und Fertigungseinzelkosten – aus der Kostenartenrechnung sowie der anteilig verrechneten Gemeinkosten – ergibt die Herstellkosten des Kostenträgers.

Die Kostenträgerrechnung schließt mit der Kostenträgerzeitrechnung ab. Es handelt sich um eine Ergebnisrechnung, auch kurzfristige Erfolgsrechnung genannt. Sie stellt die Kosten der Produkte sowie deren erzielte Erlöse einer Periode gegenüber.

Auch hier empfiehlt sich erstmal eine kurze Verschnaufpause. Folgende Erkenntnis sollte jedoch motivieren, weiter voranzuschreiten: Der beschriebene Grundaufbau ist die Basis aller traditionellen und prozessorientierten Kostenrechnungssysteme – und damit gleichzeitig die Ursache einer Reihe von Defiziten für den Einsatz klassischer Kostenrechnung in Ganzheitlichen Produktionssystemen (vgl. Abschnitt 3.1). Mit diesem Wissen bleibt einem doch ab jetzt praktisch keine andere Wahl, als nach diesen Defiziten zu suchen, diese aufzudecken und dann entsprechende Lösungen zu finden. Und richtig erkannt: Das ist genau die Motivation dieser hier vorliegenden Arbeit.

2.2.4 Lean Accounting und Accounting for Lean

Die Literaturrecherche zur beschriebenen Problemstellung deckt auf, dass zurzeit vorwiegend englischsprachige Veröffentlichungen zum Thema Lean und Kostenrechnung (englisch „accounting" oder „management accounting") existieren. Im Zuge dessen entwickelten sich die Begriffe „Lean Accounting" und „Accounting for Lean". Trotz einer verbreiteten, gleichwertigen Nutzung beider Begrifflichkeiten bestehen aus wissenschaftlicher Sicht erhebliche Differenzen. Es folgt daher eine Abgrenzung. An dieser Stelle ein Hinweis: Sie sollten sich insbesondere den Begriff „Accounting for Lean" merken. Er hat im Umfeld Ganzheitlicher Produktionssysteme wesentlich mehr Bedeutung – einer der Gründe, warum hier auch noch englische Begriffe erklärt werden ...

„Lean Accounting" bedeutet, die Prinzipien des Lean Managements auf die Prozesse des Rechnungswesens und Controllings zu übertragen (Zecher 2012, S. 42). Die Methoden und Werkzeuge des Lean Managements sollen die Effizienz der Geschäftsprozesse des Rechnungswesens steigern. Hierzu gilt es, Verschwendung zu beseitigen und sich auf den „Wert" aus Sicht der internen Unternehmenskunden zu konzentrieren. Dazu zählen vor allem, unnötige Transaktionen bzw. Buchungsvorgänge zu reduzieren sowie ungenutzte Informationen und Berichte zu eliminieren.

Im Gegensatz dazu wird unter „Accounting for Lean" die Entwicklung eines Systems der Kostenrechnung und Kostenanalyse für Lean-Unternehmen verstanden. Dieses Ziel ist praktisch deckungsgleich mit dem Vorhaben dieses Fachbuches. Es geht hierbei insbesondere darum, die Ermittlungs-, Kontroll-, Entscheidungs- und Verhaltensfunktionen der Kostenrechnung (s. Abschnitt 2.2.2) lean-konform zu gestalten.

 „Accounting for Lean" bezeichnet die Entwicklung eines Systems der Kostenrechnung und Kostenanalyse für Lean-Unternehmen. Ziel ist, verschiedene Kostenrechnungsfunktionen lean-konform zu gestalten.

Im Rahmen dieser Publikation wird daher ausdrücklich ein System des „Accounting for Lean" entwickelt; „Lean Accounting"-Aspekte finden vordergründig keine Berücksichtigung.

■ 2.3 Für wen geeignet? – Betrachteter Betriebstyp

Um den Anwendungsbereich des Lösungsansatzes einzugrenzen, ist eine Beschreibung des betrachteten Betriebstyps notwendig. Die Morphologie in Bild 2.5 zeigt die Merkmalsausprägungen des im Rahmen dieser Arbeit fokussierten Betriebstyps.

Merkmal	Merkmalsausprägungen					
Unternehmenstyp	produzierendes Unternehmen	Dienstleistungs- unternehmen				
Marktumfeld	Verkäufermarkt	Käufermarkt				
Unternehmens- größe	Kleinunternehmen	KMU	Großunternehmen			
Wahrnehmung des Marktes	kostenminimal	variantenflexibel	mengenflexibel	reaktionsschnell	hochtechnologisch	kundenindividuell
Haupttechniken	Fertigungstechnik	Verfahrenstechnik	kombinierte Technik			
Ausrichtung der Organisation	funktional	segmentiert	vernetzt	virtuell		
Abwicklungsart	Lagerfertigung	Variantenfertigung	Auftragsfertigung	Einmalfertigung		
Produktionssystem	handwerkliche Produktion	klassische industrielle (Massen-)Produktion	Ganzheitliche Produktionssysteme			
Fertigungsart	Einmalfertigung	Einzel- und Kleinserienfertigung	Serienfertigung	individualisierte Massenfertigung		
Fertigungsprinzip	Werkstattprinzip	Fließprinzip	Gruppenprinzip	Baustellenprinzip	Werkbankprinzip	
Wertschöpfungs- stufen	Marketing	Forschung und Entwicklung	Beschaffung	Produktion	Vertrieb	Service
Ressourceneffizienz	Material-/ Wertstofffluss	Informationsfluss	Energiefluss	Arbeitskräfte/ Personal	Werte-/Kapitalfluss	
Auftragsauslöser	Kundenauftrag	Absatzprognose				

Legende:	betrachtet	teilweise betrachtet	nicht betrachtet

Bild 2.5 Morphologischer Kasten des betrachteten Betriebstyps

Fokussiert wird auf diejenigen Punkte, die in Bezug auf den Einsatz eines Kostenrechnungssystems relevant sind.

 Betrachtet werden insbesondere mittlere und große Produktionsbetriebe mit diskreter Fertigung im heutigen Käufermarkt. Der Ansatz lässt sich aber auch auf andere Gebiete übertragen.

Der Untersuchungs- und Anwendungsbereich umfasst in diesem Fachbuch produzierende Unternehmen, die sich in einem Käufermarkt befinden. Besonderheiten der Dienstleistungsbranche finden nicht explizit Berücksichtigung. Nichtsdestotrotz wird ein dortiger Einsatz mit Anpassungen als möglich und sinnvoll erachtet.

Der Ansatz zielt insbesondere auf mittelständische und große Unternehmen. In Kleinbetrieben sind Kostenrechnungssysteme oft weniger verbreitet und kommen nur fallweise zum Einsatz. Auf den Markt bezogen, konzentriert sich der betrachtete Betriebstyp auf das typische Einsatzgebiet Ganzheitlicher Produktionssysteme. Dazu zählen die kundenindividuelle, varianten- und mengenflexible sowie reaktionsschnelle Produktion.

Der Begriff „kostenminimal" bezieht sich innerhalb dieser Arbeit auf die Gesamtkosten.

Hinsichtlich des Produktionsumfeldes fokussiert der Ansatz die Fertigungstechnik bzw. diskrete Fertigung.

Als Organisationsprinzipien werden die segmentierte und die vernetzte Fabrik betrachtet. Diese sind im Rahmen Ganzheitlicher Produktionssysteme aufgrund der hohen Produkt- und Marktorientierung von hoher Relevanz. Die vor allem in mittelständischen Unternehmen weit verbreitete funktionale Struktur wird teilweise betrachtet.

Die Abwicklungsart der Aufträge spielt – abgesehen vom Ausschluss der Einmalfertigung aus dem Betrachtungsraum – keine wesentliche Rolle für die Anwendung des Kostenrechnungssystems. Entscheidend ist in diesem Zusammenhang eher der Auftragsauslöser. Eine (monetäre) Beurteilung von Verschwendung – insbesondere in Form von Überproduktion – ist nur bei einer Pull-Steuerung, d. h. einem Kundenauftrag als Auslöser sinnvoll möglich. Eine auf Absatzprognosen basierende Produktion erschwert die Beurteilung des Gesamtressourceneinsatzes für die Wertschöpfung aus Sicht des Kunden erheblich. Der Ort der Auftragseinsteuerung in der Wertschöpfungskette einer Pull-Steuerung ist für den Einsatz des Systems weitgehend ohne Bedeutung.

Im Bereich der Fertigungsarten werden sowohl die in Ganzheitlichen Produktionssystemen verbreiteten Einzel- und Serienfertigungen als auch eine individualisierte Massenproduktion betrachtet. Eine Fließfertigung vereinfacht bereits die Definition von Wertströmen und das Zuweisen von Ressourcen zu Wertströmen (Einzelkostenrechnung). Darüber hinaus werden aber auch alle übrigen Fertigungsprinzipien untersucht. Da sich der Betrachtungsraum dieser Arbeit auf Wertströme der Kundenauftragsabwicklung konzentriert, werden vor allem die Wertschöpfungsstufen der Beschaffung, der Produktion und des Vertriebs betrachtet.

Alle betrieblichen Ressourcenflüsse beeinflussen den Ansatz, unter anderem der Material-, Informations-, Personal- und Kapitalfluss. Bei einer energieintensiven Produktion kann auch der Energiefluss bei ausreichender Datenlage (beispielsweise hinsichtlich Nutz-, Stütz-, Blind- und Fehlleistung) entsprechend Berücksichtigung finden.

Der hiermit beschriebene Betriebstyp dient als Bezugspunkt für alle weiteren Analysen und Entwicklungen des in dieser Publikation beschriebenen Themas. Mit der Erläuterung und Abgrenzung des Betriebstyps sind die Grundlagen des Untersuchungsbereichs geklärt.

Bergfest: Ab diesem Punkt haben wir bereits viel Fleißarbeit und Trainingseinheiten hinter uns. Begriffe wurden gefunden, nach Wichtigkeit eingeordnet und bei entsprechender Bedeutsamkeit erläutert. Mehrere Etappenziele zeigen auf, in welche Richtung die Reise mit der Kostenrechnung gehen soll. Um das ohnehin komplexe Thema pragmatisch zu vereinfachen, wurden Begriffe und Betrachtungsräume eingegrenzt. Einbezogen werden mittlere bis große Unternehmen insbesondere mit diskreter Fertigung. Als Organisationsprinzipien werden die segmentierte und die vernetzte Fabrik näher beleuchtet. Der betrachtete Zeitraum liegt bei etwa fünf Jahren. Dieser festgelegte Zeitrahmen hat jedoch weniger Einfluss als beispielsweise die mit Entscheidungen einhergehende Unsicherheit. Die Abwicklungsart der Aufträge spielt keine entscheidende Rolle. Bei den Fertigungsarten finden sowohl Einzel- und Serienfertigungen als auch eine individualisierte Massenproduktion Berücksichtigung.

3 Entwicklungsbedarf

Ordnung muss sein: Nachdem die Problemstellung und entscheidende Fragen (Kapitel 1) erläutert sowie die thematischen Grundlagen (Kapitel 2) bekannt sind, gilt es nun den Entwicklungsbedarf klar herauszuarbeiten und dessen Praxisrelevanz zu bestätigen. Dieses Kapitel will folgende Fragen beantworten:

1. Welche **Anforderungen** bestehen an ein geeignetes System der Kostenrechnung und Kostenanalyse in Ganzheitlichen Produktionssystemen?
2. Sind **bestehende Systeme und Verfahren geeignet** für die Aufgaben einer Kostenrechnung – Planung, Kontrolle und Verhaltenssteuerung – in Ganzheitlichen Produktionssystemen?

■ 3.1 Defizite bestehender Kostenrechnungssysteme in Ganzheitlichen Produktionssystemen

Das Ziel dieses Kapitels liegt in der strukturierten, literaturgestützten Aufbereitung der Defizite bestehender Methoden sowie Verfahren der Kostenrechnung und Wirtschaftlichkeitsbewertung in Ganzheitlichen Produktionssystemen. Die Aufarbeitung der Defizite hilft in der Praxis den Unternehmen, einige Stolpersteine zu überwinden, wie:

- organisationsbezogene Hürden (Silodenken durch funktionale Abteilungsgrenzen sowie Entkopplung von Produktion und Supportfunktionen)
- individuelle Hürden, etwa die fehlende Bereitschaft für Veränderung durch unklare Gründe oder den blinden Glauben an jahrzehntelang eingesetzte Verfahren.

Ein Überblick zu bestehenden Kostenrechnungssystemen mit einzelnen Beispiel-ansätzen ist in Bild 3.1 zu finden. Die bestehenden Modelle werden dabei grup-piert in

- traditionelle Konzepte der Kostenrechnung
- prozessorientierte Konzepte der Kostenrechnung
- Ansätze zur Wirtschaftlichkeitsbewertung von Produktionssystemen und
- weiterführende Ansätze zur Kostenrechnung sowie quantitativen Bewertung von Maßnahmen in Ganzheitlichen Produktionssystemen.

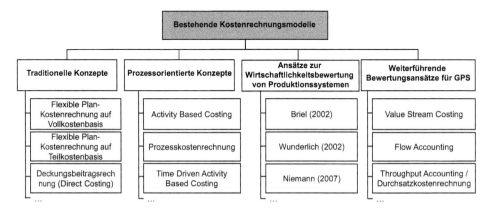

Bild 3.1   Überblick zu bestehenden Kostenrechnungssystemen mit jeweiligen Beispielansätzen

 Klassische Kostenrechnungskonzepte sind nach wie vor verbreitet. Ihre Defizite sorgten seit den 1980er Jahren für die Entwicklung verschiedener neuer Systeme. Diese „schleppten" jedoch die ein oder anderen Mängel erneut mit. Das führte wiederum seit Mitte der 2000er Jahre zur Entwicklung einer Reihe weiterführender Bewertungsansätze des „Accounting for Lean" – die sich wiederum teilweise deutlich widersprechen aufgrund einer fehlenden klaren Definition der Anforde-rungen an eine Kostenrechnung für Lean-Unternehmen. Es besteht also nach wie vor Handlungsbedarf.

Unter den **traditionellen Konzepten** der Kostenrechnung werden im Folgenden Kostenrechnungssysteme verstanden, deren Entwicklung im Wesentlichen in den 1950/1960er Jahren abgeschlossen war. Nach wie vor sind diese jedoch weit ver-breitet. Die Plankosten-, Deckungsbeitrags- und Vollkostenrechnung beispielsweise werden in der Praxis intensiv genutzt (Weber, Schäffer 2016, S. 165 – 166).

Insbesondere über die klassischen Plankostenrechnungsverfahren mit den be-kannten Methoden der Verrechnung innerbetrieblicher Leistungen wird seit den 1980er Jahren erheblich gemeckert. Das blieb nicht ohne Folgen. Als Reaktion auf die verlorene Relevanz traditioneller Kostenrechnungssysteme im modernen Produktionsumfeld (vgl. Johnson, Kaplan 1987) wurden verschiedene **prozessorientierte Konzepte** entwickelt. Die Neuerung umfasst dabei im Wesentlichen die prozess- bzw. tätigkeitsorientierte Kostenumlage der Gemeinkosten. Die dreistufige Systematik von Kostenarten-, Kostenstellen- und Kostenträgerrechnung blieb bestehen.

Die **Ansätze zur Wirtschaftlichkeitsbewertung von Produktionssystemen** entstammen vorwiegend ingenieurwissenschaftlicher Forschung. Sie liefern spezielle Lösungen für einzelne Problemstellungen monetärer Bewertungen. Allerdings stellen sie kein vollständiges System der Kostenrechnung und Kostenanalyse dar. Basisquellen für den monetären Modell-Input sind wiederum vorwiegend die traditionellen Konzepte der Kostenrechnung.

Wie bereits mehrfach erwähnt, sind traditionelle und prozessorientierte Verfahren der Kostenrechnung für den Einsatz in Ganzheitlichen Produktionssystemen eher ungeeignet. Das führte seit Mitte der 2000er Jahre zur Entwicklung einer Reihe **weiterführender Bewertungsansätze des „Accounting for Lean"** (s. Hinweis in Abschnitt 2.2.4). Dazu zählen grafische Ansätze (z.B. weiterentwickelte Wertzuwachskurven), neue quantitative Verfahren der Kostenrechnung und evolutionäre Anpassungen klassischer Kostenrechnungsverfahren. Und schon wieder zieht es sich wie ein roter Faden zum Thema Kostenrechnung: Die unterschiedlichen Ansätze (s. Abschnitt 3.3.4) widersprechen sich teilweise deutlich aufgrund einer fehlenden klaren Definition der Anforderungen an eine Kostenrechnung für Lean-Unternehmen! Es wird also immer deutlicher, warum dieses Fachbuch entstanden ist. Es soll für mehr Klarheit bei den Definitionen sorgen, um die passende Kostenrechnung zu finden, die für Ganzheitliche Produktionssysteme geeignet ist.

3.1.1 Annahmen und Prämissen traditioneller Kostenrechnungssysteme

Inwieweit ein System der Kostenrechnung und Kostenanalyse das unternehmensspezifische Vorgehen – insbesondere die strategische Ausrichtung des Produktionssystems – unterstützt, ist von dessen Ausgestaltung abhängig. Auch hier gilt, wie bei jedem anderen Modell auch: Die Aussagekraft der Ergebnisse beruht auf den der Ausgestaltung zugrunde liegenden Annahmen und Prämissen! Diese müssen bei der Interpretation und Verwendung der Ergebnisse stets Berücksichtigung finden. Dies bedeutet auch, dass bei strategischen Veränderungen wie der Einführung eines Ganzheitlichen Produktionssystems die Ausgestaltung und Annahmen der implementierten Kostenrechnung zwingend zu hinterfragen sind. Nur so ist die Unterstützungsfunktion für das Produktionssystem gewährleistet! Die Richtigkeit der kostenrechnerischen Aussagen zur Wirtschaftlichkeit eines Produktionssystems ist damit von den unterstellten Annahmen und Prämissen des Modells abhängig.

Folgende Fragestellungen liegen daher diesem Kapitel zugrunde:

- Auf welchen Annahmen und Prämissen basiert das System der traditionellen Kostenrechnung?

- Sind diese Annahmen und Prämissen kompatibel zur Philosophie und zu den Prinzipien Ganzheitlicher Produktionssysteme in der heutigen modernen Unternehmenssituation?

Ab hier machen wir es wieder wie ein ordentlicher Ingenieur. Zur strukturierten Beantwortung wurden folgende Gruppen an Annahmen definiert:

- Annahmen über das Produktionssystem und den Fabriktyp

- Annahmen über die Kostenstruktur und Kosteneinflussgrößen

- Annahmen über das Produktions- und Marktumfeld

- Annahmen über das Weltbild.

Annahmen über das Produktionssystem und den Fabriktyp

Die klassischen Kostenrechnungssysteme reflektieren die Zeit aufstrebender Massenproduktion. Die Kerngedanken zur heutigen Herstellkostenrechnung wurden bereits bis Ende der 1920er Jahre in Kostenrechnungssysteme überführt. Trotz gradueller Weiterentwicklungen in den letzten Jahrzehnten (z. B. Prozesskostenrechnung) blieben signifikante Änderungen aus. Die Grundstruktur entwickelte sich nicht parallel zu den erheblichen Veränderungen im Fabrikbetrieb weiter. Daher spiegelt die klassische Kostentheorie die typischen Produktionssysteme aus der Frühzeit der Industrialisierung wider. Es handelte sich dabei vorwiegend um **anonyme, einstufige Massenfertiger mit niedrigem Automatisierungsgrad** (Brauckmann 2015, S. 118). Die traditionellen Kostenrechnungsverfahren verfolgten dabei insbesondere folgendes Ziel – tayloristische Massenproduktionssysteme inklusive deren Annahmen bezüglich Erzielung größter Wirtschaftlichkeit zu unterstützen. Bild 3.2 zeigt die zeitliche Entwicklung und Ursprünge der heute verbreiteten Kostenrechnungssysteme.

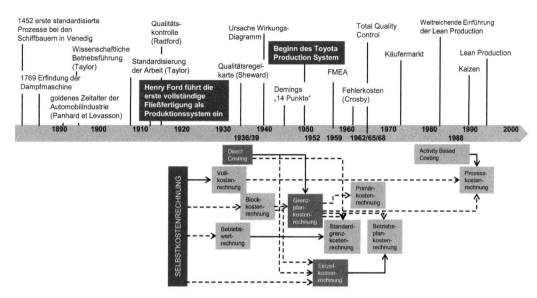

Bild 3.2 Zeitliche Entwicklung der Produktionssysteme und Kostenrechnungssysteme (Schneider 2016, S. 53)

Mit Einzug der Industrialisierung sanken die Preise. Die niedrigeren Preise führten zu einer erhöhten Nachfrage bei gleichzeitig geringem Individualisierungsgrad und Wettbewerbsdruck. Um die Wirtschaftlichkeit zu steigern, war die Produktion von hohen Losgrößen geprägt. Die klassischen Kostenrechnungssysteme wurden daher vorwiegend zur **Unterstützung der damals verbreiteten hoch arbeitsteiligen Losfertigung** entwickelt (Cunningham et al. 2003, S. 11; DeLuzio 2006, S. 83). Sie fördern eine diskontinuierliche Produktion. Grundannahme der Losfertigung ist, dass große Lose/Stückzahlen die Gesamtkosten durch weniger Rüstvorgänge, kurze Stillstandszeiten und reduzierte Transportvorgänge verringern. Bei dem heute großen Anteil an fixen Bereitschaftskosten sowie hohen **Kosten des Bestandes** ist diese – auf den ersten Blick logische – Annahme zu hinterfragen. Zu den heutigen Kosten des Bestandes zählen:

- Personalkosten für Handling, Verwaltung, Transport und Suchen
- Materialkosten für Wertverlust, Umarbeiten, Diebstahl oder Verschrottung
- Kapitalkosten für Zinsen und Abschreibungen
- Opportunitätskosten durch Liquiditätsbindung
- Investitionen in Anlagevermögen wie Regale, Behälter, Flurförderzeuge
- Gebäudekosten für Lagerfläche
- Qualitätskosten für Sortieraktionen
- Versicherungskosten für den Bestandswert (vgl. Kletti 2007, S. 30).

Je nach Unternehmen liegen die Gesamtkosten des Bestandes pro Jahr bei 25 % bis 55 % des Bestandswertes (Richardson 1995, S. 94 – 96; vgl. Yagyu, Klages 2009, S. 29 – 30). Da erkennt selbst ein Laie: Das ist ganz schön viel! Nichtsdestotrotz erfassen klassische Kostenrechnungssysteme diesen ganzen „Batzen" als Gemeinkosten und verdecken diese durch intransparente Umlagen.

 Obwohl bei Unternehmen die Gesamtkosten des Bestandes einen hohen Anteil ausmachen, verschleiern klassische Kostenrechnungssysteme diese als Gemeinkosten mit intransparenten Umlagen.

Die arbeitsteilige Losgrößenfertigung geht auch davon aus, dass mit dem **Zusammenfassen ähnlicher Betriebsmittel und qualifizierter Mitarbeiter** Synergieeffekte entstehen, die für Effizienzvorteile sorgen. Die weit verbreiteten Zuschlags- und Maschinenstundensatzkalkulationen addieren bei einer mehrstufigen Fertigung einfach die Fertigungskosten, ohne auf die Probleme der Schnittstellen und Gemeinkostenaufwendungen einzugehen. Diese Funktionalorganisation der Produktion ist in der modernen Produktionsrealität jedoch als wesentlicher Treiber für Verschwendung zu sehen und damit keinesfalls als gering einzuschätzen. Die Verschwendung ergibt sich in Form von Transportaufwand, Beständen, Warte- und Liegezeiten sowie langen Qualitätsregelkreisen.

Heutige Plankostenrechnungssysteme basieren auf der folgenden Annahme: Mit einer möglichst **detaillierten Stückvorgabe an Planwerten** von Materialeinsatz, Personal- und Maschinenzeit und Unterstützungsfunktionen sowie einer Kontrolle der Mitarbeiter durch Gegenüberstellung von Plan- und Istwerten lässt sich eine effiziente Produktion sicherstellen. Das hört sich einfach und logisch an. Passt! Oder? Leider nein.

Erstens: Einerseits liegt diesem Ansatz die dem Taylorismus zugeschriebene Trennung von Denken und Handeln zugrunde. Ein Streben nach kontinuierlicher Verbesserung bei allen Mitarbeitern fehlt hier völlig. Verschwendung entsteht diesem Ansatz nach nur durch eine Abweichung vom Plan, für den ausschließlich das Management verantwortlich ist. Ein praktisches Beispiel aus dem Vertrieb: Ein Verkäufer erhält die Vorgabe, in einem Jahr eine Millionen Euro Umsatz zu generieren. Er erreicht diese magische Zahl bereits im Oktober. Ohne weitere Anreize wird sich der Verkäufer zurücklehnen und gar nichts mehr verkaufen wollen. Warum auch? Ist ja nicht sein „Fehler".

Zweitens: Es wird versucht, mithilfe monetärer Kostenabweichungen (Ergebnisgrößen) Rückschlüsse auf die Prozesse (Treibergrößen) zu ziehen. Dieser Rückschluss von Ergebnis- auf Prozessgrößen ist bei meist unbekannter Ursache-Wirkungsbeziehung nicht möglich. Zudem lässt der in der Praxis übliche Zeitversatz zwischen Berichtserhalt und Problemzeitpunkt keine korrekte Ursachenanalyse zu.

Annahmen über die Kostenstruktur und Kosteneinflussgrößen

Eine weitere Annahme traditioneller Kostenrechnung basiert auf der **Kostenstruktur eines Massenproduktionsunternehmens zu Beginn des 20. Jahrhunderts**. Diese unterscheidet sich fundamental von den Kostenstrukturen moderner Industriebetriebe. Eine typische Kostenstruktur sah bis in die 1950er Jahre wie folgt aus:

- 20 % bis 30 % Materialeinzelkosten
- 60 % bis 70 % Lohneinzelkosten
- 10 % bis 20 % Gemeinkosten.

Infolge des kontinuierlich wachsenden Anteils an vorbereitenden, planenden, steuernden und überwachenden Tätigkeiten stieg der Aufwand in den indirekten Bereichen innerhalb der letzten Jahrzehnte erheblich an(Coenenberg et al. 2016, S. 160 – 163). Die direkten Fertigungslöhne nehmen im Verhältnis durch permanente Rationalisierung, Outsourcing und Automatisierung immer mehr ab. Die durchschnittliche Kostenverteilung heutiger Industriebetriebe liegt bei ca.:

- 60 % Materialeinzelkosten
- 10 % bis 15 % Lohneinzelkosten
- 25 % bis 30 % Gemeinkosten.

Diese veränderten Kostenstrukturen bringen die klassischen Kostenrechnungssysteme an die Grenzen der Anwendbarkeit. Sie wurden nicht für hohe Gemeinkosten- sowie Fixkostenanteile entwickelt und können deshalb gravierende ökonomische Fehlsteuerungen erzeugen (Coenenberg et al. 2016, S. 160 – 163; Scheer et al. 1995, S. 35).

Das zentrale Paradigma der Kostenrechnung, die **verursachungsgerechte Kalkulierbarkeit eines Kostenträgers,** ist bei dem hohen Anteil fixer Gemeinkosten nicht haltbar (Brauckmann 2002, S. 17). Damit kann die Kostenträgerrechnung systembedingt auch keine korrekte Aussage bezüglich Stückkosten und Stückgewinnen liefern.

 Traditionelle Kostenrechnung basiert auf der Kostenstruktur eines Massenproduktionsunternehmens vor rund hundert Jahren. Diese unterscheidet sich fundamental von den Kostenstrukturen moderner Industriebetriebe und bringt klassische Systeme damit an ihre Grenzen.

Nicht nur bei der Kostenstruktur, sondern auch bei den wichtigsten Kosteneinflussgrößen bestehen Annahmen der klassischen Kostenrechnung. So steht seit Schmalenbachs grundlegenden Arbeiten die **Abhängigkeit der Kosten vom „Beschäftigungsgrad"** im Mittelpunkt der Kostentheorie. Sie wird vor allem durch Ausbringungsmengen und Fertigungszeiten gemessen (Riebel 1994, S. 708; Götze

2010, S. 12). Die Grundannahme, dass die Beschäftigung für den Faktoreinsatz und damit für die Ausgaben ursächlich ist, trifft aber nur auf völlig variable Kosten wie Material zu. Eine moderne Produktion zeichnet sich durch einen Anteil von 70 % bis 90 % Fixkosten an den Gesamtkosten ohne Vorleistungen[1] aus (vgl. Coenenberg et al. 2016, S. 160 – 163). Die „Beschäftigung" selbst spielt somit eine untergeordnete Rolle. Folglich geht eine kostenrechnerische Reduktion der Stückkosten nicht automatisch mit niedrigeren Gesamtkosten, höheren Gewinnen oder gar verbessertem Kapitalfluss einher.

Der damit zusammenhängende **Skaleneffekt** beschreibt, dass die Stückkosten bei gegebenen Fixkosten (nur) mit steigender Ausbringungsmenge sinken. Dieser Grundsatz bestimmt seit Jahrzehnten das Denken und Handeln in der Praxis und ist in der Kostenrechnung tief verankert. Ausgangspunkt ist auch hier die Sichtweise von Taylor, der die größte Prosperität (Wachstum) als *„[…] das Resultat einer möglichst hohen Ausnutzung des Arbeiters und der Maschinen […]"* (zitiert nach Westkämper, Löffler 2016, S. 46) sieht. Diese Denkweise beruht auf den heute als kritisch zu sehenden Grundsätzen, dass sich der **Absatzmarkt stets positiv** entwickelt und **die gesamte Produktionsmenge auch zu konstanten Preisen** abgesetzt werden kann. Bei immer kürzeren Produktlebenszyklen und globalem Wettbewerb sind diese Prämissen nicht mehr haltbar. Preisverfall sowie Rabattaktionen bei auslaufenden Produkten sind weit verbreitet.

 Taylor sieht das größte Wachstumspotenzial als das Resultat einer möglichst hohen Ausnutzung des Arbeiters und der Maschinen.

Die Prinzipien der Lean Production folgen einem Ansatz, der dem Denken und Handeln in Skaleneffekten entgegengesetzt ist. Die Überproduktion und daraus folgende Bestände werden als schlimmster Feind der Effizienz im Unternehmen gesehen. Diese sind jedoch das Resultat einer auf Auslastung und Output fokussierten Produktion mit verringerten Losgrößen. Der Philosophie Ganzheitlicher Produktionssysteme entsprechend ergeben sich niedrigere Kosten aber nicht als Ergebnis von Skaleneffekten. Vielmehr werden sie als das Resultat verschwendungsfreier Prozesse zur Erfüllung der Kundenanforderungen gesehen. Daraus folgt die eigentliche Leitidee: Das Produktionssystem ist so zu gestalten, dass – unabhängig von Nachfrageschwankungen und Variantenvielfalt – gleichbleibende Stückkosten durch die exzellente Ausführung verschwendungsfreier Prozesse erreicht werden. Der maximale Profit für das Unternehmen ist die logische Konsequenz aus der verschwendungsfreien Gestaltung und Ausführung wandlungsfähiger Prozesse.

---

[1] Unter Vorleistungen werden von extern bezogene Leistungen wie beispielsweise Kosten für Rohmaterial, Kaufteile oder externe Dienstleistungen verstanden.

Überproduktion und daraus folgende Bestände sind der schlimmste Feind der Effizienz im Unternehmen.

Das Ergebnis des Skalendenkens hingegen sind längere Durchlaufzeiten sowie geringere Flexibilität und Bestände. Damit erhöhen sich die indirekten Kosten für Fläche, administrative Vorgänge sowie Logistikpersonal usw. Um die Stückkosten niedrig zu halten, müssen die zunehmenden fixen Gemeinkosten jedoch wieder auf eine größere Anzahl an Kostenträgern umgelegt werden. Insbesondere in rückläufigen Märkten oder Zeiten geringen Wachstums kann der Fokus auf Skaleneffekte durch maximale Auslastung in die Liquiditätsfalle führen. Bild 3.3 zeigt den Kreislauf des Denkens in Skaleneffekten (Losgrößendegression).

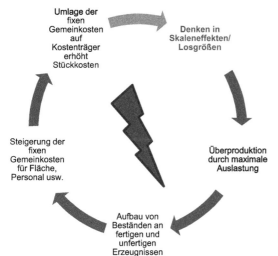

Bild 3.3
Kreislauf des Denkens in Skaleneffekten (Michalicki et al. 2015, S. 15)

Wir fassen zusammen: Lean-Unternehmen betrachten nicht die Losgröße oder Ausbringungsmenge als geeignete Stellgrößen für ganzheitliche Effizienz und Wirtschaftlichkeit des Produktionssystems, sondern den Wertschöpfungs- und Flussgrad des Wertstroms.

Johnson beschreibt, dass ein Hauptunterschied zwischen dem Toyota-Produktionssystem (TPS) und klassischen Massenproduktionssystemen genau in dieser Sichtweise liegt. Beide streben niedrigste Kosten an, unterscheiden sich jedoch in der Herangehensweise. Während das TPS versucht, Kosten durch weniger Ressourceneinsatz zu reduzieren, liegt der Fokus in klassischen Systemen auf mehr Output (Skaleneffekt). Eine wesentliche Ursache besteht darin, dass Toyota vor allem Gesamtkosten betrachtet, während ansonsten Stückkosten die Diskussionen des Managements dominieren (Johnson 2006a, S. 11 – 12).

Annahmen über das Produktions- und Marktumfeld

Die Entwicklungszeit der klassischen Kostenrechnung war gekennzeichnet durch die Existenz eines stabilen und wachsenden **Verkäufermarktes**. Da in einem Verkäufermarkt ein Angebotsmangel vorherrscht, können Produkte in einer hohen Stückzahl und einer begrenzten Anzahl an Varianten produziert werden. Die Maximierung der Produktivität durch Skaleneffekte ist einer der wichtigsten Erfolgsfaktoren für Unternehmen in Verkäufermärkten. Wie wir alle wissen, lässt sich der Wandel aber nicht aufhalten. Die Globalisierung mit steigendem Wettbewerbsdruck sowie schnellen sozialen und technologischen Veränderungen löste diesen Wandel aus: weg vom angebotsorientierten Verkäufermarkt hin zu einem nachfrageorientierten Käufermarkt. Die Kunden fordern eine Vielzahl an Varianten bei gleichzeitig enorm schwankenden Absatzzahlen. Der Rahmen traditioneller Kostenrechnungen passt nicht mehr zu dieser aktuellen Situation.

 Bestände ohne Kundenauftrag erzeugen keinen Wert.

Die Sichtweise des Verkäufermarktes und ungesättigter Nachfrage manifestiert sich in der klassischen **Herstellkosten- und Ergebniskalkulation.** Die Fixkosten werden bei der Bestandsbewertung auf die gesamte Produktionsmenge der Periode verteilt. Damit erfährt auch die Überproduktion (der Bestand an fertigen und unfertigen Erzeugnissen) eine „Wertschöpfung". Der unsichere Absatz gefertigter Erzeugnisse in Märkten mit Überangebot bleibt dabei völlig unberücksichtigt. Der Wert eines Produkts entsteht gemäß der Lean-Philosophie jedoch ursächlich durch einen Kundennutzen (vgl. Abschnitt 2.1.3). Den Kunden selbst interessiert die Überproduktion nicht. Folglich können Bestände an unfertigen und fertigen Erzeugnissen ohne Kundenauftrag per se keinen Wert erzeugen.

 Im heutigen Käufermarkt gilt das Prinzip der Zielkostenrechnung:
Marktpreis – Selbstkosten = Gewinn

In Verkäufermärkten ist die **Preiskalkulation** auf Basis der Selbstkosten eine der klassischen Kernaufgaben einer Kostenrechnung. Das ist für moderne Betriebe als kritisch zu sehen. In der heutigen Marktsituation unterliegen Marktpreis und Herstellkosten völlig anderen Variablen und sind als unabhängig zu betrachten. Mit den traditionellen Vollkostenrechnungen kann heutzutage „[...] weder ein optimaler Angebotspreis ermittelt noch die Auskömmlichkeit vorgegebener Marktpreise überprüft werden" (Männel, Hummel 2004, S. 28). Das Prinzip des Gewinnzuschlags (Selbstkosten + Gewinnzuschlag = Produktpreis) ist somit veraltet. Es muss in Käufermärkten durch das Prinzip der Zielkostenrechnung (Marktpreis – Selbstkosten = Gewinn) ersetzt werden.

Annahmen über das Weltbild

Die traditionelle Kostenrechnung wurde zur Unterstützung tayloristischer Massen-produktion entwickelt und reflektiert daher auch dessen Weltbild. Zentrale Leit-idee des Taylorismus ist es, durch die Verbesserung einer jeden einzelnen Funk-tion automatisch ein optimales Gesamtsystem und somit maximalen Erfolg zu erreichen (vgl. Helfrich 2002, S. 212). Durch Detaillierung sollen komplexe Sys-teme plan- sowie kontrollierbar und Unternehmen somit wirtschaftlicher werden. Dieses konstruktivistisch-technomorphe Paradigma entspricht dem **Weltbild der Maschine** (Schneider 2016, S. 22 – 23). In diesem bestehen Unternehmen aus einer Sammlung an Einzelteilen. Die Optimierung der Einzelteile führt automa-tisch zum perfekten Gesamtsystem. Schön wär's, oder? Und so schön einfach … Und besser noch: Alles, was von Bedeutung ist, kann demnach finanziell ausge-drückt werden. Daher stellen Kostenrechnung und Controlling geeignete Instru-mente zur Steuerung von Kosten und Profitabilität dar. Da will dann ja jeder Con-troller werden, oder wie?

 Die Verbesserung aller Einzelteile oder -prozesse ergibt in Summe nicht zwingend eine optimale Gesamtlösung.

Das Weltbild der Maschine findet sich insbesondere auch in der traditionellen Kos-tenrechnung wieder. Hier werden finanzielle Ergebnisse als Summe unabhängiger Beiträge von separaten Teilen gesehen. Sie sind nicht etwa das Resultat komplexer Beziehungen von wechselwirkenden Elementen eines lebenden Systems – der Mensch macht es sich eben gerne etwas einfacher. In größter Ausprägung findet sich diese Sichtweise in den prozessorientierten Kostenrechnungsverfahren wie-der. Die angefallenen Kosten werden in kleinste Inkremente aufgeteilt und mög-lichst verursachungsgerecht einem Kostenträger zugewiesen. Das detaillierte Wis-sen um die Kosten eines jeden Produktes, Auftrages, Kunden und jede einzelne, möglichst eng definierte Kostenstelle soll eine optimale Gewinnsteuerung ermög-lichen.

Hier grätscht allerdings mal wieder die Realität dazwischen: Die Ansicht, dass eine maximale Profitabilität der einzelnen Elemente automatisch eine größtmögliche und langfristige Profitabilität des Systems bedeutet, ist in der Praxis nicht haltbar.

Das mechanistische Weltbild führt also zu folgender Annahme: In Systemen kön-nen **eindimensionale Größen** sowohl die Ergebnisse beschreiben als auch den Prozess steuern, der die Ergebnisse erzeugt. Dies widerspricht der modernen sys-temtheoretischen Sichtweise. Hierbei entstehen Systeme vor allem durch die viel-schichtigen Wechselwirkungen ihrer Elemente. Ganzheitlichen Produktionssys-temen liegt das **systemisch-evolutionäre Weltbild** zugrunde. Es geht davon aus, dass eine Steuerung komplexer Systeme im Detail nicht möglich ist und aufgrund unbekannter Wechselwirkungen die (finanzielle) Informationsbasis eines Unternehmens für Entscheidungen stets unvollständig bleibt (Schneider 2016, S. 94 – 95).

Die auf dem Weltbild der Maschine beruhenden Controlling-Instrumente sind daher für den Einsatz in komplexen Produktionssystemen als kritisch anzusehen. Ein geeignetes Kostenrechnungssystem zur Unterstützung Ganzheitlicher Produktionssysteme orientiert sich daher mehr am systemisch-evolutionären Weltbild. Die Lösung zeichnet sich dabei weniger durch eine steigende Detaillierung aus (z. B. verfeinerte Kostenstellenstrukturen oder komplexere Umlageverfahren) als vielmehr durch einfachere, aber ganzheitliche Betrachtungsweisen.

Tabelle 3.1 fasst die heutzutage weitgehend nicht mehr gültigen Annahmen und Prämissen klassischer Kostenrechnungen zusammen.

Tabelle 3.1 Zusammenfassende Darstellung der Annahmen klassischer Kostenrechnungssysteme

Gruppe	Annahmen klassischer Kostenrechnungssysteme
Produktionssystem und Fabriktyp	▪ Unternehmen sind einstufige, anonyme Massenhersteller. ▪ Die Produktion findet hocharbeitsteilig in Losen statt. ▪ Eine ressourcenorientierte Segmentierung sorgt für Synergieeffekte. ▪ Ein stetiger Plan-/Istkostenvergleich sichert die Effizienz.
Kostenstruktur und -einflussgrößen	▪ Lohneinzelkosten bilden den größten Kostenblock. ▪ Kostenträgerstückkosten lassen sich verursachungsgerecht ermitteln. ▪ Gesamtkosten stehen in erheblicher Abhängigkeit zum Beschäftigungsgrad.
Produktions- und Marktumfeld	▪ Das Unternehmen befindet sich in einem Verkäufermarkt. ▪ Preise werden vom Verkäufer und nicht vom Markt bestimmt. ▪ Wertschöpfung wird nur aus unternehmensinterner Sicht bestimmt.
Weltbild	▪ Ein Unternehmen kann als Maschine gesehen werden. ▪ Die Optimierung kleinster Elemente verbessert automatisch das Ganze. ▪ Eindimensionale Ergebnisgrößen eigenen sich auch gleichzeitig zur Steuerung des Systems.

3.1.2 Allgemeine Herausforderungen und Kritik an der traditionellen Kostenrechnung

Trotz der anhaltenden und intensiven Nutzung traditioneller Vollkosten- und Teilkostenrechnungsverfahren in der Praxis werden diese seit Jahrzehnten erheblich kritisiert. Diesen Widerspruch, dem manches menschliche Handeln offensichtlich unterliegt, wollen wir mit der Entwicklung eines verbesserten Systems der Kostenrechnung und Kostenanalyse in Ganzheitlichen Produktionssystemen auflösen. Dazu gilt es, die klassischen Kritikpunkte aufzugreifen. Daher folgt eine übersichtliche Darstellung relevanter Kritikpunkte, untergliedert in Mängel der Vollkostenrechnung und Mängel der Teilkostenrechnung.

Mängel der Vollkostenrechnung

Als fundamentaler Mangel jeder Vollkostenrechnung wird die mehrfach stattfindende **Schlüsselung von Gemeinkosten** gesehen. Da keine ursächliche Beziehung zwischen Gemeinkosten und der Zuschlagsbasis besteht, ist die Auswahl und Anwendung eines notwendigen Gemeinkostenschlüssels stets willkürlich. So sind die mit Umlagen behafteten Vollkosteninformationen lediglich eine mathematische Lösung des Gemeinkostenproblems. Oder praktischer ausgedrückt: Sie stellen eine rein rechnerische Fiktion dar.

Als ganz besonders problematisch sind die Ergebnisse der Kostenstellenrechnung zu sehen. Hier findet eine mehr oder minder willkürliche Kostenverteilung statt. Wir setzen noch einen drauf: Mit dem steigenden Gemeinkostenanteil der letzten Jahrzehnte sinkt darüber hinaus die Aussagekraft von Vollkostenwerten erheblich. Die in der Praxis weit verbreiteten volumenbasierten Umlageverfahren (bezogen auf Stückzahl oder Fertigungszeiten) führen dazu, dass hochvolumige Produkte typischerweise zu stark und niedrigvolumige zu gering mit Gemeinkosten belastet werden (Schonberger 2012, S. 15). Auch dies schränkt die Aussagekraft eines Stückkostenbetrages erheblich ein.

 Bei jeder Vollkostenrechnung findet mehrfach eine Schlüsselung der Gemeinkosten statt – Transparenz und Genauigkeit sieht anders aus.

Die im heutigen Markt vorhandenen Schwankungen bezüglich Volumen und Varianz führen zur Irrelevanz eines jeden möglichen Umlageverfahrens. Zudem werden in der Praxis Gemeinkostenzuschlagssätze in aller Regel nur einmal im Geschäftsjahr festgelegt. Damit ist eine unterjährige Bewertung von Maßnahmen in indirekten Bereichen problematisch.

Verfahrenskennzeichnend für Vollkostenrechnungen ist die mit der Gemeinkostenschlüsselung einhergehende **Proportionalisierung von Fixkosten.** Die Fixkosten werden auf Basis der Ist-, Normal- oder Planbeschäftigung (üblicherweise gemessen in Stück oder Maschinenstunden) linearisiert und auf die Kostenträger verteilt. Es besteht daher die Gefahr, dass ein unerfahrener Betrachter fälschlicherweise annimmt, dass die in den Herstellkosten proportionalisierten Fixkosten für jede Leistungseinheit anfallen bzw. entstehen. Allerdings verursachen nicht die einzelnen Kostenträger die fixen Kosten. Vielmehr werden diese durch Dispositionen über das mittel- bis langfristige Produktionsvolumen und dessen Zusammensetzung festgelegt. Das heißt: Die Fixkosten bleiben solange gleich, bis Entscheidungen bezüglich einer Veränderung der Kapazitäten bzw. der Betriebsbereitschaft getroffen werden.

Wird **auf die Spaltung in Bereitschaftskosten und Leistungskosten** (oder fixe und variable Kosten) verzichtet, führt dies zur Vernachlässigung der Beschäftigungslage beim Ansatz der Kostenwerte. Infolgedessen verfügen Vollkostenrechnungen nur noch über eine mangelnde Aussagefähigkeit der Kosten- und Erfolgsgrößen von Produkten, Kundengruppen, Sparten, Segmenten usw. Sowohl Art als auch Höhe der für die jeweilige Disposition relevanten Kosten bleiben unklar. Damit weiß letzten Endes sogar Lieschen Müller: Vollkostenwerte sind zur Fundierung und Kontrolle unternehmerischer Entscheidungen ungeeignet. Nachfolgend dazu einige Beispiele:

- Erfolgsplanung und -prognose: Der Rückschluss von Nettostückkosten auf die Gesamtkosten und damit den Gesamterfolg ist hier nicht möglich.
- Programmplanung und -analyse: Hier besteht die Gefahr des „aus dem Markt Kalkulierens" durch Streichen von Verlustprodukten sowie fehlende Berücksichtigung von Engpässen.
- Preiskalkulation und -politik: Es fehlt hier die notwendige Berücksichtigung der Nachfrage- und Wettbewerbssituation sowie der internen Beschäftigungslage.
- Wahl zwischen Eigenfertigung oder Fremdbezug
- Auswahl von Produktionsverfahren (Männel, Hummel 2004, S. 24 – 36).

Vollkostenwerte sind also nicht mit entscheidungsrelevanten Kosten gleichzusetzen.

 Vollkostenwerte sind für unternehmerische Entscheidungen ungeeignet.

Auch **Plankostenrechnungen** (unabhängig von der Ausgestaltung als Voll- oder Teilkostenrechnung) liefern in volatilen Märkten nur eingeschränkt nutzbare Ergebnisse. Plankostenrechnungen hängen oft von zahlreichen Schätzungen ab, die meist im jährlichen Budgetierungszyklus zu komplexen Vorplanungen mit erhöhtem Aufwand führen. Heutige Märkte ziehen jedoch eine schwere Planbarkeit zahlreicher Parameter nach sich. Beispielsweise lassen sich der Produktmix oder das Volumen für ein Jahr im Voraus nur schwierig vorhersagen. Die Qualität und Aussagekraft der Abweichungsanalysen ist jedoch abhängig von diesen schwer prognostizierbaren Planungsdaten. Bereits geringe Fehleinschätzungen über Planleistungen (z. B. bezüglich Auslastung, Verfahren, Losgrößen oder eingesetzten Ressourcen) können massive Kostenauswirkungen verursachen. Zudem sind vielen Mitarbeitern die zugrunde liegenden Annahmen unbekannt. Infolgedessen können Abweichungsanalysen von Ist- zu Plankosten zu Fehlinterpretationen führen. Ausbleibende Aktualisierungen von Planzahlen führen zu einer Vielzahl von Abweichungen, ohne dass eine konkrete Unwirtschaftlichkeit identifizierbar ist. In einer verhaltensorientierten Sichtweise führt dies mittel- bis langfristig zur Ablehnung des Verfahrens durch die Kostenstellenverantwortlichen.

Weiterhin können die ermittelten **Abweichungen aus einer Plankostenrechnung nicht die Ursachen der Abweichung aufzeigen.** Monetäre Größen sind stets Ergebnisgrößen, die keinen direkten Rückschluss auf die erzeugenden Prozessgrößen zulassen. Eine ermittelte Beschäftigungsabweichung (monetäre Auswirkung von Über- oder Unterauslastung) kann völlig unterschiedliche Ursachen haben: unter anderem falsche Annahmen bezüglich der Planauslastung, ungeplante Stillstände aufgrund defekter Maschinen, Lieferantenengpässe, krankheitsbedingte Mitarbeiterausfälle und vieles mehr. Die meist monatlich erstellten Berichte weisen zudem in der Praxis üblicherweise einen Zeitversatz von mehreren Tagen oder Wochen auf, unter anderem auch zum Prüfen der Berichte. Infolgedessen ist eine konkrete Ursachenanalyse fast schon unmöglich. Das bedeutet für den Anwender, dass der praktische Nutzen damit kaum über eine reine Information hinausgeht.

 Plankostenrechnungen liefern in volatilen Märkten nur bedingt nutzbare Informationen.

Mängel der klassischen Teilkostenrechnung

Bei Teilkostenrechnungen bleiben die gesamten Kosten der Leistungseinheiten unberücksichtigt. Je nach Verfahren kommen unterschiedliche Teilkosten zur Anwendung:

- variable Kosten bei einstufigen Deckungsbeitragsrechnungen
- variable Kosten und verschiedene Fixkosten bei mehrstufigen Deckungsbeitragsrechnungen oder
- Grenzkosten für den Einsatz in Grenzplankostenrechnungen.

 Personalkosten sind nicht, wie häufig unterstellt, kurz- bis mittelfristig variable Kosten.

Die Aufteilung in variable und fixe Kosten charakterisiert die Teilkostenrechnungsverfahren. Um diese „Kostenspaltung" sinnvoll durchzuführen, ist der Betrachtungszeitraum klar zu definieren. In der Praxis hat sich für die Einteilung in fix und variabel der Zeitraum von einem Jahr durchgesetzt. Betreffen Entscheidungen andere Zeiträume, also kürzer oder länger als exakt ein Jahr, ist davon auszugehen, dass Teilkostenrechnungssysteme nur unpassende Informationen für Entscheidungsrechnungen liefern. Das gilt insbesondere auch für die Personalkosten. Diese stellen aufgrund vertraglicher Bindungen keineswegs – wie oft unterstellt – kurz- bis mittelfristig variable Kosten dar.

Klassische Teilkostenrechnungsverfahren sind primär auf den **Kosteneinflussfaktor Beschäftigung** ausgerichtet. Deshalb werden beschäftigungsabhängige (variable) Kosten oft mit entscheidungsrelevanten Kosten gleichgesetzt. Andere Einflussfaktoren wie Komplexität, Variantenvielfalt etc. finden nur unzureichend Berücksichtigung. Dies schränkt die Nutzbarkeit auf Entscheidungen bezüglich der kurzfristigen Veränderung des Beschäftigungsgrades bei gegebenen Kapazitäten ein, die in der Unternehmenspraxis jedoch nicht dominieren. Eine Aussage über Ort und Ursache von Verschwendung ist beispielsweise nicht möglich.

In Teilkostenrechnungssystemen werden **variable Gemeinkosten unter anderem mehrfach geschlüsselt** und umgelegt. Daher treten hier die gleichen Defizite auf, die bei den Mängeln der Vollkostenrechnung bereits genannt wurden – wenn auch mit geringeren Auswirkungen.

Fehlleitend ist zudem die verbreitete Annahme, dass variable Kosten in direktem Bezug zu Ausgaben bzw. Auszahlungen und damit dem Kapitalfluss stehen. Dies wird am Beispiel der Materialkosten offensichtlich. Im klassischen Verständnis stellen Materialkosten variable Kosten dar; sie stehen im direkten Zusammenhang mit der Ausbringungsmenge einer Periode. Dies hat jedoch keinen Bezug zu den tatsächlichen Ausgaben für das eingekaufte Material. Das Geld wurde in aller Regel zeitlich vorgelagert für eine definierte Menge ausgegeben. Ein **Bezug variabler Kosten zum Zahlungsfluss** und physischen Beständen (Aufbau oder Abbau von Lagerbeständen) lässt sich nicht direkt herstellen.

Mängel der Prozesskostenrechnung

Die Gemeinkostenproblematik ist bereits länger bekannt. Die Anfang der 1990er Jahre entwickelte Prozesskostenrechnung sollte diese Probleme lösen. Nichtsdestotrotz gibt es auch bei der neu gestalteten Rechnung erneut wesentliche Mängel, die nachfolgend aufgezeigt werden.

 Die Prozesskostenrechnung stellt keine zweckorientierten Führungsinformationen bereit.

Die Prozesskostenrechnung **basiert auf den Annahmen klassischer Kostenrechnung** und ändert dabei lediglich das Verfahren der Gemeinkostenumlage. So lässt sich zwar die Genauigkeit der Kostenrechnungsergebnisse steigern, führt jedoch nicht automatisch zu geeigneteren Ergebnissen für Entscheidungszwecke. Auch bei einer Prozesskostenrechnung bleiben die bekannten Probleme: Sie stellt keine zweckorientierten Führungsinformationen bereit. Eine Verbindung der internen Kostenstruktur mit dem extern definierten Wertverständnis des Kunden findet auch hier nicht statt. Dies widerspricht bei genauerer Betrachtung der Lean-Philosophie, da das Verfahren mehr auf die Umlage als auf die Eliminierung von Kosten abzielt.

 Prozesskostenrechnungen sind nur für Unternehmen mit starren Strukturen einer Massenproduktion geeignet.

Es gibt noch einen weiteren Kritikpunkt bei der Prozesskostenrechnung – die für Außenstehende nicht transparente **Proportionalisierung fixer Kosten** in den Prozesskosten. Das Erhöhen oder Verringern der Prozessmenge führt bei den heutigen hohen Anteilen an Fixkosten der Wertschöpfung nicht zwingend zu veränderten Gesamtkosten. Es besteht in der Praxis kaum ein linearer Zusammenhang zwischen Ressourceneinsatz und Bezugsgrößenmenge. Häufiger rüsten heißt nicht mehr Ausgaben – so lange Personen, Maschinen und Werkzeuge gleich bleiben. Die für Entscheidungen relevanten Kosten sind somit in vielen Fällen nicht ermittelbar.

Zudem: Für verwendbare Aussagen einer Prozesskostenrechnung müssen Prozesse, Prozessmengen, Prozesskosten und Kostentreiber **genau identifizierbar sowie zutreffend prognostizierbar** sein. Prozesskostenrechnungen sind deshalb nur für repetitive, sich wiederholende Abläufe (Schenk et al. 2014, S. 319) sowie Unternehmen mit starren Strukturen einer Massenproduktion geeignet.

Weiterhin wird als wesentliches Hindernis für die Praxis der **Aufwand zur Einrichtung und Pflege der nötigen Daten** gesehen. Die Komplexität des Kostenrechnungssystems steigt an, wodurch die Wirtschaftlichkeit der Prozesskostenrechnung oft nicht gegeben ist.

 Ein wesentliches Hindernis für die praktische Anwendung einer Prozesskostenrechnung ist der Aufwand zur Einrichtung und Pflege der nötigen Daten.

Tabelle 3.2 fasst die aufgezeigten Mängel der Vollkosten-, Teilkosten- und Prozesskostenrechnung zusammen:

Tabelle 3.2 Zusammenfassende Übersicht zu den Mängeln klassischer Kostenrechnungssysteme

Kostenrechnungssystem	Systemimmanente Mängel
Vollkostenrechnung	▪ Umlage von Gemeinkosten ▪ Proportionalisierung von Fixkosten ▪ fehlende Spaltung in Leistungs- und Bereitschaftskosten ▪ Abhängigkeit von Schätzungen über Planwerte ▪ Abweichungsanalysen ohne Ursachenbezug
Teilkostenrechnung	▪ Umlage variabler Gemeinkosten ▪ I. d. R. nur ein Fristigkeitsgrad zur Kostenspaltung ▪ Beschäftigung als einziger Kosteneinflussfaktor ▪ kein Bezug zum Zahlungsfluss
Prozesskostenrechnung	▪ Umlage von Gemeinkosten ▪ Proportionalisierung von Fixkosten ▪ hoher Aufwand zur Einrichtung und Pflege ▪ Abhängigkeit von genauen Prozessdaten

Neben den genannten allgemeinen Kritikpunkten zeigt das nachfolgende Kapitel die spezifischen Defizite klassischer Kostenrechnung beim Einsatz in Ganzheitlichen Produktionssystemen auf.

3.1.3 Besondere Defizite bestehender Kostenrechnungssysteme in Ganzheitlichen Produktionssystemen

Die speziellen Defizite bestehender Kostenrechnungssysteme in Ganzheitlichen Produktionssystemen lassen sich in drei Gruppen einteilen. Kritisch an klassischen Kostenrechnungssystemen beim Einsatz in Ganzheitlichen Produktionssystemen ist

▪ die Betrachtung von Bestand als Vermögen

▪ die Förderung von Verschwendung sowie

▪ die Verwendung ungeeigneter Kalkulations- und Optimierungsobjekte.

Betrachtung von Bestand als Vermögen

Die **Bewertung von Beständen** an Halbfertig- und Fertig-Erzeugnissen steht in engem Zusammenhang mit der periodenbezogenen Ergebnisermittlung. Liegt die Produktionsmenge über der Absatzmenge, passiert Folgendes: Die Überproduktion wird kostenrechnerisch als Vorleistung betrachtet und abrechnungstechnisch auf die in der Zukunft liegende Periode des Absatzes verlagert. Erfolgt die Bewertung des Bestandes anteilig mit Fixkosten, so wird die Periode der Überproduktion entlastet – und der Periodenerfolg damit verbessert. Hört sich gut an, oder? Ist aber nicht sinnvoll und lean-konform. In abgemilderter Form tritt dies auch in Teil-kostenrechnungen auf: insbesondere wenn – wie in der Praxis üblich – die Ferti-gungseinzelkosten als variable Kosten angesehen werden. Klassische Kostenrech-nung betrachtet Bestand also als Vermögen. Der Bestandsaufbau generiert in dieser Logik einen Wert, der die ausgewiesenen Gewinne bzw. das Betriebsergeb-nis verbessert. In Perioden des Bestandabbaus kommen zu den Kosten der aktuel-len Periode noch die anteilig aktivierten Periodenkosten aus Beständen hinzu – die Rentabilität nimmt ab (Männel, Hummel 2004, S. 83 – 86). Es handelt sich also um fiktive Bestandsgewinne/-verluste ohne Bezug zum realen Zahlungsfluss.

 Über die Wahl eines Gemeinkostenschlüssels kann in Mehrproduktbetrieben erheblicher Einfluss auf die Bestandswerte genommen werden.

Die beschriebene Problematik trifft verstärkt bei einer Istkostenrechnung zu, d. h., wenn die Annahmen auf der jeweiligen Istbeschäftigung basieren. Kommt zur Fix-kostenverrechnung die Normalbeschäftigung statt der effektiven Beschäftigung zum Einsatz, ergeben sich ebenfalls Möglichkeiten, das Betriebsergebnis über die Bestandsbewertung „anzupassen". Einerseits lässt sich in volatilen Märkten nicht im Voraus bestimmen, welches der allein korrekte Normal-Beschäftigungsgrad zur Fixkostenverrechnung ist. Andererseits kann in Mehrproduktbetrieben über die Wahl eines Gemeinkostenschlüssels erheblicher Einfluss auf die Bestandswerte genommen werden. Oder anders ausgedrückt: Je nachdem, wie das Verfahren zur Bewertung von Beständen gestaltet ist, bedeutet dies zugleich eine Entscheidung über die Höhe des Periodenerfolges. Diese Erkenntnis ist von zentraler Bedeutung: erstens für die Steuerung ergebnisverantwortlicher Mitarbeiter und zweitens zur Gestaltung von deren Anreizsystemen.

Aus der Praxis: In Bild 3.4 ist an einem einfachen Beispiel der Einfluss der Be-standsbewertung (auf Basis der Istbeschäftigung) von fertigen Erzeugnissen auf das Bruttoergebnis der Periode dargestellt.

Herstellkostenrechnung			
	Periode 1	Periode 2	Periode 3
Anfangsbestand	0	0	50
+ Produktionsmenge	200	250	150
- Absatzmenge	200	200	200
= Endbestand	0	50	0
Bestandsveränderung	0	50	-50
Fixkosten der Periode	50.000 €	50.000 €	50.000 €
Fixkosten je produziertem Stück	250 €	200 €	333 €
Einzelkosten pro Stück	50 €	50 €	50 €
Herstellkosten pro Stück	**300 €**	**250 €**	**383 €**
Verkaufpreis pro Stück	400 €	400 €	400 €
Ergebnisrechnung (Umsatzkostenverfahren)			
	Periode 1	Periode 2	Periode 3
Umsatz	80.000 €	80.000 €	80.000 €
Anfangsbestand	- €	- €	12.500 €
+ Herstellkosten (HK)	60.000 €	62.500 €	57.500 €
- Endbestand	- €	12.500 €	- €
= HK des Umsatzes	60.000 €	50.000 €	70.000 €
Bruttoergebnis	**20.000 €**	**30.000 €**	**10.000 €**

Bild 3.4 Einfluss der Bestandsbewertung auf das Periodenergebnis in
einer klassischen Vollkostenrechnung

In Periode 2 mit der höchsten Produktionsmenge sind die Herstellkosten pro Stück entsprechend dem Denken in Skaleneffekten am niedrigsten und der Periodener-folg am höchsten. Der Endbestand bei Periode 2 (12 500 €) wird im Bereich des Umlaufvermögens in der Bilanz als Vermögen aktiviert und erst in der Periode des Abbaus (Periode 3) wieder in die Betriebsergebnisrechnung übertragen. Eine Er-höhung der Lagerumschlagshäufigkeit an fertigen und unfertigen Erzeugnissen kann das Betriebsergebnis verschlechtern. Das führt somit zu einer kostenrech-nerisch negativen Auslegung, wenn der Materialfluss steigt. Der Abbau von Be-ständen (Periode 3) und die Produktion gemäß Kundenbedarf (Periode 1) führen zu schlechteren Ergebnissen als eine Vollauslastung und Überproduktion in Pe-riode 2.

 Das „worse-before-better"-Phänomen kann die Einführung Ganzheitlicher Produk-tionssysteme negativ beeinflussen.

Dieser Logik nach wird eine maximale Auslastung unabhängig von der Nachfrage des Kunden gefördert. Wie wir inzwischen wissen, steht dies in krassem Wider-spruch zur Philosophie Ganzheitlicher Produktionssysteme. Der beschriebene Effekt kann eine Hürde bei der Einführung Ganzheitlicher Produktionssysteme darstellen. Cooper und Maskell bezeichnen diese Stolperfalle als „worse-before-better"-Phänomen (Cooper, Maskell 2008, S. 59).

In der klassischen Kostenrechnung fehlt oft ein Zeitbezug – Zeitdimensionen gelten jedoch als zentrale Differenzierungskriterien im Wettbewerb.

Denken wir zudem mal ein wenig egoistisch oder gerne auch logisch: Gewinnziele des Managements und daraus abgeleitete Anreizsysteme können demnach dazu führen, dass Ressourcen eingesetzt werden, um Bestand zu produzieren und Stückkosten auf diese Weise zu senken. Ohno vertritt die Ansicht: *„Es gibt keine schlimmere Verschwendung in Unternehmen als die der Überproduktion"* (Ohno 2013, S. 49 – 50). **Sie ist die Basis vieler Lean-Prinzipien und wird so in der klassischen Kostenrechnung ausgehebelt!**

Es kommt eine weitere Dimension hinzu: Die „Zeit" ist als Werttreiber bei vielen Investitionsentscheidungen etabliert, beispielsweise in Form von Kapitalwertberechnungen oder dynamischen Amortisationsrechnungen. Typischerweise hat die Liegezeit und damit verbundenen Kosten keinen Einfluss auf die Bestandsbewertung in der Kostenrechnung. Der weitgehend **fehlende Zeitbezug der Kostenrechnung** ist insofern kritisch zu sehen, da Zeitdimensionen als zentrale Differenzierungskriterien im Wettbewerb gelten (Wildemann 1995, S. 46 – 47).

Förderung von Verschwendung

Klassische Verfahren der Kostenrechnung sind nicht geeignet, die Vorteile von Lean-Maßnahmen aufzuzeigen. Sie **verdecken Verschwendung und damit Optimierungspotenziale eher** als sie transparent auszuweisen (Gracanin et al. 2014, S. 1226; Feldmann, Wiegand 2009). Große Anteile an Verschwendung (Bestandskosten, Transportkosten, Qualitätskosten etc.) stellen in der klassischen Betrachtung Gemeinkosten dar. Sie bleiben in der Kostenstellenrechnung durch Umlagen und Schlüsselungen der direkten Betrachtung verborgen.

Die traditionelle Kostenrechnung sieht die Produktion als eine Folge von isolierten Fertigungs- und Montagestufen und nicht als integrierten Fluss innerhalb eines Wertstroms. So lassen sich vor allem durch technische Verbesserungen von Anlagen oder Werkzeugen und deren verkürzte Einzelzeiten monetäre Erfolge ausweisen. Johnson sieht diesen Fokus auf Einzelzeiten als eine Ursache für komplexe Materialflussstrukturen mit hohem Steuerungsbedarf in vielen Unternehmen (Johnson 2006a, S. 8).

Und wieder ein praktischer Vergleich, dieses Mal aus dem Büroalltag: Sekretär Müller verbessert die Geschwindigkeit beim Erstellen seiner Serienbriefe am PC. Prima. Er druckt die Briefe aus und übergibt diese an Frau Schmitt. Die macht sich sofort ans Werk, tütet die Briefe ein und bringt diese umgehend zur Poststelle. Der hier Zuständige macht sich direkt auf die Socken und wirft die fertigen Unterlagen in den nächsten Briefkasten. Jede Abteilung leistet also absolut ihr Bestes. Effektiver wäre es jedoch, den Drucker beispielsweise direkt bei der Poststelle zu depo-

nieren – mindestens ein Weg wäre gespart. Das ist zugegeben ein einfaches Beispiel. Übertragen auf intransparente Prozesse in der Industrie könnten sich die
Verbesserungseffekte aber durchaus noch deutlich verstärken. Das ist ein wesentlicher Grund, warum die schonungslose Offenlegung u. a. der Prozesse so entscheidend ist.

 Die klassische Kostenrechnung liefert keine Informationen über die Kosten der
Wertschöpfung und der Verschwendung.

Es gibt zudem einen weiteren Aspekt, der wiederkehrend auftaucht: Der Übertrag
des Wertschöpfungsverständnisses aus Sicht des Kunden in die Kostenrechnung
fehlt weitestgehend. Die klassische Kostenrechnung liefert keine Informationen
über die Kosten der Wertschöpfung und der Verschwendung! Hiermit verstärkt
sich zusätzlich die Entkopplung von Leistungserstellung und klassischer Kostenrechnung.

In Ganzheitlichen Produktionssystemen steigt die Bedeutung von Durchlaufzeiten
gegenüber Auslastungsgraden und Einzelzeiten. Diese moderne Tendenz passt
nicht in die Struktur der traditionellen Kostenrechnung (vgl. Schäffer, Weber 2015,
S. 3). Die in vielen Lean-Projekten fokussierte Verkürzung von Übergangszeiten
bleibt in der klassischen Zuschlagskalkulation ohne Ergebnisauswirkung. Damit
wird die Verschwendung durch ungenügende Prozessgestaltung und den damit
einhergehenden indirekten Ressourcenverbräuchen nicht als Kostentreiber erkannt.

 Klassische Ansätze fördern Überproduktion: Dies spricht gegen eine kundenorientierte Produktion – einem der Leitgedanken von Lean-Philosophien.

Weiterhin werden in der klassischen Ansicht **große Lose und Überproduktion
gefördert,** um nicht wertschöpfende Rüstzeiten zu verringern. Große Lose führen
jedoch tendenziell zu Überproduktion und arbeiten gegen eine kundenbedarfs-
orientierte Produktion. Die Losgröße verändert solange nicht die Profitabilität des
Wertstroms, bis der Durchsatz selbst durch das System steigt. Dies erklärt unter
anderem auch die Bedeutung des Engpasses.

Besonders deutlich ist die Förderung von Überproduktion und Bestandsaufbau in
der Plankostenrechnung verankert. Hauptzweck des Plan-/Soll-/Istvergleichs in
der Abweichungsanalyse ist eine Kostenkontrolle durch Überwachung der Kostenentwicklung. Sie dient letztlich damit auch dem Zweck, die ergebnisverantwortlichen Mitarbeiter in den Kostenstellen zu beurteilen (Olfert 2010, S. 239 – 243).
An solchen Stellen sollten Verantwortliche stets aufhorchen. Sobald Menschen mit
eigenen Beurteilungen rechnen müssen, sind diese – logischerweise – oft besonders einfallsreich, um positiv dazustehen. Mit der positiven Optimierung eines

Gesamtsystems müssen diese „Ideen" zwangsläufig nicht immer was zu tun haben ... Kurzum: Abweichungsanalysen und darauf basierende Anreizsysteme können erheblichen Einfluss auf das Verhalten der Kostenstellenverantwortlichen haben. In der Plankostenrechnung auf Vollkostenbasis lassen sich folgende Abweichungen unterscheiden (Olfert 2010, S. 239 – 243):

- Preisabweichung = Istmenge · Istpreis − Istmenge · Planpreis

- Verbrauchsabweichung = Istmenge · Planpreis − Planmenge · Planpreis

- Beschäftigungsabweichung = Sollkosten − verrechnete Plankosten[2].

Tabelle 3.3 zeigt mögliche ungünstige Auswirkungen der Abweichungsarten für den Einsatz in Ganzheitlichen Produktionssystemen (vgl. Solomon, Fullerton 2007, S. 109; DeLuzio 2006, S. 83; DeBusk 2015, S. 30; Schunter, Zirkler 2007, S. 27 – 28).

Tabelle 3.3 Verhaltensauswirkungen von Abweichungsanalysen klassischer Plankostenrechnungen

Abweichungsart	Mögliche konfliktäre Verhaltensauswirkung in Ganzheitlichen Produktionssystemen
Preisabweichung	<ul><li>Bestellung großer Mengen zur Senkung der Istpreise pro Stück</li><li>Zunahme der Bestände und Bestandskosten</li><li>Unterordnung von Qualität und Lieferfähigkeit</li><li>Zunahme der Lieferantenanzahl zur Preissenkung (steter Wechsel zum günstigsten Lieferanten)</li></ul>
Verbrauchsabweichung	<ul><li>große Lose und Zusammenfassen von Aufträgen zur Reduzierung von Anfahrverlusten, wodurch Reihenfolgeänderungen, Bestände und Liegezeiten entstehen</li></ul>
Beschäftigungsabweichung	<ul><li>Überproduktion durch Steigerung der Ausbringungsmenge für eine positive Abweichung</li><li>Produktion nach Planmenge, losgelöst vom Kundenbedarf</li><li>Vorzug von Aufträgen mit hohen Fertigungsminuten zur Steigerung der Beschäftigung</li><li>Vermeidung von Überkapazitäten zur Steigerung der Flexibilität</li></ul>

Fazit: Die klassischen Abweichungsanalysen sind in push-orientierten Massenproduktionskonzepten zielführend, wirken bedarfsorientierten Pull-Konzepten in Ganzheitlichen Produktionssystemen jedoch entgegen.

---

[2] Alternative Darstellung: Beschäftigungsabweichung = Planmenge · (Planpreis bei Istbeschäftigung − Planpreis bei Planbeschäftigung)

Bei klassischen Betrachtungsweisen stellen große Teile an Verschwendung Gemeinkosten dar – sie bleiben in der Kostenstellenrechnung durch Umlagen und Schlüsselungen der direkten Betrachtung verborgen.

Verwendung ungeeigneter Kalkulations- und Optimierungsobjekte

Die klassische Kostenstellenrechnung basiert insbesondere auf einer **funktionalen Organisation der Leistungserstellung.** Die Kosten einer Kostenstelle lassen sich am besten verrechnen, wenn innerhalb der Kostenstellen gleichartige Tätigkeiten vollzogen werden (Schäffer, Weber 2015, S. 3). Diese funktionsorientierte Ausrichtung der Kostenrechnung fördert ein Abteilungs- bzw. Silodenken. Sie steht damit in direktem Konflikt zum Systemgedanken Ganzheitlicher Produktionssysteme. Bleiben bei der Einführung eines Ganzheitlichen Produktionssystems die Kostenverrechnung sowie -verantwortung – und damit das Kostenmanagement – nach funktionalen Kriterien bestehen, erschwert dies eine ganzheitliche Optimierung kostenstellenübergreifender Prozesse (Wildemann 1998, S. 10).

 Wertstrom-Manager und -Teams sind im Lean-Umfeld primäre Berichtsempfänger.

Der in der Kostenrechnung verankerte **Fokus auf lokalen Kostenstellenkosten** widerspricht dem Wertstromgedanken. Unternehmen, die eine Grenzplankostenrechnung einsetzen, bestehen typischerweise aus 400 bis 2000 Kostenstellen, manche Großunternehmen sogar aus mehreren zehntausend (Grasso 2005, S. 17). Dieses dem Weltbild der Maschine entsprechende Vorgehen der Detaillierung stellt für kostenstellenübergreifende Maßnahmen und Optimierungen eine große Hürde dar.

 Speziell bei Fließfertigungen sind Flussgeschwindigkeit und Engpässe die relevanten Kostentreiber – und nicht die einzelnen Fertigungszeiten.

Insbesondere bei der Implementierung einer Fließfertigung werden Flussgeschwindigkeit und Engpässe die relevanten Kostentreiber im Gegensatz zu den einzelnen Fertigungszeiten. Folgendes einfaches Beispiel verdeutlicht dies (in Anlehnung an Maskell et al. 2012, S. 6 – 8):

In einer Fließmontagezelle mit vier Arbeitsplätzen (AP) stellen Mitarbeiter die Produkte A und B her. Beide Produkte werden nivelliert und geglättet eingesteuert, d. h. nach Bedarf abwechselnd gefertigt. Die Produkte benötigen folgende Fertigungseinzelzeiten:

Tabelle 3.4 Beispieldaten für Berechnung von Fertigungskosten in einer Fließfertigung

	AP 1	AP 2	AP 3	AP 4	SUMME
Produkt A	4 min	6 min	5 min	5 min	20 min
Produkt B	6 min	6 min	6 min	6 min	24 min

Bei einem Stundensatz von 30 € ergeben sich folgende Fertigungseinzelkosten:

Produkt A: (20 min ÷ 60 min) · 30 € = 10 €

Produkt B: (24 min ÷ 60 min) · 30 € = 12 €.

Zunächst betrachten wir die **Kosten:** In einer klassischen Zuschlags- oder Stundensatzkalkulation liegen die Fertigungseinzelkosten für Produkt B um 20 % höher. Werden Fertigungsgemeinkosten prozentual auf die Fertigungseinzelkosten aufgeschlagen, steigt die absolute Kostendifferenz weiter an.

Die **Flussgeschwindigkeit** durch die Fertigungszelle ist vom Engpass (AP2) abhängig. Der Durchsatz ist für beide Produkte identisch und beträgt 10 Stück pro Stunde. Die Warte- und Liegezeiten für Produkt A sind in der Fließfertigungszelle damit genauso teuer wie die Bearbeitungszeiten, werden aber in der klassischen Betrachtung nicht immer korrekt miterfasst. Liegen die Bereitschaftskosten der Zelle in diesem vereinfachten Beispiel bei 110 € pro Stunde, so ergeben sich bei einem maximalen Durchsatz von 10 Stück pro Stunde für beide Produkte Fertigungseinzelkosten in Höhe von 11 €.

 Viele klassische Kostentreiber der Prozesskostenrechnung motivieren zu einem nicht lean-konformen Verhalten.

Auch in der Prozesskostenrechnung ergeben sich bei der Kalkulation von Teil- und Hauptprozessen widersprüchliche Aussagen zur Philosophie Ganzheitlicher Produktionssysteme. Viele klassische Kostentreiber der Prozesskostenrechnung motivieren nicht lean-konformes Verhalten (vgl. Michalicki 2016, S. 26). Dazu ein Blick in die Praxis: Als Kostentreiber wird beispielsweise die Anzahl der Rüstvorgänge oder Bestellungen verwendet. Dies kann einen Anreiz zur Steigerung der Los- bzw. Bestellmengen erzeugen, da mit zunehmender Auftragsgröße die Kosten pro Stück sinken. Infolgedessen kommt es zu einer Entkopplung von Kundenbedarf und Leistungserstellung, um durch maximale Prozessmengen die Prozesskosten je Stück zu senken. Dieses einfache Beispiel zeigt auf: Die ganzheitliche Betrachtung eines aus einer Vielzahl an Prozessen bestehen Wertstroms steht nicht automatisch im Einklang mit dem Fokus auf einzelne Abläufe prozessorientierter Kostenrechnungsverfahren.

Stückkosten stellen das Endergebnis der klassischen dreistufigen Kostenrechnung dar. Diese Größe kommt in der Praxis für viele Zwecke zur Anwendung. Der hohe Gemeinkostenanteil führt durch die mehrfachen Umlagen zu fiktiven Stückkosten ohne Bezug zur Realität (Johnson 2006a, S. 11 – 12). Interessant ist auch in diesem Fall wiederkehrend folgende Erkenntnis: Die Stückkostenbeträge sind dabei rechnerisch korrekt ermittelt! Sie haben jedoch keinen Bezug zum realen Kapitalfluss und lassen sich somit für viele Entscheidungen nicht heranziehen.

 Stückkosten sind das Endergebnis der klassischen dreistufigen Kostenrechnung. Sie haben jedoch häufig keinen Bezug zum realen Kapitalfluss und sind deshalb für Entscheidungen oft eine unbrauchbare Größe.

Anders sieht es bei dem Weg aus, den Lean-Unternehmen verfolgen: Die Notwendigkeit zur dauerhaften Berechnung der Stückkosten nimmt in Ganzheitlichen Produktionssystemen ab. Dafür gibt es gute Gründe: Weder lassen sich steuerungsrelevante Informationen ableiten, noch ist in Käufermärkten eine sinnvolle Preisbildung möglich. Dies stellt einen Paradigmenwechsel in der Kostenrechnung dar.

Tabelle 3.5 sorgt für Klarheit bei den Sichtweisen zu unterschiedlichen Betrachtungsobjekten von klassischer Kostenrechnung und Ganzheitlichen Produktionssystemen.

Tabelle 3.5 Vergleich der Sichtweisen klassischer Kostenrechnung und Ganzheitlicher Produktionssysteme

Betrachtungsobjekt	Sichtweise klassische Kostenrechnung	Sichtweise Ganzheitliches Produktionssystem (GPS)
Bestand	Bestand wird als Vermögen gesehen; Aufbau von Beständen an unfertigen und fertigen Erzeugnissen schafft einen Wert und verbessert das Ergebnis	Bestand verdeckt Probleme und erzeugt Verschwendung sowie hohe nicht wertschöpfende Kosten; Aufbau von Beständen stellt in erster Linie Verschwendung dar und keinen Wert aus Sicht des Kunden
Auslastung	Maximierung der Auslastung erzeugt niedrigste Stückkosten und damit höchste Gewinne	Auslastung gem. Kundennachfrage; Fokus auf maximale Auslastung erzeugt Verschwendung
Kalkulationsobjekt	funktionale und stark ausdifferenzierte Kostenstellenstrukturen erleichtern die Kostenverrechnung; Objekt der Wirtschaftlichkeit ist der einzelne Kostenträger mit Stückkosten	primäres Optimierungsobjekt ist der Wertstrom; ganzheitliche Betrachtung der Gesamtkosten; Stückkosten weitgehend irrelevant für das Management
Kostenmanagement	Kostenkontrolle entsteht durch Abweichungsanalysen einer Plankostenrechnung	Kostenkontrolle entsteht durch Kontrolle der Prozesse mittels Prozessgrößen

Betrachtungsobjekt	Sichtweise klassische Kostenrechnung	Sichtweise Ganzheitliches Produktionssystem (GPS)
Optimierungsobjekt	lokale Kostenstellen oder einzelne Prozesse; einzelne Funktionen und Silos	Wertstrom; Ziel ist die Reduktion nicht wertschöpfender Gesamtkosten
Losgrößen	große Lose reduzieren nicht wertschöpfende Kosten für Stillstände und Rüsten	große Lose entkoppeln die Leistungserstellung und Kundenbedarf; große Lose steigern Verschwendung und erhöhen den Gesamtressourceneinsatz
Ausrichtung	externes Rechnungswesen; Shareholder	interne Anforderungen des GPS; Kundenorientierung
Kostentreiber	Bearbeitungszeiten / Prozesszeiten eines Produktes in Summe	Flussgeschwindigkeit des Produktes und Durchsatz am Engpass

Die fehlende Anpassung des Controllings an veränderte Produktionssysteme hat verschiedene Ursachen (vgl. Bargerstock, Shi 2016, S. 43; Grasso 2006, S. 11 – 13; Haskin 2010, S. 91):

- **Ausbildung:** In der betriebswirtschaftlichen Ausbildung nehmen klassische Kostenrechnungssysteme seit den 1950er Jahren einen hohen Stellenwert ein; Alternativen werden kaum unterrichtet.

- **Literatur:** Insbesondere in Standardwerken der Kostenrechnung und des Controllings finden Ganzheitliche Produktionssysteme bzw. Lean Production keine Berücksichtigung.

- **Funktionale Organisationsstrukturen:** Controller sind selten in den Veränderungsprozess hin zu Ganzheitlichen Produktionssystemen eingebunden. Infolgedessen bleibt eine interne Kundenorientierung mangels Nachvollziehbarkeit der Veränderung aus.

- **ERP-Systeme:** Zahlreiche Finanzmodule bei ERP-Systemen bauen auf der Logik klassischer Plankostenrechnungen auf. Durch jahrelangen Gebrauch und stetige Dateneingabe entsteht eine blinde Gläubigkeit an die Korrektheit des Systems.

- **Individuelle Hürden:** Last but not least und immer wieder unterschätzt – ein Wandel, hier beim Controllingsystem, kann einen Kulturwandel im Unternehmen bedeuten. Das schreckt immer wieder einen Großteil der Belegschaft. Die Angst vor Veränderung, möglichem Stellenverlust und Abkehr von Routinen kann individuelle Vorbehalte auslösen. Sprich: Das haben wir schon immer so gemacht! Auch immer wieder gerne genommen: Warum etwas ändern, wenn es funktioniert?

Geänderte Märkte und ein sich wandelndes Kundenverhalten fordern allerdings zwingend eine Anpassung vorhandener Strukturen. Um die aufgeführten Problemstellungen der Kostenrechnung in Ganzheitlichen Produktionssystemen zu lösen, müssen die Anforderungen an ein geeignetes System identifiziert werden.

 Der dynamische Wandel von Märkten und Kundenverhalten verlangt zwingend die Anpassung bisheriger Strukturen.

■ 3.2 Anforderungen an ein Kostenrechnungssystem für Ganzheitliche Produktionssysteme

Es gibt verschiedene Anforderungen an ein System der Kostenrechnung und Kostenanalyse in Ganzheitlichen Produktionssystemen. Doch welche sind es genau? Eine umfangreiche Analyse gibt erste Antworten. Die identifizierten Kerninhalte und Aussagen lassen sich in sieben Anforderungen zusammenfassen:

1. Wertstromebene berücksichtigen
2. Produktionssystem ganzheitlich betrachten
3. Kosten festlegen in Wertschöpfung und Nichtwertschöpfung
4. Kapitalflussorientierung
5. Einzelkostenrechnung zum Vermeiden von Kostenumlagen
6. Trennung in zweckneutrale Grundrechnungen und spezifische Auswertungsrechnungen
7. Kapazitätsbetrachtungen, um die Kostenentstehung zu berücksichtigen.

3.2.1 Wertstromebene berücksichtigen

 Zentrales Kalkulationsobjekt muss der Wertstrom sein.

Die Bewertung aller Produktionsprozesse mit zugehörigen Beständen, Material- und Informationsflüssen in einem Wertstrom bietet eine ganzheitliche Betrachtung inklusive der Zusammenhänge und Beziehungen. In Ganzheitlichen Produktionssystemen sind weniger die Auswirkungen von Maßnahmen und Entscheidungen auf einzelne Funktionsbereiche oder spezifische Stückkosten entscheidend als vielmehr die Auswirkungen auf den gesamten Wertstrom.

Der Wertstrom als einzelner Begriff selbst dürfte manchem schon Schwierigkeiten bereiten. Was ist der Wertstrom überhaupt? Zugegeben: Der Begriff lässt sich nicht so packen wie etwa die Größe „Stückkosten". Der Wertstrom hingegen ist zunächst etwas abstrakter – ein möglicher Grund, warum immer noch viele Verantwortliche lieber mit Stückkosten hantieren.

Der Wertstrom bietet hingegen einen großen Nutzen: Er gestattet, anders als klassische Kostenstellen und Kostenträger, ein „prozessübergreifendes" Kostenmanagement. Das Gegenüberstellen von Einnahmen und Ausgaben auf Wertstromebene vermeidet lokale Optima sowie funktionales Kostenstellendenken. Es schafft somit die Basis für ganzheitliche Optimierungsbemühungen. Die klassische, deutlich funktionsorientierte Kostenstellensicht innerhalb eines Unternehmens kann dazu führen, dass Ausgaben für Maßnahmen genau einer Kostenstelle zugerechnet werden, die Einsparungen (z. B. Bestandsverringerungen) aber an ganz anderer Stelle auftreten (Pfeffer 2014, S. 7 – 8). Dies führt in der Praxis zu erheblichen Rechtfertigungsproblemen. Wieso sollen gerade in meiner Abteilung einschneidende Veränderungen durchgeführt werden? Es folgt das oft nachvollziehbare und wiederkehrend ausbremsende Verhalten: Die Ablehnung entsprechender Maßnahmen aufgrund von „Silo-Denken".

Auf diese Problematik stießen auch andere Experten im globalen Wettbewerb. Einige japanische Unternehmen begannen, parallel zur frühzeitigen Entwicklung Ganzheitlicher Produktionssysteme, gesamte Produktfamilien (im Sinne eines Wertstroms) anstatt einzelner Produkte als Kostenträger zu verwenden. Das zieht zwei Vorteile nach sich: Da weniger Kostenumlagen stattfinden, erhöht sich einerseits die Transparenz für das Kostenmanagement, andererseits lassen sich damit Kosten reduzieren (Hutchinson, Liao 2009, S. 33).

 Lean fokussiert nicht auf einzelne Prozesse oder Aktivitäten, sondern eine „End-to-end"-Betrachtung des Wertstroms.

Ebenso beschreiben erste Fallstudien, dass mit der Einführung von Lean in einigen Unternehmen die Betrachtungsebene der Kostenrechnung von individuellen Produkten und Maschinen auf Team- bzw. Wertstromebene angehoben wurde (Kristensen, Israelsen 2013, S. 33; Ahlstroem, Karlsson 1996, S. 55). Im Gegensatz zur Prozesskostenrechnung und dem „Activity Based Costing" fokussiert Lean nicht einzelne Prozesse oder Aktivitäten, sondern eine „End-to-end"-Betrachtung des Wertstroms (Bicheno, Holweg 2016, S. 297).

In der Lean-Philosophie sind Wertströme die einzig wahren transparenten Profit-Center.

Den Wertstrom als Kalkulationsobjekt zu betrachten, bietet weitere Vorteile: Er lässt sich damit nicht nur kostenseitig, sondern auch als **Profit-Center mit Kosten und Erlösen** bewerten. Im Gegensatz zu klassischen Hauptkostenstellen bilden Wertströme in der Lean-Philosophie die einzig wahren, transparenten Profit-Center. Wouters stellt in seiner Forschung zur Wirtschaftlichkeitsbewertung von Durchlaufzeitreduzierungen fest, dass sich eine reine Kostensicht als ungenügend erweist. Wie kommt er zu dieser Erkenntnis? Grund ist, dass die Erlöswirkungen von Lean-Maßnahmen mit diesem Ansatz schlichtweg ausgeblendet werden (Wouters 1991, S. 118). Blöd, oder? Die Kosten werden zwar aufgedeckt, Gewinne bleiben jedoch verborgen. Das sorgt nicht gerade für Motivation.

Das erkannten auch schon asiatische Hidden Champions: Der Profit-Center-Gedanke mit eigenen Ergebnis- und Deckungsbeitragsrechnungen je Produktfamilie ist bei Toyota und anderen japanischen Lean-Vorreiterunternehmen ein verbreiteter Ansatz (japanisch „Noren-Wake" System). Die Ansatz besteht darin, möglichst jeden Mitarbeiter anzuregen, nicht nur über Kosten, sondern auch über Möglichkeiten der Erlössteigerung nachzudenken (Yoshikawa, Kouhy 2013, S. 102).

 Die vom Wertstrom-Manager beeinflussbare „Controllability" der Wertstromkosten stellt einen deutlichen Beitrag zu einem erfolgreichen Kostenrechnungssystem für Ganzheitliche Produktionssysteme dar.

Wertstrom-Manager übernehmen in Lean-Unternehmen die Aufgabe, das Prinzip einer ganzheitlichen Betrachtungsweise von Prozessketten zu implementieren (Rother et al. 2004, S. 7). Diese sollten im Rahmen ihrer Tätigkeiten und Kompetenzen auch für das finanzielle Gesamtergebnis des Wertstroms Verantwortung tragen. Zur richtigen Verhaltensmotivierung dieser Wertstrom-Manager ist es wichtig, dass die dem Wertstrom zugewiesenen Kosten (und gegebenenfalls Erlöse) auch von diesen beeinflussbar sind („Controllability"). Insbesondere der Einsatz klassischer Vollkostenrechnung mit den mehrfachen Kostenumlagen führt in der Praxis zur Entkopplung von Kostenrechnung und Produktion. Grund ist, dass die finanziellen Werte kaum oder erst deutlich verzögert auf Maßnahmen reagieren. Die Controllability der Wertstromkosten für einen Wertstrom-Manager stellt also einen deutlichen Beitrag zu einem erfolgreichen Kostenrechnungssystem für Ganzheitliche Produktionssysteme dar. Die Controllability unterliegt dabei einer wesentlichen Forderung: Manager sollen bei der Gestaltung von Planungsinhalten und deren Kontrolle nur für das verantwortlich gemacht werden, was auch von ihnen beeinflussbar ist (Weber, Schäffer 2011, S. 259).

Ist ein Engpass klar ermittelbar, muss dieser in der finanziellen Betrachtung des Wertstroms Berücksichtigung finden.

Die Betrachtung der Wertstromebene mit deren Prozesskette erfordert auch eine Konzentration auf die kritischen Wertstromelemente. Als ein entscheidendes Kriterium gilt der Fluss und Durchsatz durch den Wertstrom. Der Durchsatz wird dabei vom Engpass begrenzt, der ein Element der Prozesskette darstellt. Ist dieser klar ermittelbar, muss eine Berücksichtigung des Engpasses in der finanziellen Betrachtung des Wertstroms erfolgen. Verbesserungsmaßnahmen sollten insbesondere darauf abzielen, den Fluss durch den Engpass zu optimieren.

Wir fassen zusammen: Die Wertstromebene ist ein wichtiges Objekt bei der Lean-Philosophie. Folgende Aspekte stellen eine entsprechende Berücksichtigung der Wertstromebene sicher:

- Wertstrom als zentrales Kalkulationsobjekt
- Wertstrom als Profit-Center mit Kosten und Erlösen
- Controllability der Ergebnisse für Wertstrom-Manager
- Berücksichtigung des Engpasses im Wertstrom bei Auswertungsrechnungen.

3.2.2 Produktionssystem ganzheitlich betrachten

Wir kommen zur zweiten entscheidenden Anforderung, der ganzheitlichen monetären Betrachtung des Produktionssystems. Dahinter steht die Sichtweise, dass Wirtschaftlichkeit die Eigenschaft einer Prozesskette, nicht jedoch eines einzelnen Produktes oder Kunden ist. Produkte oder Kunden tragen zwar mit Deckungsbeiträgen zur Gesamtwirtschaftlichkeit bei – eine Aussage bezüglich deren Profitabilität ist mit den heutigen, hohen Fixkostenstrukturen jedoch nicht möglich (Zak, Waddell 2010, S. 30; Kletti, Brauckmann 2005, S. 19).

 Die ganzheitliche Betrachtungsweise nimmt die Gesamtkosten ins Visier und keine Stückkosten.

Ein zentraler Ansatz zur ganzheitlichen Betrachtung besteht in der **Fokussierung von Gesamtkosten** anstatt der üblichen Stückkosten. Hierzu gibt es einige wesentliche Erkenntnisse: Zunächst gehen Entscheidungen zur Verbesserung der stückbezogenen Ergebnisse nicht automatisch mit verbesserten Gesamt-Ergebnissen einher. Sie können sogar zu höheren Ausgaben für Bestand ohne gesteigerte Einnahmen führen. Oder anders herum: Maßnahmen, die zu erhöhten durchschnittlichen Stückkosten führen, können unter Umständen gleichzeitig das Unternehmensergebnis verbessern (Wouters 1991, S. 118). Daher die logische Konsequenz: Entscheidungen müssen in erster Linie bezüglich deren Auswirkungen auf die Gesamtkosten beurteilt werden und nicht auf Produktebene.

 Das Toyota-Produktionssystem strebt niedrigste Gesamtkosten an – durch einen geringstmöglichen Ressourceneinsatz zur Deckung des Kundenbedarfs.

Auch die Forschung von Johnson zur Kostenrechnung bei Toyota bestätigt die Gesamtkostenbedeutung. So fokussiert das Toyota-Produktionssystem niedrigste Gesamtkosten durch einen geringstmöglichen Ressourceneinsatz zur Deckung des Kundenbedarfs. Die Ursache ist schnell gefunden: Toyota betrachtet Kosten als reale Gesamtkosten und nicht als abstrakte, durchschnittliche Stückkosten! Lean-Unternehmen streben nicht niedrigste Stückkosten, sondern beste Gesamtkosten an! Den größten Kostenanteil wenden sie hierbei für die Wertschöpfung auf. Der Fokus wird so auf den bestmöglichen Ressourceneinsatz für den Kundenbedarf anstelle von Skaleneffekten und Output gelenkt (Johnson 2005, S. 2). Dies verbessert das Kostenverständnis und sorgt für eine transparente Kostenkontrolle sowie kontinuierliche Verbesserung der unternehmerisch relevanten Gesamtkosten.

 Der Durchsatz durch den Wertstrom (Flussgrad) ist Haupttreiber der Fertigungskosten eines Produktes.

Dazu favorisieren Lean-Unternehmen einen beschleunigten Material- und Informationsfluss (Womack, Jones 2013, S. 30 – 34; Charifzadeh et al. 2013, S. 50). In diesem Verständnis gilt der Flussgrad (und damit der Durchsatz durch den Wertstrom) als Haupttreiber der Fertigungskosten eines Produktes (Maskell et al. 2012, S. 205; Gracanin et al. 2014, S. 1228; Brauckmann 2002, S. 31 – 34; Maynard 2008, S. 44; Salah, Zaki 2013, S. 90; Gläßer et al. 2010, S. 147). Die Steuerung und Kontrolle der gesamten Fertigungskosten eines Wertstroms lässt sich durch die Kontrolle des Flusses erreichen (Katko 2013, S. 79). Die **Förderung des Flussprinzips** ist daher ein zentrales Anliegen einer mit den Prinzipien von Lean kompatiblen Kostenrechnungs-Systematik.

Zur ganzheitlichen monetären Betrachtung des Produktionssystems und zur Förderung des Flussprinzips gilt es, die **Kosten des Bestandes zu berücksichtigen**. Neben den reinen Kapitalbindungskosten können weitere kalkulatorische Kosten angesetzt werden. Der größte durch Bestände verursachte Kostenblock besteht in den **Opportunitätskosten** (Charifzadeh et al. 2013, S. 50).

Es lohnt sich, diesen Begriff näher zu betrachten: Das in Bestand gebundene Kapital steht dem Unternehmen nicht für alternative Investitionen zur Verfügung. Damit entgehen dem Betrieb mögliche Gewinne (Opportunitätskosten). Hört sich kompliziert an – und ist es auch. Diese „entgangenen Gewinne" sind nicht einfach quantifizierbar. Nichtsdestotrotz sind insbesondere Lean-Unternehmen getrieben, die Kosten des Bestandes mit den genannten Aspekten zu ermitteln. Ziele sind, die Effekte einer Bestandsreduzierung durch Wertstromoptimierung darzustellen (technischer Aspekt) sowie Flussgradsteigerungen zu fördern (verhaltensorientierter Aspekt).

 In Beständen gebundenes Kapital steht für andere, gegebenenfalls deutlich lohnenswertere Investitionen nicht zur Verfügung.

Für unternehmerische Planungen und die Beurteilung der monetären Auswirkungen auf das Produktionssystem ist es definitiv empfehlenswert, die **Gesamtkosten in Leistungs- und Bereitschaftskosten** aufzuteilen. Unter Leistungskosten werden Kosten verstanden, die automatisch mit *„Art, Menge oder Wert der erzeugten bzw. abgesetzten Güter variieren"*. Bereitschaftskosten hingegen ändern sich nur durch Entscheidungen über den Auf- und Abbau der Betriebsbereitschaft oder deren Kapazität (Männel, Hummel 2004, S. 51).

 Teilen Sie die Gesamtkosten in Leistungs- und Bereitschaftskosten auf. Personalkosten sollten dabei entgegen klassischer Sichtweisen zu den Bereitschaftskosten zählen.

In der Praxis sorgt folgender Faktor hin und wieder für Nervosität: Viele Unternehmen erleben einen deutlichen Zeitversatz zwischen den operativen Verbesserungen ihrer Lean-Maßnahmen und den finanziell darstellbaren Auswirkungen (vgl. Hug 2003, S. 203 – 204). Häufig stellt sich der monetäre Erfolg bezüglich Gesamtkosten bzw. Gesamtergebnis erst in einer Wachstumssituation ein, da durch reduzierte Verschwendung im System mehr Absatz bei gleichen oder weniger Ressourcen erzeugt werden kann. Dies zeigt, dass in der Praxis in der Kurzfrist der größte Anteil der Fertigungskosten zu den Bereitschaftskosten zu zählen ist (DeBusk, DeBusk 2012a, S. 21). Um die Sichtweise „Wachstum (Absatz) ohne zu wachsen (Ressourceneinsatz)" zu implementieren und zu fördern, ist eine verstärkte Orientierung an Bereitschaftskosten notwendig (Zak, Waddell 2010, S. 79 – 82; Waddell 2015, S. 65 – 67).

In dieser Art der Betrachtung ist es wesentlich, Personalkosten entgegen klassischer Sichtweisen zu den Bereitschaftskosten zu zählen (solange kein völlig variabler Lohn vorliegt).

Folgende Elemente stellen sicher, die Anforderung einer ganzheitlichen Betrachtung des Produktionssystems zu erfüllen:

- Fokussierung von Gesamtkosten (anstelle der Stückkosten)
- Förderung des Flussprinzips

- Kosten des Bestandes berücksichtigen

- Differenzierung in Leistungs- und Bereitschaftskosten.

3.2.3 Kosten festlegen in Wertschöpfung und Nichtwertschöpfung

Die Unterscheidung in Wertschöpfung und Verschwendung gehört zu den Grundphilosophien Ganzheitlicher Produktionssysteme. Global betrachtet lässt sich diese Denkweise auf den gesamten Ressourceneinsatz im Unternehmen übertragen. Infolgedessen ist der Kapitaleinsatz für das Kostenmanagement hinsichtlich Wertschöpfung und Nichtwertschöpfung zu differenzieren. Im Mittelpunkt sämtlicher Lean-Projekte steht in aller Regel das Ziel, nicht wertschöpfende Tätigkeiten zu verringern. Eine Kernaufgabe der Kostenrechnung als Unterstützungsfunktion zu einem Ganzheitlichen Produktionssystem besteht darin, unter Bezugnahme auf diese Differenzierung zwischen **wertschöpfendem und nicht wertschöpfendem Kapitaleinsatz zu unterscheiden.**

 Oberes Lean-Gebot: Nichtwertschöpfung (Verschwendung) verringern!

Wer die Kosten der Verschwendung kennt, kann mit diesem wertvollen Wissen gezielt Lean-Maßnahmen einleiten. Diese Betrachtungsweise bietet einen zweiten Vorteil: Es lässt sich auch monetär überprüfen, ob Verschwendung tatsächlich eliminiert oder nur in ihrer Ausprägungsform verändert wurde. Das Produktions- und das Kostenrechnungssystem nähern sich hiermit deutlich an.

3.2.4 Kapitalflussorientierung

Neben dem Material- und Informationsfluss spielt für Lean-Unternehmen der Kapitalfluss eine entscheidende Rolle. „Profit is belief, cash is fact" (Brauckmann 2015, S. 135). Finanzielle Auswirkungen von Lean-Maßnahmen zur Bestandsreduzierung zeigen sich insbesondere beim Betrachten der Ausgaben und Einnahmen, also dem Kapitalfluss. Der Kapitalfluss muss dabei nicht mit dem ermittelten Ergebnis aus der Gewinn- und Verlustrechnung bzw. der kurzfristigen Erfolgsrechnung übereinstimmen, da diese zeitlich nicht synchron sein müssen. Die Ursache liegt dabei in der Betrachtung von Bestand als Vermögen in klassischen Kostenrechnungssystemen. Lean-konforme Kostenrechnungssysteme hingegen sollten einen kostenrechnerisch motivierten Bestandsaufbau verhindern.

Klassische Kostenrechnungssysteme sehen Bestand als Vermögen.

Ein Schlüssel dazu ist eine **verstärkte Kapitalflussorientierung durch einen ausgabeorientierten Kostenbegriff.** Dabei werden weitgehend alle Kosten – abgesehen von Materialkosten sowie abschreibungsfähigen Investitionen (vorwiegend Anlagen) – als Periodenkosten (Ausgaben der Periode) betrachtet (Waddell 2010, S. 4 – 5; DeBusk, DeBusk 2012a, S. 22 – 23; Chavez, Mokudai 2016, S. 185 – 186; Zak, Waddell 2010, S. 59 – 60; Asefeso 2014, S. 14 – 17; Bicheno, Holweg 2016, S. 298 – 299).

Die Begrifflichkeiten „Kosten" und „Ausgaben" nähern sich somit an. Die Bereitschaftskosten werden zu ihrem Ausgabezeitpunkt erfasst, als Periodenkosten betrachtet und nicht auf einzelne Kostenträger umgelegt. Das sorgt für einen entscheidenden Vorteil: Es gestattet eine verbesserte Verhaltenskontrolle, da Ausgabeentscheidung und Aktivierung in der Erfolgsrechnung zeitlich zusammenbleiben. Und: Es schließt damit eine bilanzpolitische Motivation von Überproduktion aus! In einer strengen Form kann durch die Verwendung von Materialausgaben (tatsächliches Einkaufsvolumen) statt Materialkosten (betriebsbedingter Werteverzehr) im Ergebnisbericht eine Überproduktion (oder ein „Übereinkauf") als Verschwendung ausgewiesen werden.

 Der Einsatz eines ausgabeorientierten Kostenbegriffs verhindert ergebnismotivierte Überproduktionen.

3.2.5 Einzelkostenrechnung zum Vermeiden von Kostenumlagen

Steigende Gemeinkostenanteile verlangen bei Ganzheitlichen Produktionssystemen ein Umdenken. Als „Belohnung" gibt es deutlich mehr Klarheit für mögliche Verbesserungen. Klassische Kostenrechnungsverfahren hingegen verdecken durch mehrstufige Umlageprozesse mögliche Ansatzpunkte zur Optimierung. Ein leankonformes Kostenrechnungssystem vermeidet daher Umlagen weitestgehend und fokussiert die Verwendung von Einzelkosten.

 Klassische Kostenrechnungsverfahren verdecken mit mehrstufigen Umlageprozessen mögliche Ansatzpunkte zur Optimierung.

Der generelle Verzicht auf die Umlage und Schlüsselung von Gemeinkosten ist auch das grundlegende Prinzip in der auf Riebel zurückgehenden Einzelkosten- und Deckungsbeitragsrechnung (Riebel 1994). Hier stellt sich dem Praktiker direkt die Frage: Mit welchem Prinzip lassen sich nur Einzelkosten auszuweisen? Das geht mit folgenden zwei Schritten:

- Einzelkosten und Gemeinkosten sind nach dem Kriterium der eindeutigen Zurechenbarkeit zu differenzieren.

- Alle Kosten (Ausgaben) werden als Einzelkosten eines speziellen Bezugsobjektes erfasst, bei dem dies möglich, eindeutig und wirtschaftlich vertretbar ist (vgl. Riebel 1984a, S. 174).

Es empfiehlt sich also ein möglichst striktes Rechnen mit Einzelkosten, um

- die Transparenz in der Kostenrechnung zu fördern

- das Controllability-Prinzip sicherzustellen und

- die in der betrieblichen Praxis bestehenden Verbundbeziehungen zwischen einzelnen Funktionen möglichst wirklichkeitsgetreu abzubilden.

3.2.6 Trennung in zweckneutrale Grundrechnungen und spezifische Auswertungsrechnungen

Auf Stückkosten fokussierte Kostenrechnungen führen zu bereits genannten Problemen. Um diese zu vermeiden ist es notwendig, das Kostenrechnungssystem nicht mehr ausgehend vom Produkt, sondern vom Wertstrom und dessen Gesamtkosten zu betrachten – oder besser noch zu „denken". Die Kostenrechnung sollte als Unterstützungsfunktion Informationen nicht nur auf Produktebene, sondern für eine Vielzahl betrieblicher Dispositionen bereitstellen.

Die Informationsbedürfnisse innerhalb eines Unternehmens sind vielschichtig. Aufgrund dessen gilt es, Kosten und Erlöse mit einer für die jeweiligen Auswertungsbedürfnisse relevanten Anzahl an Merkmalen zu versehen, beispielsweise der Zugehörigkeit zu Produkten, Wertströmen, Kunden oder auch Märkten. Diese bereits auf Schmalenbach und später Riebel zurückgehenden Überlegungen (Weber 2006, S. 63 – 64) bedingen eine Trennung in „Grundrechnungen" und „Auswertungsrechnungen". Die **Grundrechnung der Kosten und Erlöse** erfasst zweckneutral die monetären Informationen der Abrechnungsperiode unter Berücksichtigung der notwendigen Merkmale. Es handelt sich also um die systematische Sammlung von Kosten und Erlösen einer Abrechnungsperiode (meist wöchentlich, monatlich und jährlich) in Tabellen- oder Datenbankform (Männel, Hummel 2004, S. 66).

Diese Grundrechnungen bilden einerseits die Basis für periodenbezogene Ergebnisrechnungen in Deckungsbeitragsform. Andererseits erlaubt dieses Vorgehen eine zweckneutrale Datenerfassung, um selbst für spezifische Fragestellungen innerhalb des Produktionssystems mit zugeschnittenen Auswertungsrechnungen monetäre Informationen zu erhalten.

Übergeordnetes Ziel ist eine verzerrungsfreie und realistische Abbildung der betrieblichen Realität. In ihrem Aufbau sollten sich die Grundrechnungen deshalb auf möglichst ursprüngliche und konkrete Rechengrößen beschränken. Dazu zählen vor allem folgende Rechengrößen (vgl. Riebel 1984b, S. 216):

- Mengen von Realgütern (Sachgüter oder Dienstleistungen)
- Zahlungsmittelmengen (Kapitalflussorientierung durch Fokussierung auf Einzahlungen, Auszahlungen und Zahlungsmittelbestände)
- Zahlungsverpflichtungen und -ansprüche.

Kosten und Leistungen sind dagegen fiktive Rechenkonstrukte.

 Ziel ist eine unverschleierte realistische Abbildung der betrieblichen Realität. Fiktive Rechenkonstrukte, dazu zählen auch Stückkosten, sind zu vermeiden.

Der Grad der Zweckneutralität, und damit vor allem die Verwendung reiner Kapitalflussgrößen, sind unternehmensspezifisch festzulegen. So sind z. B. Abschreibungen von Anlagen eine zeitbezogene Näherungslösung für den betrieblichen Werteverzehr und damit ein fiktives Konstrukt; es entspricht zeitlich gesehen nicht dem tatsächlichen Zahlungsmittelfluss. Dennoch sind zeitbezogene Umlageverfahren, beispielsweise Abschreibungen, in der Praxis üblich. Sie sind auch für Nicht-Buchhalter bezüglich deren Ursprung und Konsequenzen wesentlich leichter verständlich als mehrstufige, sachbezogene Gemeinkostenumlagen und Schlüsselungen zwischen Kostenstellen. Die Verwendung der Auszahlung für eine Anlage anstelle einer periodischen Abschreibung kann insbesondere die Aussagekraft periodenbezogener Ergebnisrechnungen für ein Unternehmen oder einen Wertstrom schmälern.

Für **fallspezifische Auswertungs- bzw. Entscheidungsrechnungen** sind die „entscheidungsrelevanten Kosten" darzustellen. Hierbei muss klar zu erkennen sein: Welche Werte sind fiktiv (kalkulatorische Größen oder zeitbezogene Umlagen) und damit gegebenenfalls irreversibel?

Weiterhin sind bei Entscheidungsrechnungen in Ganzheitlichen Produktionssystemen die damit verbundenen Zahlungsflussveränderungen übergeordnet zu betrachten. Das bedeutet, dass typischerweise Ist-Wertstrom und Ziel-Wertstrom in der finanziellen Betrachtung gegenübergestellt werden. Somit wird nicht jede Einzelmaßnahme bewertet, sondern ganze **Zielzustände eines Wertstroms** – oder lean formuliert: der Weg zu einem definierten Zielzustand, der im Wertstromdesign Ausdruck findet. Dies unterscheidet sich von der klassischen Return-on-Invest-Denkweise, bei der einzelne Entscheidungen oder Maßnahmen für sich bewertet werden. Hier besteht ein Widerspruch zu der systemtheoretischen Sichtweise Ganzheitlicher Produktionssysteme, bei der die Wirksamkeit des Ganzen aus mehr als seinen Einzelentscheidungen resultiert.

 Es werden nicht Einzelmaßnahmen bewertet, sondern ganze Zielzustände eines Wertstroms.

Zusammenfassend ist eine Trennung in Grund- und Auswertungsrechnungen notwendig. Ziele sind:

- eine zweckneutrale, mit möglichst ursprünglichen Rechengrößen versehene Datenbasis schaffen
- unterschiedliche periodenbezogene Ergebnisrechnungen ermöglichen sowie
- fallspezifische, ganzheitlich am Wertstrom orientierte Entscheidungsrechnungen durchführen.

3.2.7 Kapazitätsbetrachtungen, um die Kostenentstehung zu berücksichtigen

Für die Ausgestaltung von Auswertungsrechnungen, insbesondere zur Planung und Kontrolle von Entscheidungen, sind Kapazitätsbetrachtungen des Ressourceneinsatzes von entscheidender Bedeutung. Das Reduzieren von Verschwendung im System spiegelt sich in vielen Fällen nicht unmittelbar in den finanziellen Ergebnissen wider, sondern erzeugt freie Kapazitäten der Ressourcen (Mitarbeiterzeit, Anlagenzeit, Fläche etc.). Die Verbindung zwischen optimierten Prozessen und den tatsächlichen Zahlungsflussauswirkungen liegt also in der Betrachtung der Kapazitäten bzw. deren Nutzung (Maskell, Baggaley 2006, S. 40; Koenigsaecker 2013, S. 37). Monetäre Auswirkungen entstehen erst durch die Entscheidung des Managements, wie diese freien Kapazitäten genutzt werden. Wesentlich sind hierbei insbesondere das Wissen und der Umgang mit der Kapazität des Engpasses.

 Weniger Verschwendung ist oft nicht unmittelbar finanziell positiv zu erkennen, sondern erst in der Nutzung frei gewordener Kapazitäten.

Die differenzierte Betrachtung von Kapazitäten ist für ein ergebniswirksames Kostenmanagement in Ganzheitlichen Produktionssystemen daher entscheidend. Dabei lässt sich unterscheiden zwischen ausgabewirksamen Input-Kapazitäten eines Wertstroms (Personal, Material, Anlagen, Software, Gebäude etc.) und einnahmewirksamen Outputgrößen (Anzahl abgesetzter Produkte oder Dienstleistungen) (Yu-Lee 2011, S. 43). Durch Veränderung der Input- oder Outputgrößen entstehen veränderte Zahlungsflüsse. Für zahlungsflusswirksame Effekte bestehen zum Umgang mit frei gewordenen Kapazitäten grundsätzlich drei Möglichkeiten (vgl. Katko 2013, S. 110):

1. **Durchsatzes durch den Wertstrom steigern:** Erlaubt die Nachfragesituation ein Wachstum, können freie Kapazitäten zu einer Steigerung des Umsatzes und damit der Einzahlungen führen. Hierfür ist die Betrachtung des Engpasses entscheidend.

2. **Kapazitäten verlagern:** Ggfs. ist es möglich, die freien Kapazitäten anderen Bereichen oder Wertströmen zuzuweisen. Dies bedeutet eine Entlastung der Ausgaben in einem Wertstrom und gestattet Wachstum in anderen Bereichen. Alternativ kann auch extern vergebene Wertschöpfung bei vorhandener Kompetenz wieder ins eigene Unternehmen geholt werden, um die Profitabilität zu steigern.

3. **Input-Kapazitäten anpassen und reduzieren:** Gemeint ist damit beispielsweise der Abbau des Ressourceneinsatzes durch weniger ausgaberelevante Überstunden, Zusatzschichten oder die Anzahl an Ressourcen (Personal, Anlagen, Gebäude etc.). Während die Alternativen 1 und 2 vor allem die Outputgrößen fokussieren, findet hier eine Betrachtung der Input-Kapazitäten statt.

Eine Kombination der Alternativen ist möglich und in der Praxis üblich.

■ 3.3 Stand der Forschung und Kritik

Die Erhebung der Anforderungen an das zu entwickelnde Kostenrechnungssystem bestätigt: Es besteht eine Entwicklungslücke und somit ein Handlungsbedarf. Aktuell existierende Ansätze der Kosten- und Wirtschaftlichkeitsrechnung aus der Literatur könnten aber doch bereits die genannten Anforderungen erfüllen? Um es vorwegzunehmen: Das scheint zurzeit nicht der Fall zu sein! Infrage kommende Ansätze werden nachfolgend gesichtet und bewertet, um Lücken aufzuzeigen.

Dafür werden im Folgenden die Ergebnisse einer umfangreichen Literaturrecherche zu Kostenrechnungssystemen dargestellt. Diese zeigt erstmalig den gesamten Stand der Forschung zu Kostenrechnungssystemen in Ganzheitlichen Produktionssystemen auf und bietet sowohl der Wissenschaft als auch Praxis einen Überblick über identifizierte Ansätze.

Bild 3.5 stellt die Ansätze den konsolidierten Anforderungen (Abschnitt 3.3.3) gegenüber. Eine weiterführende Erläuterung der jeweils identifizierten Ansätze befindet sich im Anhang 1.

 Erstmalig wird der gesamte Stand der Forschung zu Kostenrechnungssystemen in Ganzheitlichen Produktionssystemen aufgezeigt – Wissenschaft und Praxis erhalten so einen Überblick über identifizierte Ansätze.

3.3.1 Traditionelle Konzepte der Kostenrechnung

Die in der Praxis weit verbreiteten Verfahren der **Plankostenrechnung** sind insbesondere bezüglich deren mehrfacher Umlagen und Schlüsselungen zu kritisieren. Die diesen Systemen inhärenten Abweichungsanalysen von Plan- und Ist-Kosten verlangen Schätzungen in Bezug auf Planleistungen. Und da liegt der Hase auch schon im Pfeffer: In den heutigen volatilen Märkten sind diese kostenstellenbezogen kaum präzise durchführbar. Die Logik der Preis- und Mengenabweichung fördert aus Kostenrechnungssicht eine Produktion losgelöst vom Kundenbedarf und damit in vielen Fällen Überproduktion.

Die klassischen **Deckungsbeitragsrechnungen** liefern für kurzfristige Entscheidungen geeignetere Informationen als Vollkostenrechnungen. Als problematisch ist dabei die meist auf einen Jahreszeitraum pauschal durchgeführte Kostenspaltung in fix und variabel zu sehen. Der heutige hohe Fixkostenanteil wird in den Teilkostenrechnungsverfahren meist undifferenziert behandelt und keiner systematischen Analyse unterzogen. Selbst im direkten Bereich sind heutzutage die Löhne kurz- bis mittelfristig als fix anzusehen – damit fehlt den Teilkostenverfahren die Einsatzgrundlage! Japanische Lean-Vorreiterunternehmen lehnen Teilkostenrechnungssysteme daher weitgehend ab (Hutchinson, Liao 2009, S. 32).

 Japanische Lean-Vorreiterunternehmen lehnen Teilkostenrechnungssysteme weitgehend ab.

Mit der vollständigen Ablehnung jeglicher Kostenumlagen geht die **Relative Einzelkosten- und Deckungsbeitragsrechnung (REKR)** einen anderen Weg (Riebel 1994). Das Rechnen mit Einzelkosten schafft Transparenz und trägt dazu bei, Verschwendung offenzulegen. Mit einem ausgabeorientierten und damit kapitalflussorientierten Kostenverständnis (Küpper 1994, S. 40) findet eine Berücksichtigung des für Lean grundlegenden Flussprinzips statt. Die Zurechnung von Kosten und Erlösen zu Entscheidungen gemäß dem Identitätsprinzip stellt eine hohe Entscheidungsrelevanz und -orientierung sicher. Soweit so gut, jedoch: Eine prozessorientierte Wertstromsicht findet nicht statt. Ebenso fehlt eine Kostenkategorisierung in

Erfüllungsgrad der Anforderung:

- ● erfüllt
- ◑ bedingt erfüllt
- ○ nicht erfüllt
- ☐ nicht betrachtet

	Allgemeines Kostenrechnungssystem	Partielles Kostenrechnungsverfahren oder -ansatz	Berücksichtigung der Wertstromebene	Ganzheitliche Betrachtung des Produktionssystems	Kostenkategorisierung in Wertschöpfung und Nicht-Wertschöpfung	Kapitalflussorientierung	Einzelkostenrechnung zur Vermeidung von Kostenumlagen	Trennung in zweckneutrale Grundrechnungen und spezifische Auswertungsrechnunge	Kapazitätsbetrachtungen zur Berücksichtigung der Kostenentstehung
Traditionelle Konzepte der Kostenrechnung									
Flexible Plan-Kostenrechnung auf Vollkostenbasis	X		○	○	○	○	○	○	○
Flexible Plan-Kostenrechnung auf Teilkostenbasis	X		○	○	○	○	○	○	○
Deckungsbeitragsrechnung (Direct Costing)	X		○	○	○	○	○	○	○
Mehrstufige Deckungsbeitragsrechnung	X		○	○	○	○	○	○	○
Relative Einzelkosten- und Deckungsbeitragsrechnung	X		○	◑	○	●	●	●	○
Maschinenstundensatzrechnung		X	○	○	○	○	○	○	○
Prozessorientierte Konzepte der Kostenrechnung									
Activity Based Costing	X		○	○	○	○	○	○	◑
Prozesskostenrechnung	X		○	○	○	○	○	○	◑
Time Driven Activity Based Costing	X		○	○	○	○	○	○	●
Ressourcenorientierte Prozesskostenrechnung		X	○	○	○	○	○	○	◑
Differenzierte Prozesskostenrechnung nach Dickmann		X	○	○	○	○	○	○	◑
Prozessorientierte Kalkulation nach Gottmann		X	○	○	○	○	○	○	◑
Modell zur Kostenbewertung von Produktion und Logistik nach Pawellek		X	○	○	○	○	○	○	◑
Ansätze zur Wirtschaftlichkeitsbewertung von Produktionssystemen									
Briel (2002)		X	○	○	○	○	○	○	◑
Wunderlich (2002)		X	○	○	○	○	◑	○	◑
Niemann (2007)		X	○	○	○	○	○	○	◑
Möller (2008)		X	○	○	○	◑	○	○	◑
Reinhart et al. (2008)		X	○	○	○	○	○	○	○
Brieke (2009)		X	○	○	○	●	○	○	○
Jondral (2013)		X	◑	○	○	◑	○	○	○
Ansätze zur Kostenrechnung und quantitativen Bewertung der Auswirkungen von Maßnahmen in GPS									
Value Stream Costing nach Maskell et al.		X	●	◑	○	◑	◑	○	◑
Flow Accounting nach Darlington		X	○	◑	○	◑	◑	○	◑
Order Line Costing nach Johnsons/Bröms		X	○	○	○	○	○	○	○
Customer-Driven Lean Cost Management nach McNair		X	◑	◑	●	○	○	○	◑
Throughput Accounting nach Goldratt	X		○	◑	○	●	◑	○	◑
Value Stream Cost Map nach Sobczyk/Koch		X	●	◑	◑	◑	◑	○	◑
Lean Cost Management nach Feldmann/Wiegand	X		○	○	●	○	○	○	○
Werttreiberbaum Lean Production nach Charifzadeh		X	○	○	○	○	○	○	○
Wertzuwachskurven nach Balsliemke; Gottmann; Gracarin		X	○	○	◑	○	○	○	○
Value Stream Cost Modell nach van Goubergen		X	◑	◑	○	◑	◑	○	◑
Bewertung von Wertströmen nach Pfeffer		X	●	◑	○	○	○	○	○
Modell zur Abbildung von Wertstromkosten nach Gottmann		X	◑	○	○	○	○	○	◑
Lean Accounting nach Silvi et al.	X		●	◑	●	◑	◑	○	◑
Simplified Time Based Accounting nach Warnacut		X	◑	◑	○	○	◑	○	○
Lean Financial Accounting nach Kristensen/Israelsen	X		◑	◑	●	○	○	○	○
Explicit Cost Dynamics nach Yu-Lee		X	○	◑	○	◑	◑	○	◑
Deckungsbeitrag je Zeiteinheit nach Brauckmann		X	○	○	○	○	◑	○	○

Bild 3.5 Übersicht über bestehende Konzepte und Ansätze der Kosten- und Wirtschaftlichkeitsrechnung von Produktionssystemen sowie deren Bewertung, inwieweit sie die genannten Anforderungen an ein passendes Kostenrechnungssystem erfüllen.

Wertschöpfung und Nichtwertschöpfung. Kapazitätsbetrachtungen, um Kosten-
entstehungen und -veränderungen bei Entscheidungen zu berücksichtigen, finden
keinen direkten Einfluss. Aber wir wollen nicht zu hart ins Gericht gehen: Trotz
einiger Kritikpunkte kann die REKR aufgrund der Trennung von Grund- und Auswertungsrechnungen sowie der inhärenten Zahlungsorientierung einen sinnvollen Beitrag zur Lösungsentwicklung leisten.

> Die „Relative Einzelkosten- und Deckungsbeitragsrechnung" (REKR) kann zur
> Lösungsentwicklung beitragen.

3.3.2 Prozessorientierte Konzepte der Kostenrechnung

Der Schwerpunkt prozessorientierter Kostenrechnungskonzepte liegt wie bei den
traditionellen auf der Produktkalkulation – Gesamtkostenbetrachtungen und Wertstromorientierung werden nicht fokussiert. Eine nach Logik der **Prozesskostenrechnung** durchgeführte Bewertung von Beständen fördert eine Überproduktion!
Das gilt insbesondere auch für die Verfahren **Activity Based Costing** und **Time
Driven Activity Based Costing** (s. Kaplan, Anderson 2009). „Auslöser" ist der
Vollkostencharakter und die damit verbundene Umlage von Fixkosten. Auch hier
ist es wie so oft bisher beschrieben: Viele typisch eingesetzte Kostentreiber wie die
Anzahl an Rüst-, Bestell- oder Transportvorgängen basieren auf den Annahmen
der Massenproduktion und senden dem Lean-Ansatz völlig gegensätzliche An-
reize.

> Viele eingesetzte Kostentreiber basieren auf den Annahmen der Massenproduktion
> und senden dem Lean-Ansatz völlig gegensätzliche Anreize.

Bei den Ansätzen der **Ressourcenorientierten Prozesskostenrechnung** (Schuh,
Kaiser 1998), des **Time Driven Activity Based Costing** und der **Differenzierten
Prozesskostenrechnung** (Dickmann, Dickmann 2009, 2009) ist insbesondere der
hohe Datenerfassungs- und Pflegeaufwand heikel. Dabei findet eine weitere Verfeinerung der klassischen Prozesskostenrechnung statt, die bereits in ihrer Grund-
form viel Kapazität zur Systemerstellung und -aufrechterhaltung bindet (vgl. Salah,
Zaki 2013, S. 89; Warnacut 2016, S. 38).

Die **Prozessorientierte Kalkulation** nach **Gottmann** (Gottmann 2013) entspricht
im Grundsatz der klassischen Prozesskostenrechnung, um die herkömmliche Zuschlagskalkulation zu ergänzen. Es handelt sich um eine Vollkostenrechnung, bei
der weiterhin wirklichkeitsverzerrende Kostenproportionalisierungen stattfinden.

Das Bewertungsverfahren **Pawelleks** (Pawellek 2007) ist anhängig von einem völlig integrierten Datenmodell, das alle notwendigen Produkt-, Prozess- und Kosteninformationen zur Kalkulation umfasst. Als alleiniges Kostenrechnungssystem eignet es sich somit nicht.

Gegen den Einsatz prozessorientierter Konzepte der Kostenrechnung in Ganzheitlichen Produktionssystemen sprechen somit vor allem zwei Gründe: einige methodische Defizite sowie vor allem auch die fehlende Berücksichtigung und Förderung der Prinzipien von Lean.

 Prozessorientierte Konzepte der Kostenrechnung in Ganzheitlichen Produktionssystemen sind für Lean weniger geeignet.

3.3.3 Ansätze zur Wirtschaftlichkeitsbewertung von Produktionssystemen

Der Ansatz von **Briel** (Briel 2002) liefert eine Methodik zur Bewertung von Anpassungsinvestitionen in Produktionssystemen. Das ist ein nur sehr enger Anwendungsbereich. Die Datenbasis für die angepassten Investitionsrechenmodelle bilden klassische Maschinen- oder Personenstundensätze. Zur Investitionsbewertung in Lean-Unternehmen ist der Ansatz infolgedessen nicht vollständig geeignet.

Wunderlichs (Wunderlich 2002a) simulationsbasierter Ansatz zur Wirtschaftlichkeitsbewertung verwendet für die Kostenanalyse ebenfalls klassische Ressourcenstundensätze. Eine Wertstrom- und durchgängige Kapitalflussorientierung bleibt außen vor. Aufgrund der Ausrichtung des Ansatzes ist eine laufende Kostenkontrolle in Bezug auf Wertschöpfung und Verschwendung als Investitionsbewertungswerkzeug nicht möglich.

Dies trifft auch auf das Life Cycle Controlling nach **Niemann** (Niemann 2007) zu. Dessen Beschränkung auf die zentrale Modell-Eingangsgröße „Auftragsmenge" im Simulationsmodell erlaubt es, Aussagen über gegebenenfalls nötige Strukturanpassungen im Produktionssystem zu treffen. Die Betrachtung von Kapazitäten als Bindeglied zwischen den Ressourcen und monetären Auswirkungen findet somit statt. Bedenklich ist hingegen der Einsatz von Stückkosten als Optimierungsobjekt. Auch die in Wertströmen vorhandene Verschwendung wird nicht monetär ausgedrückt. Eine Förderung der Lean-Prinzipien bleibt somit aus.

Möller (Möller 2008) lieferte einen Beitrag zur Bewertung der Wirtschaftlichkeit wandlungsfähiger Produktionssysteme auf Basis der Realoptionsmethodik aus der Finanztheorie. Ziel ist, den wirtschaftlichen Grad einer Wandlungsfähigkeit zu ermitteln, indem Investitionen in anpassungsfähige Anlagen und Fabriken differenziert bewertet werden. Der Einsatz ist damit bereits thematisch erheblich eingeschränkt und berücksichtigt Anforderungen Ganzheitlicher Produktionssysteme nur am Rande.

Reinhart et al. (Reinhart et al. 2008) entwickelten einen Ansatz zur Monetarisierung qualitativer Einflussfaktoren auf das Produktionssystem. Dabei werden mit der Fuzzy-Logik qualitative Faktoren zunächst in quantitative Werte überführt. Diese werden anschließend in monetäre Werte transferiert und fließen dann in Kapitalwertberechnungen zur Beurteilung von Produktionssystemalternativen ein. Die Problematik der Monetarisierung unsicherer, qualitativ beschriebener Veränderungen besteht grundsätzlich auch bei Entscheidungsrechnungen in Ganzheitlichen Produktionssystemen. Das hört sich doch schon mal gut an. Der Ansatz kann daher – auch wenn er an sich keine Auswirkungen auf das grundsätzliche Kostenrechnungssystem beschreibt – für Überlegungen zum Methoden-Neuentwurf herangezogen werden. Dies trifft auch auf den Ansatz von **Brieke** (Brieke 2009) zu.

Jondrals (Jondral 2013) simulationsgestützte Methodik zur Wirtschaftlichkeitsbewertung eines Lean-Methoden-Einsatzes fokussiert den Wertstrom als Kalkulationsobjekt. Ziel ist dabei, eine optimale Lean-Methodenkombination für minimale variable Kosten zu ermitteln. Im Kostenrechnungsmodul wird dabei auf klassische Stundensätze zurückgegriffen. Dadurch steigt wiederum die Gefahr, Überproduktion und somit Verschwendung zu fördern. Kritisch zu betrachten sind:

- die fehlende Kapitalflussorientierung
- der Einsatz von Gemeinkostenzuschlagssätzen und
- die Konzentration auf Stückherstellkosten zur monetären Bewertung.

Die Methodenbasis ist so stellenweise nicht konform zur Philosophie von Lean.

3.3.4 Ansätze zur Kostenrechnung und quantitativen Bewertung von Maßnahmen in Ganzheitlichen Produktionssystemen

Bisher könnte der Eindruck entstanden sein, es gäbe bis dato gar keine passenden Ansätze zur Kostenrechnung und quantitativen Bewertung der Auswirkungen von Lean-Maßnahmen in Ganzheitlichen Produktionssystemen. Ganz so ist es nicht, denn es gibt sie, zumindest in Ansätzen: Nachfolgend werden erstmalig in der Literatur beschriebene Methoden entsprechend bewertet.

Das **Value Stream Costing (VSC)** kann als eines der am besten beschriebenen alternativen Kostenrechnungssysteme für Lean-Unternehmen gesehen werden (Maskell et al. 2012). Da keimt doch schon Hoffnung auf, oder? Zentrales Kalkulationsobjekt ist der Wertstrom. Dennoch wird in mehreren Quellen deutliche Kritik angebracht – es wäre ja auch zu schön gewesen ... Gründe hierfür sind der geringe Innovationsgrad, das enorm vereinfachte System, die fehlende Kostenspaltung in beschäftigungsabhängige und -unabhängige Teile, die fehlende Berücksichtigung der Dimension „Wert aus Sicht des Kunden" sowie die in den ersten Lean-Jahren kaum erfüllbaren Voraussetzungen zur Implementierung (Chiarini 2014, S. 135; Darlington 2012; Silvi et al. 2012, S. 39 – 41; Sobczyk, Koch 2008, S. 152; Van der Merwe, Thomson 2007, S. 30; Wiegand 2012, S. 123; Van der Merwe 2008; Collatto et al. 2016, S. 825). Das VSC stellt eine Variante der Einzelkostenrechnung dar, beschränkt sich dabei jedoch explizit auf Wertströme als einziges Kostenerfassungsobjekt. Ist das Unternehmen (noch) nicht nach Wertströmen organisiert, lassen sich hohe Kostenbestandteile nicht zurechnen und verbleiben als Gemeinkosten. Die Empfehlung, diese anteilsmäßig nach Ressourcenverbrauch den Wertströmen zuzuordnen, entspricht klassischen Umlageverfahren mit bekannten Problematiken. Weiterhin ist das VSC für Entscheidungsrechnungen mit mittel- und langfristigem Zeithorizont nicht empfehlenswert. Es findet keine Trennung von einmaligen und laufenden Zahlungsveränderungen statt, wodurch eine sinnvolle monetäre Bewertung von Investitionen nicht möglich ist. Zudem werden Einflüsse auf Objekte außerhalb eines Wertstroms nur ungenügend abgebildet. Nichtsdestotrotz: Zusammenfassend kann das VSC mit einigen Ansätzen und Gedanken zur Lösungsfindung beitragen. Es stellt zwar aufgrund der dargelegten Kritik kein uneingeschränkt anwendbares Kostenrechnungssystem dar, aber wir sammeln auf unserem Weg zur passenden Methodik wie ein Eichhörnchen alle hilfreichen Teilmodule schon mal gerne ein.

 Das Value Stream Costing (VSC) kann mit einigen Ansätzen und Gedanken zur Lösungsfindung beitragen.

Der vorwiegend grafische Ansatz des **Flow Accounting** (Darlington et al. 2016) sowie das **Throughput Accounting** (Goldratt, Cox 2013) basieren auf der Engpasstheorie und erfüllen die Anforderungen bezüglich Gesamtkosten- und Engpassbetrachtung. Das hört sich schon mal gut an. Die verstärkte Orientierung am Durchsatz statt am reinen Kostenfokus trägt bei kurzfristigen Entscheidungsrechnungen zur Maximierung des wirtschaftlichen Gesamtnutzens bei und fördert das Flussprinzip. Prima! Allerdings: Der undifferenzierte Umgang mit verschiedenen Kostenarten, die fehlenden monetären Aussagen bezüglich Verschwendung und die hohe Aggregationsebene der Daten sind als kritisch für den Einsatz in Ganzheitlichen Produktionssystemen zu sehen.

Das **Order Line Costing** (Johnson, Bröms 2000) ist bezüglich der fehlenden Wertstromorientierung zu bemängeln. Die Verwendung von Aufträgen als Kalkulationsobjekte macht zudem eine Umlage von Auftrags-Gemeinkosten notwendig.

Durch die intensive Orientierung am Kunden und Markt liefert das **Customer-Driven Lean Cost Management** (McNair 2007; McNair-Connolly et al. 2013; McNair et al. 2001) einen Ansatz zur Übertragung des Wertes aus Sicht des Kunden in die Kostenrechnung. Das Vorgehen zur Aufteilung der Gesamtkosten in fünf Wertschöpfungskategorien ist jedoch von vielen subjektiven Schätzungen abhängig.

Die **Value Stream Cost Map** (Sobczyk, Koch 2008) wie auch das **Value Stream Cost Model** (Van Goubergen 2012) ergänzen die Wertstromdarstellung um Kosteninformationen. Die parallele Abbildung von Kosten und Kapazitäten gestattet, die Verbindung zwischen Ressourceneinsatz und Kostenauswirkung im betrachteten Wertstrom darzustellen. Das hört sich gut an. Allerdings: Wie beim VSC wird hier die Umlage von geteilten Ressourcen auf die Werströme als problematisch gesehen. Wertstromübergreifende Bereiche eines Unternehmens finden ebenso wenig Berücksichtigung wie kalkulatorische Kosten für Bestände. Darüber hinaus führt die grafische Darstellung bei komplexen Werströmen aufgrund der hohen Informationsfülle und -dichte zu erheblichen Informationsverarbeitungs- und Interpretationsproblemen.

Das **Lean Cost Management** (Feldmann, Wiegand 2009; Wiegand 2012) stellt ein leicht modifiziertes Verfahren klassischer Plankostenrechnungen auf Teilkostenbasis dar. Daher weist dieser Ansatz die fehlende Kapitalflussorientierung, die ungenügende Abbildung von Kapazitäten für Entscheidungsrechnungen und auch die Gemeinkostenproblematik auf – und hilft uns nicht wirklich weiter.

Der **Werttreiberbaum Lean Production** (Charifzadeh et al. 2013) berücksichtigt die Auswirkungen von Lean-Maßnahmen auf das Working Capital und damit auch auf Bestände. Dadurch können geringere Gesamtkapitalkosten, die einen wesentlichen Effekt von Lean darstellen, erfasst werden. Wir horchen auf: Diese Überlegungen sollten im zu entwickelnden Kostenrechnungssystem beachtet werden!

Die **Kosten- und Wertzuwachskurven** (Balsliemke 2015; Gottmann 2016; Gracanin et al. 2014) stellen im Kern eine differenzierte Zuschlagskalkulation grafisch dar. Es handelt sich dabei vorwiegend um Stückkostenbetrachtungen, wodurch keine Rückschlüsse auf Gesamtkosten möglich sind. Abgesehen von Beständen findet kein Ausweisen von Kosten der Verschwendung statt. Diese Art grafischer Kostenanalyse erweist sich, da sie insbesondere auf klassischen Herstellkostenkalkulationen basiert, als ungeeignet für den Einsatz in Ganzheitlichen Produktionssystemen.

Die Methodik von **Pfeffer** (Pfeffer 2014) dient der Bewertung alternativer Werströme bzw. Wertstromdesigns und nicht der laufenden Kostenrechnung und Kostenanalyse. Der Kostenrechnungsbestandteil des Verfahrens verwendet die Prozesskostenrechnung und unterliegt damit in allen Ergebnissen deren Annahmen und den genannten Restriktionen. Das Verfahren ist somit auch für Entscheidungsrechnungen in Ganzheitlichen Produktionssystemen nur bedingt einsetzbar.

Auch der Ansatz von **Gottmann** (Gottmann 2013) zur Abbildung von Wertstrom-kosten stellt kein Kostenrechnungssystem dar. Er ist aufgrund der Modell-Ein-gangsvariablen „Stückzahl" und „Variantenanzahl" beschränkt auf die Abbildung von Kostenentwicklungen bei unterschiedlichen Produktionsprogrammszenarien.

Das **Lean Accounting Konzept** nach Silvi et al. (Silvi et al. 2012) ergänzt das Va-lue Stream Costing mit Elementen des Activity Based Costing. Hier werden also bereits bestehende Ansätze kombiniert. Ziel ist, indirekte und wertstromüber-greifende Kosten verursachungsgerecht auf Wertströme umzulegen. Die Kosten des Wertstroms enthalten umgelegte und somit nicht direkt beeinflussbare Kosten. Beim Bewerten verschiedener Vorher-nachher-Situationen von Lean-Maßnahmen werden kapazitive Veränderungen mithilfe von Stundensätzen monetarisiert. Da-mit wird die grundsätzliche Kapitalflussorientierung des Value Stream Costing ausgehebelt und Kostenremanenzen (sprungfixe Kosten sowie entscheidungs-abhängige Kosten) werden ignoriert.

Sowohl das **Simplified Time Based Accounting** (Warnacut 2016) als auch das **Deckungsbeitragsverfahren je Zeiteinheit** nach Brauckmann (Brauckmann 2009) stellen Teilkostenrechnungsverfahren dar. Primäre Zielgröße der Verbes-serung ist der Deckungsbeitrag pro Zeiteinheit der Durchlaufzeit. Verkürzte Durchlaufzeiten von Aufträgen oder Produkten können die Kennzahl positiv be-einflussen. Allerdings liegt die Betonung auf „können". Während die Aussage im Grundsatz der Lean-Philosophie entspricht, sind tatsächliche Veränderungen auf den Kapitalfluss (leider) keine zwingende Konsequenz. Verkürzte Durchlaufzeiten haben nicht per se eine Auswirkung auf Ein- oder Auszahlungen! Die ermittelten Werte sind somit lediglich fiktive Verbesserungen.

Das **Lean Financial Model** (Kristensen, Israelsen 2013) stellt eine lean-orientierte Plankostenrechnung dar. Die Vielzahl an zu berücksichtigenden Daten sowie der damit verbundene hohe Initial- und Aktualisierungsaufwand sind vergleichbar zum Time Driven Activity Based Costing – in der Praxis erneut eine wesentliche Hürde. Die Definition geplanter Verschwendungsstandards kann zudem aus ver-haltensorientierter Sicht dem Streben nach Perfektion und kontinuierlicher Ver-besserung entgegenwirken. Der Ansatz ist derzeit auf vergangenheitsbezogene Kostenkontrolle ausgerichtet. Entscheidungsrelevante Kosteninformationen lassen sich nur bedingt ableiten.

Der Ansatz der **Explicit Cost Dynamics** nach Yu-Lee (Yu-Lee 2006, 2011; Lee 2016) liefert vor allem bezüglich des Zusammenhangs zwischen Kapazität und Zahlungsflüssen wertvollen Input zur Gestaltung von Entscheidungsrechnungen. Er stellt jedoch kein Kostenrechnungssystem dar! Für übrige Aufgaben der Kosten-rechnung bietet sich hiermit keine Lösung und viele Anforderungen bleiben daher unerfüllt.

3.3.5 Zusammenfassung: Wie muss eine passende Kostenrechnung für Lean Unternehmen aussehen?

In der Literatur konnte kein vollständig anforderungsgerechtes System der Kostenrechnung und Kostenanalyse in Ganzheitlichen Produktionssystemen identifiziert werden. Die eingangs gestellte Frage 2 – *„Sind bestehende Systeme und Verfahren der Kostenrechnung geeignet für die Rechnungszwecke der Planung, Kontrolle und Verhaltenssteuerung in Ganzheitlichen Produktionssystemen?"* – ist daher zu verneinen.

Dennoch haben wir auf dem Weg zur geeigneten Methodik bereits wertvolle Hinweise eingesammelt. Für einzelne Anforderungen sind Lösungen vorhanden, allerdings fehlt die Integration zu einer vollständig lean-konformen Kostenrechnung. Aber das werden wir doch wohl hinbekommen.

Ein geeignetes System müsste sowohl in Ergebnis- als auch in Entscheidungsrechnungen die Prinzipien von Lean fördern. Dazu zählt, das Flussprinzip zu berücksichtigen und damit auch die Engpässe bei der Bewertung von Entscheidungen. Klassische Stückkostenbetrachtungen basieren auf den Annahmen der Massenproduktion (maximale Auslastung zur Fixkostendegression) – sie müssen durch Gesamtkostenbetrachtungen ersetzt werden! Zentrales Objekt der Wirtschaftlichkeitsbewertungen ist dabei der (möglichst weit) gefasste Wertstrom. Kostenumlagen – auch auf den Wertstrom – gilt es zu vermeiden: erstens, um die entstehenden Kosteninformationen nicht zu beeinflussen und zweitens wegen der sonst folgenden Intransparenz. Die Konsequenz daraus ist ein System der Einzelkostenrechnung, das zwischen Grund- und Auswertungsrechnungen differenziert.

 Klassische Stückkostenbewertungen müssen durch Gesamtkostenbetrachtungen ersetzt werden!

Die Wertstromorientierung in der Kostenrechnung gestattet so auch eine ganzheitliche Bewertung von Zielzuständen (Wertstromdesigns). Das Rechnen mit vorwiegend ursprünglichen Größen des Rechnungswesens – den Aus- und Einzahlungen (Kapitalflussorientierung) – stellt sicher, dass der tatsächliche Geldfluss betrachtet wird. Effizienzverbesserungen sind letztlich wirtschaftlich betrachtet nur dann sinnvoll, wenn Auszahlungen tatsächlich reduziert oder zusätzliche Einzahlungen generiert werden. Daher müssen Überproduktion oder Übereinkauf auch als Ausgaben für Verschwendung betrachtet werden.

Um die Erfolge von Verschwendungsreduktion und damit einhergehender Bestandsverringerung abbilden zu können, sind die Kosten des Bestandes zu berücksichtigen. Zur Identifikation langfristiger Trends als auch der größten Optimierungspotenziale, muss die Kostenrechnung mit einer geeigneten Kostenkategorisierung Auskunft über Wertschöpfung und Verschwendung im System geben. Dazu ist eine Analyse des Ressourcen- bzw. Kapazitätseinsatzes aus Sicht des Kunden notwendig. Die Berücksichtigung von Standardzeiten sowie aktueller Daten aus dem Shopfloor trägt zur Kategorisierung des Ressourceneinsatzes bei.

 Um Erfolge von Verschwendungsreduktion beziffern zu können, sind die Kosten des Bestandes zu berücksichtigen.

Um betriebliche Entscheidungen fundiert treffen zu können, ist darüber hinaus auf eine möglichst einfache Differenzierung zwischen relevanten und irrelevanten Kosten zu achten. Grundlegend ist dazu eine Trennung der Kosten in Leistungs- und Bereitschaftskosten notwendig, um Informationen über das Kostenverhalten zu erhalten.

 Für fundierte betriebliche Entscheidungen ist auf eine einfache Differenzierung zwischen relevanten und irrelevanten Kosten zu achten.

Der damit zusammengefasste Entwicklungsbedarf wird als Handlungsempfehlung für die Entwicklung eines Systems der Kostenrechnung und Kostenanalyse in Ganzheitlichen Produktionssystemen verwendet.w

4 Handlungsempfehlungen: Kostenrechnungssystem für Lean

Auf Basis der theoretisch und empirisch ermittelten Anforderungen wurde für den spezifizierten Untersuchungsbereich und den betrachteten Betriebstyp in einem praxis-gestützten Entwicklungsprozess ein Lösungskonzept realisiert. Dieses Kapitel beantwortet somit die Frage 3: *„Wie gestaltet sich ein System der Kostenrechnung und Kostenanalyse für die Rechnungszwecke der Planung, Kontrolle und Verhaltenssteuerung in Ganzheitlichen Produktionssystemen?"*

■ 4.1 Grundlegende Prinzipien

Die Wissensvermittlung in Form von Prinzipien ist im Lean Management tief verankert. Bevor der zu entwickelnde Lösungsansatz im Detail erläutert wird, sind daher dessen Grundprinzipien und damit die grundlegende Funktionsweise und Ausrichtung des Kostenrechnungssystems darzustellen. Ehe das Haus steht, gilt es zunächst ja auch das Fundament zu gießen.

Im Rahmen dieser Arbeit steht der Begriff „Prinzip" für einen Richtungsgeber, Grundsatz oder eine Leitlinie. Dieser Ansicht zufolge stellt ein Prinzip keine strikt anzuwendende Regel oder eine Gesetzmäßigkeit dar, sondern ein Optimierungsgebot zur Erfüllung von Anforderungen (vgl. VDI 2870 Blatt 1, S. 6; Schneider 2016, S. 85). Aufgrund der Unbestimmbarkeit aller Anwendungsfälle und der vielfältigen Möglichkeiten einer unternehmensspezifischen Anpassung basiert diese Arbeit auf dem beschriebenen Prinzipienverständnis.

Und nun „Butter bei die Fische", würde der Norddeutsche sagen. Unter Bezugnahme auf die konsolidierten Anforderungen in Abschnitt 3.3.3 sowie die Schlüsselprinzipien des Lean Thinking und der Gestaltungsprinzipien Ganzheitlicher Produktionssysteme (Abschnitt 2.1.2) konnten folgende grundlegende Prinzipien des Lösungsansatzes ermittelt werden:

- Wertstromorientierung

- Gesamtkosten- und Gesamterlösfokus
- Wertschöpfungsorientierung aus Kundensicht
- Shopfloororientierung
- Verhaltens- und Entscheidungsorientierung
- Kapitalflussorientierung
- relatives Einzelkostenprinzip
- Kostenrelevanzprinzip
- Deckungsprinzip
- Ressourcenverwendungsorientierung.

In Tabelle 4.1 ist der Zusammenhang zwischen den Anforderungen, den Lean-Thinking-Prinzipien sowie den Prinzipien der Kostenrechnung dargestellt. Zudem wird die Realisierung bzw. Umsetzung der Prinzipien im entwickelten System beschrieben. Um unnötige Wiederholungen im Text zu vermeiden, werden die grundlegenden Prinzipien im Folgenden nur kurz erörtert.

Tabelle 4.1 Zusammenhang zwischen Anforderungen, Prinzipien des Lean Thinking und den Prinzipien der Kostenrechnung für Ganzheitliche Produktionssysteme sowie deren Realisierungsform

Anforderungen (Abschnitt 3.2)	Prinzip Lean Thinking/Gestaltungsprinzip GPS (Abschnitt 2.1.2)	Prinzip der Kostenrechnung für GPS	Realisierung im System der Kostenrechnung und Kostenanalyse in GPS
Berücksichtigung der Wertstromebene	Identifikation des Wertstroms	**Wertstromorientierung**	Wertstromebene in der Bezugsgrößenhierarchie; Ergebnisrechnungen (Deckungsbeitrag) auf Wertstromebene; Entscheidungsrechnung auf Wertstromebene
Ganzheitliche Betrachtung des Produktionssystems	Fluss des Wertes ohne Unterbrechung/Fließprinzip	**Gesamtkosten- und Gesamterlösfokus (anstatt Stückkostenfokus)**	Grundrechnung der Kosten und Erlöse; Gesamtkostenfokussierte Auswertungsrechnung; keine laufende Kostenträgerstückrechnung

Anforderungen (Abschnitt 3.2)	Prinzip Lean Thinking/Gestaltungsprinzip GPS (Abschnitt 2.1.2)	Prinzip der Kostenrechnung für GPS	Realisierung im System der Kostenrechnung und Kostenanalyse in GPS
Kostenkategorisierung in Wertschöpfung und Nicht-Wertschöpfung	Spezifikation des Wertes/Vermeidung von Verschwendung/ Standardisierung/ Null-Fehler-Prinzip	**Wertschöpfungsorientierung aus Kundenansicht; Shopfloororientierung; Verhaltensorientierung**	Wertschöpfungskategorien der Grunddaten; Wertschöpfungsermittlung und Übertrag in die Grundrechnung der Kapazitäten; Wertschöpfungsorientierung in der Ergebnisdarstellung; Ermittlung finanzieller Auswirkungen von Entscheidungen bzgl. der Wertschöpfungskategorien; Aufnahme und Verwendung von Shopfloordaten (nicht nur Standardzeiten)
Kapitalflussorientierung	Fluss des Wertes ohne Unterbrechung/Fließprinzip/Pull-Prinzip	**Kapitalflussorientierung**	Ausgabeorientierter Kostenbegriff; Kundenabsatz als einzige Erlös- bzw. Wertschöpfungskategorie; Berücksichtigung von Beständen als Verschwendungsart
Einzelkostenrechnung zur Vermeidung von Umlagen	Spezifikation des Wertes/Vermeidung von Verschwendung	**Relatives Einzelkostenprinzip**	Grundrechnung der Kosten und Erlöse auf Einzelkostenbasis; Bezugsgrößenhierarchie
Trennung in Grund- und Auswertungsrechnung	Kontinuierlicher Verbesserungsprozess	**Kostenrelevanzprinzip; Deckungsprinzip; Entscheidungsorientierung**	Grundrechnung der Kosten und Erlöse; Grundrechnung der Kapazitäten; fall-, problem- und informationsspezifische Auswertungsrechnung
Kapazitätenbetrachtung zur Berücksichtigung der Kostenentstehung	Kontinuierlicher Verbesserungsprozess	**Ressourcenverwendungsorientierung**	Grundrechnung der Kapazitäten; Entscheidung über Ressourceneinsatz als Kostenentstehungsursache bei Entscheidungdrechnungen

Aus langjähriger Erfahrung wissen zahllose Experten: Die **Wertstromorientierung** wird bei der Kostenrechnung oft gefordert und auch in der Literatur häufig zitiert. Sie gehört zum Grundprinzip der ganzheitlichen Profitabilitätsanalyse in Lean-Unternehmen! Sowohl in laufenden periodenbezogenen Ergebnisrechnungen als auch zur Beurteilung von Entscheidungsrechnungen stellen möglichst weit gefasste Wertströme (horizontale Integration) das näher betrachtete Objekt dar. Da dieses Prinzip – insbesondere in frühen Einführungsphasen – aufgrund fehlender organisatorischer Anpassungen allerdings nicht vollständig real umsetzbar ist, muss die Bezugsobjektehierarchie (s. Abschnitt 4.3.1) zur Kosten- und Erlöszuordnung auch andere Ebenen umfassen.

Was hat sich aktuell geändert? Die sinkende Relevanz von Stückkosten in Käufermärkten sowie die Gefahr, Verschwendung durch Stückgrößen-Betrachtungen zu erzeugen, verlangen nach dem Prinzip des **Gesamtkosten- und Gesamterlösfokus**.

Die **Wertschöpfungsorientierung aus Kundensicht** stellt ein weiteres Novum als Kostenrechnungsprinzip dar. Der Kapitaleinsatz ist hinsichtlich der Effizienz und damit bezüglich der Wertschöpfung und Nichtwertschöpfung aus Sicht des Endkunden zu beurteilen. Dies bietet die Chance, langfristige Trends in periodenbezogenen Ergebnisrechnungen zu analysieren, etwa: *„Wächst der Anteil wertschöpfender Kosten an den Gesamtkosten?"*. Zudem lassen sich Entscheidungen dahingehend klar und eindeutig beurteilen, ob Verschwendung monetär reduziert oder in der Ausprägungsform nur verschoben wurde.

Was bedeutet dies nun für Entscheidungsträger und Verantwortliche? Vorrangiges Ziel ist, den Bezug zum Produktionssystem und die tatsächlichen Abläufe auf dem Shopfloor abzubilden. Hierzu sind nicht nur Standardzeiten, sondern auch Shopfloordaten aufzunehmen. Das Prinzip der **Shopfloororientierung** stellt sicher, dass sich die Ereignisse im Leistungserstellungsprozess (Stillstände, Störungen, Fehler etc.) auch in der Kostenrechnung wiederfinden.

Die **Verhaltensorientierung und -beeinflussung** in Richtung der Ziele des Produktionssystems stellt ein konstituierendes Hauptprinzip des Lösungsansatzes dar. Damit gehen unmittelbar auch die Entscheidungsorientierung und die gerichtete Entscheidungsbeeinflussung einher. Die Kostenrechnung gehört nach wie vor in der Praxis zu dem am weitesten verbreiteten Modell zur Optimierung des Mitteleinsatzes. Es ist daher entscheidend, dass Führungsverantwortliche ein transparentes und nachvollziehbares Kostenrechnungssystem verwenden, das die Prinzipien Ganzheitlicher Produktionssysteme fördert.

Die **Kapitalflussorientierung** führt als Prinzip dazu, ausgabeorientierte Kostenbegriffe zu verwenden. Sie bildet die Grundlage für den Übertrag des Fließprinzips der Produktion in die Kostenrechnung (vgl. Abschnitt 3.2.4).

Sowohl in der Literatur als auch bei zahlreichen Experteninterviews wird die Schlüsselung von Gemeinkosten deutlich kritisiert. Um dies zu vermeiden, empfiehlt sich das **relative Einzelkostenprinzip**. Eine Schlüsselung oder Umlage erübrigt sich durch die Relativierung des Einzelkostenbegriffs (s. Abschnitt 2.2.1) sowie der damit nötigen Bezugsobjektehierarchie.

Das **Kostenrelevanzprinzip** besagt, dass für verschiedene Informationsbedürfnisse und Entscheidungsarten auch unterschiedliche Kosten relevant sind. Damit bei den Auswertungsrechnungen nur relevante Kosten Berücksichtigung finden, empfiehlt sich die Einführung einer zweckneutralen Grundrechnung der Kosten und Erlöse sowie einer Grundrechnung der Kapazitäten.

Das **Deckungsprinzip** weist verschiedene Deckungsbeiträge aus. Es ist ein hervorragendes Mittel, um Verbesserungen sowie die dazu geänderten Komponenten offenzulegen, die als Folge von Entscheidungen oder Veränderungen eingetreten sind bzw. eintreten werden. Hinzu kommt jedoch eine aktuelle Situation im Markt: Komplexe Erfolgsquellenstrukturen heutiger Produktionsunternehmen verlangen die Abbildung mehrerer rechnerischer Sichten in Form von Deckungsbeiträgen. Als Deckungsbeitrag wird hierbei die Differenz der Einzelerlöse über den Einzelkosten eines Bezugsobjektes verstanden. Wichtigste Objekte der Deckungsbeitrags- und Profitabilitätsberechnung sind die Wertströme eines Unternehmens; sie müssen die Kosten zentraler Funktionen decken.

Die **Ressourcenverwendungsorientierung** ist wesentlich für die Analyse, Kategorisierung und Planung von Bereitschaftskosten. Als Hürde ist hier zu sehen, dass Optimierungen im Leistungserstellungsprozess (leider) nicht automatisch mit Veränderungen bezüglich der Gesamtkosten oder Gesamterlöse einhergehen. Erst eine Entscheidung über die Höhe oder Art der Kapazitätsnutzung der Ressourcen beeinflusst die Kosten- oder Erlösentstehung! Und hierzu sind wiederum Kapazitätsbetrachtungen für aussagekräftige Planungs- und Kontrollrechnungen notwendig.

Nach dem Beschreiben der Prinzipien folgt eine exakte Betrachtung der realen Umsetzung dieser Prinzipien, also Aufbau und Ablauf des Systems der Kostenrechnung und Kostenanalyse für Ganzheitliche Produktionssysteme.

4.2 Kostenrechnung – allgemeiner Aufbau und Ablauf

Das „System der Kostenrechnung und Kostenanalyse für Ganzheitliche Produktionssysteme" besteht aus drei nacheinander folgenden Rechnungsschritten. Die ersten beiden Rechnungsschritte – Grunddatenermittlung und Grundrechnungen – beschreiben die Grundlagen der Kostenrechnung. Im dritten Schritt, bei den Auswertungsrechnungen, werden die Kosten analysiert. Die Planung und Kontrolle des Leistungserstellungsprozesses (Entscheidungsorientierung) sowie der Verhaltensorientierung stehen hier im Fokus.

Der Aufbau des Kostrechnungssystems für Ganzheitliche Produktionssysteme inkl. der zugehörigen Einzelelemente ist in Bild 4.1 dargestellt.

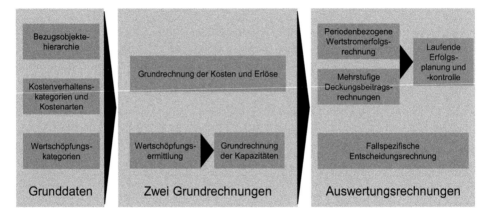

Bild 4.1 Allgemeiner dreistufiger Aufbau und Ablauf des Systems der Kostenrechnung und Kostenanalyse für Ganzheitliche Produktionssysteme

Die Gestaltung der Grunddaten bildet die Basis für die darauf aufbauenden Grund- und Auswertungsrechnungen. Um unternehmens- oder wertstromspezifische Informationsbedürfnisse erfüllen zu können, ist eine individuelle Ausgestaltung der drei folgenden Grunddatenelemente erforderlich:

- Bezugsobjektehierarchie
- Kostenverhaltenskategorien und Kostenarten sowie
- Wertschöpfungskategorien.

Die **Bezugsobjektehierarchie** bildet die Grundlage für die Verwirklichung einer Einzelkostenrechnung. Ziel ist, sachbezogene Kostenumlagen durch das Bereitstellen hierarchisch geordneter und mehrstufiger Bezugsobjekte zu vermeiden. Alle Kosten im Unternehmen werden eindeutig einem Bezugsobjekt zugewiesen (s. Abschnitt 4.3.1).

Neben den Bezugsobjekten charakterisieren die eingesetzten **Kostenarten** die folgenden Grundrechnungen erheblich. Eine Kostenart dient der Beschreibung und Umfassung der Kosten (Ausgaben) für einen Typ eingesetzter Produktionsfaktoren (Personal, Material etc.). Zu den Kostenarten sind möglichst eindeutige **Kostenverhaltenskategorien** zu definieren. Zentrale Kostenverhaltenskategorien bilden die Leistungskosten und Bereitschaftskosten. Zweck dieser Kategorisierung ist es, die erfassten Kostenarten hinsichtlich der Hauptbestimmungsfaktoren zu ordnen. Auf diese Art lassen sich kurz- und langfristige Entscheidungen in den Auswertungsrechnungen mit relevanten Kosten beurteilen (s. Abschnitt 4.3.2).

Das letzte Element der Grunddaten bilden die **Wertschöpfungskategorien**: Sie beziehen das Wertverständnis des Kunden bezüglich des internen Ressourceneinsatzes in die Kostenrechnung mit ein. Das ergibt zusätzlich einen sehr praktischen Nutzen: Controlling und Produktion schaffen dadurch eine einheitliche Sprache. Die folgende Grundrechnung der Kapazitäten sowie alle Auswertungsrechnungen verwenden die definierten Wertschöpfungskategorien.

Nach dem Festlegen der Grunddaten können die periodenbezogenen Grundrechnungen durchgeführt werden. Als erstes sei die **Grundrechnung der Kosten und Erlöse** genannt (s. Abschnitt 4.4). Diese stellt eine periodenbezogene, umlagefreie und zweckneutrale Erfassung aller Kosten und Erlöse zu dem jeweiligen Bezugsobjekt dar. Als Input kommen die gerade beschriebene „Bezugsobjektehierarchie", die „Kostenarten" und die „Kostenverhaltenskategorien" zur Anwendung. Die „Grundrechnung der Kosten und Erlöse" dient insbesondere einer Aufgabe: dem Bereithalten aller Informationsbausteine für die nachfolgenden periodenbezogenen Erfolgsrechnungen sowie die fallspezifischen Entscheidungsrechnungen.

 Die „Grundrechnung der Kosten und Erlöse" erfasst alle Kosten und Erlöse zum jeweiligen Bezugsobjekt.

Vor dem Erstellen einer **Grundrechnung der Kapazitäten** ist die **Wertschöpfungsermittlung** durchzuführen. Diese greift auf die Wertschöpfungskategorien, die Bezugsobjekte und die Kostenarten aus den Grunddaten zurück. Das Ziel der Wertschöpfungsermittlung besteht darin, alle Kostenarten eines Bezugsobjekts den Wertschöpfungskategorien zuzuweisen.

Die Grundrechnung der Kapazitäten basiert auf den Ergebnissen der Wertschöpfungsermittlung. Sie dient der periodenbezogenen Quantifizierung des Gesamtressourceneinsatzes in ursprünglichen Ermittlungsgrößen und derer anteiligen Zurechnung zu den Wertschöpfungskategorien. Als Input werden neben der Wertschöpfungsermittlung

▪ Kapazitätsdaten (etwa die Anzahl verfügbarer Werker-Stunden)

- Shopfloordaten aus verschiedenen Systemen (z. B. tatsächliche Stillstandszeiten) und

- Standardzeiten (beispielsweise Vorgabezeiten zur Leistungsbeurteilung)

verwendet. Die Grundrechnung der Kapazitäten stellt somit im Gegensatz zur Grundrechnung der Kosten und Erlöse die nicht-monetäre Sicht auf das Produktionssystem dar. Sie rechnet mit den ursprünglichen Größen des Ressourcen- bzw. Produktionsfaktoreinsatzes; und auch sie liefert zweckneutrale Grunddaten für alle folgenden Auswertungsrechnungen.

 Die „Grundrechnung der Kapazitäten" stellt die nicht-monetäre Sicht auf das Produktionssystem dar.

Sind beide Grundrechnungen durchgeführt, besteht die Datenbasis für unterschiedliche Auswertungsrechnungen. Bei den Auswertungsrechnungen wird zwischen regelmäßigen **periodenbezogenen Erfolgsrechnungen** (Standardrechnungen) und problemspezifisch durchzuführenden **Entscheidungsrechnungen** (Sonderrechnungen) unterschieden.

Die Hauptzwecke der Standardrechnungen liegen in der laufenden Erfolgsplanung und Erfolgskontrolle sowie der Verhaltenssteuerung. Für diese Erfolgsrechnungen findet eine Verknüpfung der Grundrechnung der Kosten und Erlöse mit der Grundrechnung der Kapazitäten statt (s. Abschnitt 4.6).

 Die Standardrechnungen dienen der laufenden Erfolgsplanung und -kontrolle sowie der Verhaltenssteuerung.

Auf Basis der Grundrechnungen lassen sich zum einen die Deckungsbeiträge lean-konform ermitteln. Zum anderen eröffnen sie die Möglichkeit, die Entwicklung einer Reihe an Verhältniskennzahlen zu analysieren. Ziel ist hierbei eine laufende Kostenplanung und Kostenkontrolle. Als Beispiel kann der Anteil an Kosten für Wertschöpfung an den Gesamtkosten genannt werden.

Auf Basis der Grundrechnungen lassen sich verschiedene Entscheidungsrechnungen bzw. fallspezifische Auswertungen durchführen. Dazu zählen die Planung und Kontrolle von Investitionen oder Rationalisierungsmaßnahmen. Die Grundrechnung der Kapazitäten kommt hierbei vor allem zur Anwendung, um die Kostenentstehung durch die Analyse der Ressourcenbeschaffung und dessen Einsatz zu ermitteln. Die Grundrechnung der Kosten liefert hingegen entscheidungsrelevante Kostendaten. Investitionsrechnung und Kostenrechnung werden hierbei integriert (Details s. Abschnitt 4.6).

 Mithilfe der Grundrechnungen lassen sich die Deckungsbeiträge lean-konform ermitteln sowie entwickelte Verhältniskennzahlen analysieren.

An dieser Stelle ist ein entscheidender Etappensieg zu verzeichnen: Im Gesamten entsteht durch die beschriebenen Zusammenhänge ein System der Kostenrechnung und Kostenanalyse für vielfältige Auswertungs- und Entscheidungszwecke, das die Anforderungen Ganzheitlicher Produktionssysteme erfüllt.

■ 4.3 Grunddaten

Nachfolgend gibt es einige nützliche Hinweise und Beispiele zur Ausgestaltung und Erfassung der Grunddaten für das System der Kostenrechnung und Kostenanalyse in Ganzheitlichen Produktionssystemen. Zu den Grunddaten zählen die **Bezugsobjektehierarchie**, die **Kostenarten** und **Kostenverhaltenskategorien** sowie die **Wertschöpfungskategorien** (s. Abschnitt 4.2).

4.3.1 Bezugsobjektehierarchie

In Anlehnung an Riebels System (Riebel 1994) gehört auch bei dem hier entwickelten Ansatz die Relativierung des Einzelkostenbegriffes zum Rahmen der Lösung.[1] Zu den übergeordneten Zielen gehört jedoch beim aktuellen Ansatz, die Komplexität im Griff zu behalten. Sonst geht der Spaß an der Sache schnell verloren und Erfolge bleiben aus. Eine Schlüsselung oder Umlage von Kosten auf Kostenstellen und schließlich Kostenträger findet nicht statt. Kosten, die bezogen auf einen einzelnen Kostenträger Gemeinkosten darstellen, lassen sich stets als (relative) Einzelkosten übergeordneten Kalkulationsobjekten zuordnen. Bild 4.2 zeigt beispielhaft mögliche Stufen einer Bezugsobjektehierarchie für Ganzheitliche Produktionssysteme.

 Eine Schlüsselung oder Umlage von Kosten auf Kostenstellen und Kostenträger erfolgt nicht. Alle Kosten und Erlöse werden einem Bezugsobjekt eindeutig zugerechnet.

Als oberste Zurechnungsstufe gilt dabei der Betrieb als Ganzes. Alle im Unternehmen anfallenden Kosten und Erlöse werden so einem Bezugsobjekt eindeutig zugerechnet.

---

[1] Als wesentlicher Unterschied zu Riebels System werden nur sachbezogene Bezugsobjektehierarchien im Lösungsansatz verwendet. Zeitbezogene Bezugsobjektehierarchien finden aus Gründen einer erheblich gestiegenen Komplexität keine Anwendung. Die ermittelten Periodenerfolge unterscheiden sich in diesem Lösungsansatz zum Teil erheblich von den Ergebnissen, die Riebels System liefert.

Bild 4.2   Beispielhafte Darstellung der Ebenen einer Bezugsobjektehierarchie eines Ganzheitlichen Produktionssystems

Um unterschiedlich differenzierte Informationsbedürfnisse zu berücksichtigen, gibt es mehrstufige Bezugsobjektehierarchien. Die horizontale Gliederung (Anzahl an Objekten je Stufe) und vertikale Gliederung (Anzahl an Hierarchiestufen) der Bezugsobjektehierarchie hängt dabei im Wesentlichen von zwei Faktoren ab: den Informationsbedürfnissen der unternehmensinternen Kunden der Kostenrechnung sowie von der Organisation des Produktionssystems. Beim Gestalten einer produktionssystemorientierten Bezugsobjektehierarchie in Ganzheitlichen Produktionssystemen ist darauf zu achten, dass die Wertstromebene Berücksichtigung findet. Eine funktionale Organisation ließe sich ohne Weiteres in nur einer Bezugsobjektehierarchie abbilden – um jedoch dem Anspruch einer Wertstromorientierung gerecht zu werden (s. Abschnitt 3.2.1), ist diese Ebene entsprechend einzuführen. Dabei ist eine Änderung des Organigramms hinsichtlich einer Prozess- bzw. Wertstromorganisation zwar hilfreich, aber nicht zwingend erforderlich. Im Sinne einer Matrixorganisation ist es für die Kostenrechnungszwecke ausreichend, die im Unternehmen eingesetzten bzw. beschafften Ressourcen einem wertstromorientierten Bezugsobjekt zuzuweisen.

Bild 4.3 zeigt den möglichen Aufbau einer Bezugsobjektehierarchie mit gennannten Stufen und typischen Einzelkostenarten je Ebene (gestrichelte Verbindungslinien).

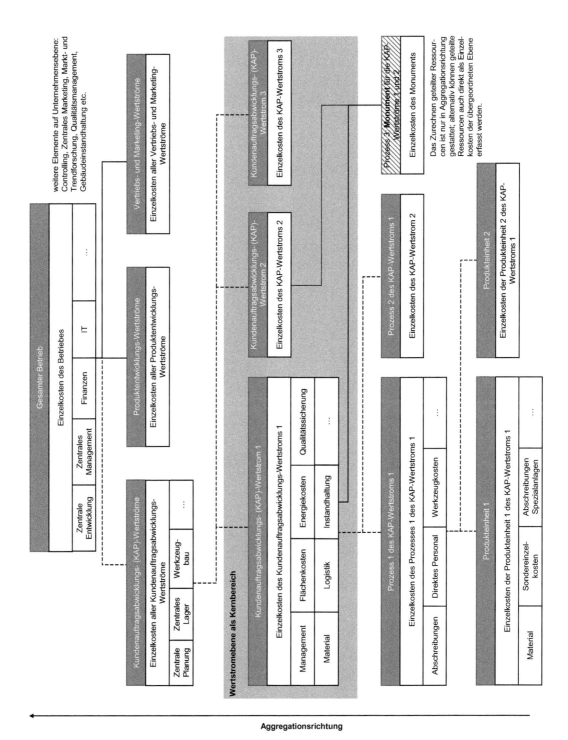

Bild 4.3 Exemplarischer Aufbau einer Bezugsobjektehierarchie für Ganzheitliche Produktionssysteme inkl. Beispiele typischer Kostenarten

Wie kann dabei der Aufbau aussehen? Die Sammlung von Einzelkosten einer Produkteinheit oder Produktfamilie bietet sich beispielsweise auf der untersten Ebene an. Diese entspricht dem klassischen, kostenträgerbezogenen Einzelkostenverständnis und umfasst nur Einzelkosten, die sich dem Produkt bzw. der Produktfamilie direkt zurechnen lassen. In der Praxis wird es sich dabei vorwiegend um Ausgaben für werthaltige Teile und Materialien (A-/B-Teile) handeln. In der Grundrechnung der Erlöse werden die Einnahmen einer Periode üblicherweise ebenso den Produkteinheiten oder -familien zugerechnet.

Als zweite Ebene der Hierarchie eignen sich die prozessorientierten Kostenstellen eines Wertstroms. Unter Bezugnahme auf eine Wertstromdarstellung (s. Bild 2.2) entspricht diese Ebene einem Prozess(kasten) in der Wertschöpfungskette. Hierbei werden die jeweiligen Einzelkosten des Prozesses erfasst. In aller Regel zählen dazu Maschinen, Anlagen und Werkzeuge – sowie nur spezifisch eingesetztes Fachpersonal, das mit seinen Kosten direkt dem Prozess zugeordnet werden kann.

Im Beispiel folgt auf nächsthöherer Ebene der einzelne Wertstrom als Ganzes. Einzelkosten eines Wertstroms stellen die Gemeinkosten der einzelnen Wertstrombestandteile dar. Typische „Kandidaten" sind Personalkosten für die Leitung des Wertstroms oder andere dem Wertstrom klar zugewiesene Ressourcen und Supportfunktionen wie Logistik, Qualitätssicherung oder Instandhaltung mit den Personal- und Equipmentkosten.

Besonderheiten ergeben sich beim Umgang mit sogenannten Monumenten, d. h. geteilten Ressourcen, die Bestandteil mehrerer Wertströme sind (s. hellgrau schraffierter Prozesskasten „Prozess 3" in Bild 4.3). Es handelt sich dabei typischerweise um große und kostenintensive Anlagen, die eine wertstromorientierte Ressourcentrennung aus Wirtschaftlichkeitsgründen nicht zulassen. Hierbei ergeben sich grundsätzlich drei Möglichkeiten:

1. In Abhängigkeit des Zeitverbrauchs lassen sich die Ressourcen anteilig den Wertströmen zurechnen. Bei automatisierter Datenerfassung kann dies eine Lösung sein. Von einer zusätzlichen Zeiterfassung ist jedoch abzuraten, da diese selbst lediglich Verschwendung aus Kundensicht darstellt.
   Da es sich hierbei um eine Form der Schlüsselung handelt, sollte diese Variante mit Vorsicht betrachtet werden und ist nur bei wenigen Monumenten im Betrieb sinnvoll. Der Ausweis als anteilig verrechnete Monument-Kosten muss klar und eindeutig in der Grundrechnung der Kosten stattfinden, um korrekte Auswertungen zu erhalten.

2. Auf der entsprechenden Ebene ist ein Bezugsobjekt für geteilte Ressourcen zu bilden, z. B. „Wertstrom 1 und 2". Hier werden die Einzelkosten der geteilten Ressourcen erfasst. Das kann beispielsweise eine Presse sein, die sowohl „Wertstrom 1" als auch „Wertstrom 2" bedient. Diese Variante steht im Einklang mit dem Einzelkostenprinzip und ist bei getrennten Verantwortungsbereichen zu empfehlen.

3. Geteilte Ressourcen können ebenso dem Einzelkostenprinzip folgend vollständig der übergeordneten Ebene zugerechnet werden. Dies stellt die einfachste und empfehlenswerteste Variante dar, solange die Informationsbedarfe damit gedeckt sind.

Auch hier zeigt sich die komplexitätstreibende Wirkung geteilter Ressourcen. Ganzheitliche Produktionssysteme streben unter anderem deshalb deren Auflösung soweit wie möglich an. Und es gibt einen weiteren Trick: Wird auf die Erfassung der Einzelkosten spezifischer Produkteinheiten verzichtet, kann auch erst auf der Wertstromebene die Zurechnung der Materialausgaben erfolgen.

 Geteilte Ressourcen erhöhen die Komplexität und sind nach Möglichkeit zu vermeiden.

Über der Einzelwertstromebene können die Einzelkosten unterschiedlicher Wertstromarten erfasst werden. Zu den Einzelkosten aller Kundenauftragsabwicklungs-Wertströme zählen z. B. ein zentraler Wareneingang und Warenausgang mit zugehörigen Kosten.

Die oberste Ebene betrachtet den Betrieb als Ganzes. Hierzu zählen die Top-Management-Positionen ebenso wie eine Grundlagenentwicklung oder zentrale Informationstechnologie.

Für differenzierte Auswertungsrechnungen sind die Kosten und Erlöse an der möglichst untersten Ebene der Bezugsobjektehierarchie zuzuweisen. Warum? Weil ein Zusammenlegen durch meist einfache Summenbildung nach oben problemlos möglich ist. Umgekehrt geht das nicht so einfach: Eine Aufsplittung der Einzelkosten von höheren auf niedrigere Ebenen kommt der Schlüsselung von Gemeinkosten gleich. Sie ist daher im System der Kostenrechnung und Kostenanalyse für Ganzheitliche Produktionssysteme nicht vorgesehen und sollte weitestgehend vermieden werden.

Nach Festlegung der Bezugsobjektehierarchie sind die Kostenarten im System zu bestimmen.

4.3.2 Kostenarten und Kostenverhaltenskategorien

Eine geeignete Differenzierung von Kostenarten umfasst neben der reinen Kostenhöhe noch weitere Informationen, um Auswertungsrechnungen sinnvoll zu gestalten. Die Kosten lassen sich dabei nach einer Vielzahl an Merkmalen gliedern (s. Tabelle 2.3). Unternehmen mit klassischer Kostenrechnung verfügen in aller Regel über differenzierte Kostenartenpläne, weshalb hier nur kurz auf die wesentlichen Kriterien eingegangen wird. Die drei Haupt-Kostengliederungskriterien sind

- die Art verbrauchter oder bereitgestellter Produktionsfaktoren
- die betriebliche Funktion und
- das Verhalten bei Beschäftigungsänderungen bzw. der Art der Leistungsabhängigkeit.

Die Differenzierung nach der Art der Produktionsfaktoren bildet den Ausgangspunkt der Kostenerfassung. Hierbei werden häufig folgende Hauptgruppen unterschieden (vgl. Coenenberg et al. 2016, S. 74 – 75; Hummel, Männel 1999, S. 136):

- Personalkosten: Löhne, Gehälter, Sozialabgaben, Provisionen, Prämien etc.
- Materialkosten: Rohstoffe, Hilfsstoffe, Betriebsstoffe, Kaufteile etc.
- Maschinenkosten (Sachkosten ohne Material): Betriebsmittel, Werkzeuge etc.
- Gebäudekosten: Mieten, Pachten, Betriebs- und Geschäftsausstattung etc.
- Energiekosten: Strom, Gas, Wärme etc.
- Kapitalkosten: Eigen- und Fremdkapitalzinsen, kalkulatorische Zinsen
- Dienstleistungskosten: Fremdfertigung, Fremdtransport etc.
- Kosten fremder Rechte: Lizenzen, Konzessionen etc.
- Werbekosten, Versicherungskosten, Abgaben und Steuern.

 Eine geeignete Differenzierung von Kostenarten umfasst neben der reinen Kostenhöhe zusätzliche Informationen.

Auch in einer Prozess- bzw. Wertstromorganisation ist es sinnvoll, die Kosten den betrieblichen Funktionen zuzuordnen. Typische Merkmalsgruppen sind Fertigung, Montage, Leitung/Management, Logistik, Qualitätssicherung, Instandhaltung, Werkstatt, Prozessentwicklung und zahlreiche indirekte Funktionen. Der Detaillierungsgrad ist entsprechend des Informationsbedarfs und des Erfassungsaufwands zu wählen.

 In einer Wertstromorganisation ist eine Zuordnung der Kosten zu den betrieblichen Funktionen sinnvoll.

Die klassische Kostenrechnungsliteratur berichtet üblicherweise nur von den **verbrauchten** Produktionsfaktoren. Das ist zurückzuführen auf die klassische Definition von Kosten als betriebsbedingtem Werte**verzehr.** Hier gibt es eine entscheidende Abgrenzung zum aktuellen Ansatz. Der dieser Arbeit zugrunde liegende ausgabenorientierte Kostenbegriff setzt voraus, dass nicht nur mit verbrauchten, sondern auch mit bereitgestellten Produktionsfaktoren gerechnet wird. Ein erheblicher Unterschied zwischen verbrauchten und bereitgestellten Produktionsfaktoren ergibt sich beispielsweise durch die Beschaffungs- und Lagerpolitik. Verwendet das Unternehmen ein push-gesteuertes Nachschubsystem, bei dem größere Mengen für mehrere Perioden auf Lager beschafft werden, liegen Beschaffungs- und Verbrauchszeitpunkt erheblich auseinander. Materialausgaben bekommen so den Charakter einer Investition. Diese werden daher in der jeweiligen Periode zu den Leistungskosten (z. B. Standardmaterial) oder Bereitschaftskosten (etwa strategische Beschaffung) gezählt. Je kürzer die Materialdurchlaufzeit ist, desto geringer sind die Abweichungen. In ähnlicher Art trifft dies auch auf Lager gefertigte Erzeugnisse zu. Der übliche Vorgang, die Materialkosten automatisch als reine Leistungskosten bzw. variable Kosten zu betrachten, ist damit untersagt! Der klassischen Terminologie des Rechnungswesens (s. Abschnitt 2.2.1) entsprechend wird beim Produktionsfaktor „Material" nicht mit Kosten, sondern in erster Linie mit Ausgaben gerechnet. Die Betrachtung als beschaffte Produktionsfaktoren fördert ein dem Minimumprinzip entsprechendes Wirtschaftlichkeitsverständnis.

Bezogen auf die Art der Leistungsabhängigkeit bzw. das Verhalten bei Beschäftigungsänderungen ergibt sich eine Trennung in Leistungs- und Bereitschaftskosten. Leistungskosten umfassen alle Ausgaben, die sich ohne zusätzliche Dispositionen über Kapazitäten automatisch mit kurzfristigen Änderungen von Art, Menge und Erlös der Leistungen ändern. Alle übrigen Kosten sind zeitraumbezogen und stellen Bereitschaftskosten dar. Auch an dieser Stelle sei noch einmal angemerkt: Die Fertigungslöhne zählen zu den Bereitschaftskosten – solange sie nicht vollständig leistungsmengenbezogen sind. Bild 4.4 zeigt eine nach Potenzial- und Repetierfaktoren getrennte Aufspaltung der Kosten in Leistungs- und Bereitschaftskosten (in Anlehnung an Männel, Hummel 2004, S. 60).

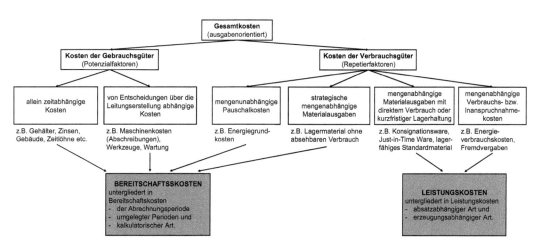

Bild 4.4 Aufspaltung der Gesamtkosten in Leistungs- und Bereitschaftskosten

Leistungs- und Bereitschaftskosten lassen sich bei Bedarf weiter untergliedern. Bei den Bereitschaftskosten ist dies für spätere Auswertungen sogar teilweise zwingend notwendig. Es empfiehlt sich, die Leistungskosten in absatzabhängige Kosten (beispielsweise Versand-/Transportkosten, Verpackungsmaterial, Provisionen) und erzeugungsabhängige Kosten (z.B. Materialausgaben) zu trennen. Bei den Bereitschaftskosten ist mindestens eine Trennung bezüglich des Ausgabencharakters der Kosten durchzuführen, in

- Bereitschaftskosten der Abrechnungsperiode (beispielsweise Löhne und Gehälter)
- Bereitschaftskosten umgelegter Perioden (etwa Anlagenabschreibungen), d.h. deren Ausgaben werden auf mehrere Perioden verteilt, und
- kalkulatorische Bereitschaftskosten (z.B. Kapitalbindungskosten).

Das Vorgehen birgt einen praktischen Nutzen: Die Untergliederung in „Bereitschaftskosten umgelegter Perioden" beispielsweise verweist bei Entscheidungsrechnungen auf bereits getätigte Ausgaben. Dies bietet Verantwortlichen die Möglichkeit, irrelevante Kosten (sunk costs) zu identifizieren.

Kalkulatorische Bereitschaftskosten wiederum lassen sich zur Verhaltenssteuerung nutzen, sind jedoch (zeitnah) nicht ausgabewirksam. Auch hier gilt es, diese Kosten für Entscheidungsrechnungen transparent auszuweisen.

 Kalkulatorische Bereitschaftskosten können zur Verhaltenssteuerung eingesetzt werden.

Mit der Definition der Kostenarten, der Kostenverhaltenskategorien und der im vorherigen Kapitel beschriebenen Bezugsobjektehierarchie sind die Grunddaten vorhanden, um die „Grundrechnung der Kosten" erstellen zu können. Für die „Grundrechnung der Kapazitäten" sind darüber hinaus noch die „Wertschöpfungskategorien" zu definieren. Das passiert im jetzt anschließenden Kapitel.

4.3.3 Wertschöpfungskategorien

Das Verständnis für die Wertschöpfung aus Sicht des Kunden ist elementarer Bestandteil der Lean-Philosophie (s. Abschnitt 2.1.3) und trägt erheblich zur langfristigen Wettbewerbsfähigkeit bei! Es ist daher notwendig, die beschafften bzw. eingesetzten Produktionsfaktoren hinsichtlich des Wertschöpfungscharakters der damit verbundenen Ausgaben zu beurteilen – mit gegebenenfalls grundlegenden Auswirkungen: Diese Art der Kategorisierung kann zu einem Kulturwandel des gesamten Unternehmens beitragen und ist zur Umsetzung einer lean-konformen Verhaltenssteuerung von hoher Bedeutung.

Die Wertschöpfung „aus Sicht des Kunden" ist ein wesentlicher Bestandteil der Lean-Philosophie.

An dieser Stelle werden auf Grundlage der Erfahrungen im Praxiseinsatz einige Hinweise zur unternehmensindividuellen Definition der Wertschöpfungskategorien gegeben. Folgende Wertschöpfungskategorien sollten fester Bestandteil der Kategorienabstufung sein (abweichende Formulierungen sind dabei möglich):

- **Vollständige Wertschöpfung:** Hierzu zählt der Produktionsfaktoreinsatz, welcher unmittelbar und uneingeschränkt zur Wertschöpfung aus Kundensicht beiträgt. Es werden die Funktionen und Eigenschaften der Leistung erstellt, für die der Kunde bereit ist zu zahlen. Aufgelistet ist also nur derjenige Produktionsfaktoreinsatz, der Umsatz erzeugt.

- **Vollständige Verschwendung:** Dies umfasst den Produktionsfaktoreinsatz, der weder unmittelbar einen Wert erzeugt noch eine notwendige Unterstützungsfunktion liefert. Er hat bei vollständiger Eliminierung keine Auswirkungen auf die Wertgenerierung.

- **Freie Kapazitäten:** Aus zwei Gründen ist es von hoher Bedeutung, die freien Kapazitäten der bereitgestellten Ressourcen auszuweisen. Einerseits leistet dies einen Beitrag zur Offenlegung kapazitiver Engpässe. Andererseits lassen sich Entscheidungsrechnungen erst sinnvoll unter Berücksichtigung verfügbarer und zu beschaffender Kapazitäten monetär beurteilen. Wesentlich ist hierbei, Überkapazitäten im Produktionssystem gemäß der Lean-Philosophie nicht automatisch mit Verschwendung gleichzusetzen! Bewusst erstellte Überkapazitäten können in den heutigen volatilen Märkten einen erheblichen Beitrag zur Absicherung schwankender Kundenbedarfe leisten. Zudem ist in einer ziehenden Fertigung (Pull-Steuerung) eine vollständig gleichmäßige Auslastung aller Wertstromelemente in der Praxis kaum erreichbar. Es ergeben sich daher bewusst gewollte Auslastungsunterschiede. Was raten also die Experten? Anstelle des Begriffs Überkapazität oder einer Kategorisierung als Verschwendung wird die Darstellung „freie Kapazität" empfohlen. Ohno misst dem Ermitteln freier Kapazitäten eine hohe Bedeutung bei: *„Das Wichtigste ist, jederzeit das Ausmaß der [Kapazitäts-]Reserven zu kennen. Wenn wir nicht wissen, ob es welche gibt, werden wir bestimmt beim Auswahlprozess Fehler machen und Kosten verursachen"* (Ohno 2013, S. 95 – 96).

 Überkapazitäten im Produktionssystem sind nicht automatisch gleich Verschwendung.

Zwischen den drei aufgeführten „Muss"-Kategorien ist eine Reihe an Abstufungen möglich. Insbesondere bei nicht wertschöpfendem, aber betriebsnotwendigem Produktionsfaktoreinsatz sind verschiedene Ausprägungen sinnvoll. Allerdings empfiehlt sich eine sorgsame Wahl. Warum? Die praxisnahe Anwendung der Methodik legte offen (vergleiche Abschnitt 5.2), dass sowohl zu grobe als auch zu feine Abstufungen Probleme mit sich bringen können. Zu wenige Kategorien beeinflussen negativ die Transparenz und den Informationsgehalt. Eine zu feingliedrige Kategorisierung hingegen bereitet meist erheblichen Erfassungsaufwand, wobei eine klare Trennschärfe selten gegeben ist. Zudem birgt ein „information overload" die Gefahr einer für Interpretations- und Steuerungszwecke menschlich nicht zu verarbeitenden Detailgüte. Als Ausgangspunkt für die Gestaltung der unternehmensspezifischen Ausprägungen des nicht wertschöpfenden Ressourceneinsatzes sei auf McNair (McNair 2007; McNair-Connolly et al. 2013) verwiesen. Für unterschiedliche Wertstromarten sind individuelle Kategorien denkbar. Zur Einstufung ist zudem je Kostenart die Ermittlungsgröße für die periodische Wertschöpfungskategorisierung festzulegen. Während beim Material monetäre Größen für die Kategorisierung zum Einsatz kommen (beispielsweise Materialausgaben in €), sind bei Personal und Anlagen vor allem Zeitgrößen (z. B. Stunden) ausschlaggebend.

 Abstufungen sollten sorgsam gewählt werden: Zu wenige Kategorien beeinflussen negativ die Transparenz und den Informationsgehalt. Eine zu feine Gliederung bereitet meist erheblichen Erfassungsaufwand.

Wird eine Kostenart (etwa Personalkosten Montage) mehreren Wertschöpfungskategorien zugewiesen, müssen die Aufspaltungskriterien und Datenquellen eindeutig definiert sowie dokumentiert werden! Dies stellt die Nachvollziehbarkeit bzw. Transparenz sicher. Bezüglich der Mehrfachzuweisung von Produktionsfaktoren empfiehlt sich das Pareto-Prinzip. Um die Auswertungsgenauigkeit bei Mehrfachzuweisungen zu erhöhen, sollten zunächst die Kostenartenmit dem größten Anteil an den Gesamtkosten analysiert werden. Eine laufende Ausweitung des Detailierungsgrades der Kostenrechnung durch Mehrfachzuweisungen ist möglich. Dabei könnten künftige Entwicklungen hilfreiche Unterstützung liefern: Es ist mit zunehmender Digitalisierung der Produktion (Industrie 4.0) von einer steigenden Datenverfügbarkeit in der Zukunft auszugehen.

Nachdem die Grunddaten des Systems der Kostenrechnung und Kostenanalyse für Ganzheitliche Produktionssysteme erläutert wurden, folgt deren Verwendung in den periodenbezogenen Grundrechnungen.

■ 4.4 Grundrechnung der Kosten und Erlöse

Die „Grundrechnung der Kosten" umfasst die systematische Sammlung aller (aus-gabenorientierten) Kosten einer Abrechnungsperiode. Die Länge der Abrechnungs-periode lässt sich dabei frei wählen. Es ist sogar eine Summierung der Kosten kürzerer Zeitabstände (z. B. Wochen) auf längere Perioden (wie Monate oder Jahre) möglich, solange sich die Zeiträume nicht überschneiden. Die Grundrechnung kann zum einen als vergangenheitsorientierte Istkostenrechnung, zum anderen als zukunftsorientierte Plankostenrechnung erfolgen. Die Grundrechnung der Kosten und Erlöse zeichnet sich durch folgende Merkmale aus (vgl. Riebel 1994, S. 744):

- Zweckneutralität und bedarfsgerechte Verwertbarkeit

- hohe Abbildungstreue der Realität und

- Objektivität (intersubjektive Nachprüfbarkeit ausgewiesener Größen, da ohne Umlagen oder Schlüsselungen erfasst).

 Die „Grundrechnung der Kosten" stellt eine systematische Sammlung aller aus-gabenorientierten Kosten einer Abrechnungsperiode dar.

Die Gestalt der Grundrechnung ist geprägt von der Struktur der Bezugsobjekte-hierarchie, den festgelegten Kostenverhaltenskategorien sowie den Kostenarten. Die zweckneutrale Darstellung kann dabei in Tabellenform erfolgen. Bild 4.5 zeigt eine beispielhafte Grundrechnung der Kosten, in der die in Bild 4.2 dargestellte Struktur einer Bezugsobjektehierarchie umgesetzt wird.

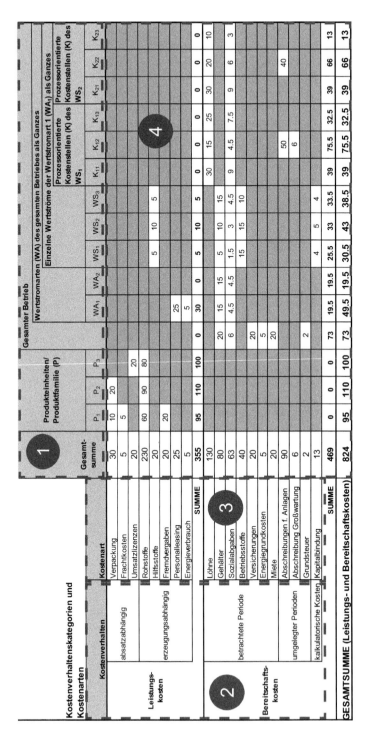

Bild 4.5 Beispielhafte Darstellung einer periodenbezogenen Grundrechnung der Kosten im System der Kostenrechnung und Kostenanalyse für Ganzheitliche Produktionssysteme

Die „Grundrechnung der Kosten" besteht in der Tabellenform aus vier zentralen Bereichen (s. gestrichelt umrandete und nummerierte Bereiche in Bild 4.5).

1. **Bezugsobjektehierarchie:** Die Spalten der Tabelle enthalten die hierarchische Abbildung der Bezugsobjekte (vgl. Abschnitt 4.3.1).

2. **Kostenverhaltenskategorien:** Hier erfolgt die Abbildung der Gesamtkosten-spaltung in Leistungskosten und Bereitschaftskosten sowie den jeweiligen Unterkategorien (Abschnitt 4.3.2).

3. **Kostenarten:** Den unterschiedlichen Kostenverhaltenskategorien werden die in den Grunddaten definierten Kostenarten zugewiesen. Dabei wird die Gliederung nach der Art der eingesetzten bzw. bereitgestellten Produktionsfaktoren verwendet (Abschnitt 4.3.2).

4. **Einzelkosten** der Abrechnungsperiode: An dieser Stelle sind die Einzelkosten der Bezugsobjekte in der Abrechnungsperiode (bei den Bereitschaftskosten auch umgelegter Perioden) aufgelistet. Jeder Betrag wird damit eindeutig einem Bezugsobjekt (auf möglichst tiefer Ebene), einer Kostenverhaltenskategorie und einer Kostenart zugeordnet. Die Kosten der Periode finden direkt Verwendung für die laufenden Erfolgsrechnungen. Zudem erfüllt sich ein weiterer Zweck: Es wird deutlich, dass keine Umlage von Kosten auf Produkteinheiten (klassische Kostenträger) erfolgt. Die Grundrechnung stellt somit aus produktbezogener Perspektive eine Teilkostenrechnung dar.

Der Kostenerfassungsprozess vollzieht sich dabei in nur einem Schritt, d.h., auf eine innerbetriebliche Leistungsverrechnung zwischen Bezugsobjekten wird grundsätzlich verzichtet. Alle ausgewiesenen Einzelkosten stellen daher primäre Kosten (vgl. Abschnitt 2.2.1) dar.

 Alle ausgewiesenen Einzelkosten sind primäre Kosten.

Bei komplexeren Strukturen empfiehlt sich anstelle der Tabellenform eine relationale oder objektorientierte Datenbank. Diese bieten für verschiedenste Auswertungsrechnungen (insbesondere fallweise Sonderrechnungen) einen schnellen und wahlfreien Zugriff auf die den Selektionskriterien entsprechenden Fragestellungen. Soll neben einer – wie hier dargestellten – produktionssystemorientierten Bezugsobjektehierarchie eine absatzwirtschaftliche Bezugsobjektehierarchie (z.B. Produkteinheit → Auftrag → Kunde → Kundengruppe → gesamter Betrieb) zur Erfüllung unterschiedlicher Informationsbedürfnisse im Unternehmen parallel geführt werden, so ist die Anwendung einer relationalen Datenbank ebenso notwendig.

Die „Grundrechnung der Erlöse" entspricht in ihrem Aufbau weitgehend der Grundrechnung der Kosten. Anstelle der Kostenarten werden – falls vorhanden –

unterschiedliche Erlösarten aufgelistet (Möglichkeiten der Konzeption einer Erlösrechnung finden sich in Männel, Hummel 2004, S. 74). Die Erlöse der Produkteinheiten/-familien sollten für später folgende retrograde Erfolgsrechnungen auf Deckungsbeitragsbasis eindeutig den (umsatzgenerierenden) Wertströmen zugewiesen werden können. Nach der zweckneutralen Abbildung der Kosten und Erlöse folgt nun die „Grundrechnung der Kapazitäten". Sie bildet den Ressourceneinsatz in den ursprünglichen Größen der Kostenentstehung ab.

 Die „Grundrechnung der Erlöse" sowie die „Grundrechnung der Kosten" sind in ihrem Aufbau ähnlich.

■ 4.5 Grundrechnung der Kapazitäten

Zur Hauptmotivation von Lean-Maßnahmen zählt, die nicht wertschöpfenden Kapazitätsverbräuche der eingesetzten Produktionsfaktoren zu reduzieren. Der hohe Anteil an Bereitschaftskosten im Unternehmen führt jedoch dazu, dass sich die Verbesserungen nicht direkt in der Kostenrechnung des Betriebs finanziell bewerten lassen. Es entstehen zunächst frei verfügbare Kapazitäten. Bild 4.6 visualisiert die Wirkung der Reduzierung von Verschwendung auf die Kapazitätsnutzung und die Wertschöpfungskategorien.

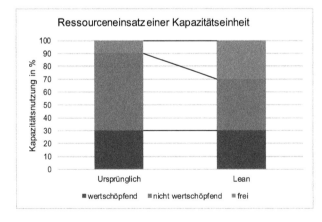

Bild 4.6
Auswirkungen von Lean-Maßnahmen auf die Kapazitätsnutzung und Wertschöpfungskategorien

Das sieht doch schon ganz gut aus: Das Schaffen freier Kapazitäten erzeugt die Möglichkeit für hochprofitables Wachstum (mehr Absatz und Umsatz bei gleichen Bereitschaftskosten). Dies setzt allerdings eine klare Kenntnis der Kapazitätsnutzung voraus. Die Messung und Analyse sowie das Management der Kapazitäten sind für einen durchgreifenden finanziellen Erfolg Ganzheitlicher Produktions-systeme von elementarer Bedeutung!

 Lean ist, die nicht wertschöpfenden Kapazitätsverbräuche der eingesetzten Pro-duktionsfaktoren zu verringern.

Nach einer kurzen Definition des Begriffs „Kapazität" erfolgt die Erläuterung des Übertrages der Wertschöpfungskategorien aus den Grunddaten in die Kapazitäts-rechnung. Für das Management der Kapazitäten ist sowohl das Wissen um die Gesamtkapazität als auch eine Aufteilung in die Wertschöpfungskategorien ent-scheidend, um daraus Maßnahmen ableiten zu können. Die Grundrechnung der Kapazitäten erfüllt mehrere Ziele: Sie verarbeitet die Informationen bezüglich des Kapazitätsangebotes der Bezugsobjekte sowie der Wertschöpfungskategorien, führt die Kapazitätsspaltung durch und stellt die Daten in Tabellenform für Aus-wertungsrechnungen zur Verfügung.

4.5.1 Begriff Kapazität

Die Kapazität bildet die Voraussetzung, Produktionsaufgaben zu erfüllen. Sie stellt das Leistungsvermögen einer Produktiveinheit oder eines Produktionssystems beliebiger Art, Größe und Struktur in einer bestimmten Zeitperiode dar. Das Leis-tungsvermögen entsteht dabei durch die Wirkung der Produktionsfaktoren Ar-beitskraft und Anlagen bzw. Betriebsmittel (vgl. Nebl 2011, S. 205).

Klassischerweise gliedert sich die Kapazitätsstruktur hierarchisch nach verschie-denen Unternehmensebenen – ausgehend vom Gesamtbetrieb bis hin zum Einzel-arbeitsplatz oder zur einzelnen Maschine. Um das Leistungsvermögen eines Pro-duktionssystems oder Wertstroms zu steigern, ist es nicht ausreichend, allein die Gesamtkapazität des Unternehmens zu betrachten. Engpässe und Flussbeschrän-kungen entstehen in den einzelnen Bestandteilen des Wertstroms: Deshalb muss ein Kapazitätsmanagement vor allem auf den unteren Ebenen der Kapazitätsstruk-tur stattfinden!

 „Kapazität" ist die Voraussetzung zur Erfüllung von Produktionsaufgaben.

Im „System der Kostenrechnung und Kostenanalyse für Ganzheitliche Produktions-systeme" geschieht die Gliederung auf andere Weise – anhand der Bezugsobjekte-hierarchie sowie der Kostenarten je Bezugsobjekt. Die Kostenarten je Bezugsobjekt bilden jeweils die im Rahmen der Grundrechnung betrachteten Kapazitäts- bzw. Produktiveinheiten. Diese stellen eine sachlich-räumliche Einheit zur Erfüllung definierter Aufgaben dar und bilden in ihrer Gesamtheit das Produktionssystem (vgl. Nebl 2011, S. 206). Einem strengen Kapazitätsverständnis entsprechend zählen jedoch nur die Potenzialfaktoren „Arbeitskraft" (Personal) und „Betriebsmittel" (darunter sind neben Maschinen und Anlagen beispielsweise auch Gebäude zu verstehen) zu den kapazitätsbildenden Produktionsfaktoren – nur sie besitzen die Fähigkeit zu produzieren (Nebl 2011, S. 208).

 Arbeitskraft und Betriebsmittel gehören zu den kapazitätsbildenden Produktionsfaktoren, denn nur sie besitzen die Fähigkeit zu produzieren.

Repetierfaktoren, darunter vor allem die Roh-, Hilfs- und Betriebsstoffe, bilden keine eigene Kapazität, da diese lediglich in Erzeugnisse umgewandelt werden. Dennoch sind sie die Grundlage, damit sich die Kapazität der Potenzialfaktoren produktiv nutzen lässt. Um der Bedeutung der Repetierfaktoren als Ressourcen der Produktion gerecht zu werden, sind diese in der Grundrechnung der Kapazitäten miteingeschlossen und werden gleichwertig behandelt. Der wesentliche Unterschied liegt darin, dass Repetierfaktoren (z. B. Material, Strom etc.) im Gegensatz zu Potenzialfaktoren keine „freie Kapazität" besitzen. Sie werden daher entweder wertschöpfend oder nicht wertschöpfend in der Periode eingesetzt.

 Repetierfaktoren wie Material oder Strom verfügen im Gegensatz zu Potenzialfaktoren über keine „freie Kapazität".

Zentrale Ausgangsgröße einer Kapazitätseinheit ist das Kapazitätsangebot. Dieses bezeichnet die zur Durchführung von Produktionsaufgaben maximal verfügbare Kapazität. Es wird dabei unterschieden zwischen dem theoretischen Kapazitätsangebot, das von der größtmöglichen Verfügbarkeit ohne Störungen oder Verluste ausgeht, und dem realen Kapazitätsangebot unter Beachtung möglicher Störungen (Nebl 2011, S. 206).

Weiterhin lässt sich zwischen einem qualitativen und einem quantitativen Kapazitätsangebot unterscheiden. Das qualitative Kapazitätsangebot beschreibt die Art und Güte des Leistungsvermögens, differenziert nach Qualität und Genauigkeit. Das quantitative Kapazitätsangebot beschreibt das mengenmäßige Leistungsvermögen. Die Grundrechnung der Kapazitäten betrachtet ausschließlich das quantitative Leistungsvermögen (vgl. Nebl 2011, S. 208).

 Die Grundrechnung der Kapazitäten berücksichtigt ausschließlich das quantitative Leistungsvermögen.

Die Kapazitätsnutzung bezeichnet den Einsatz der Kapazität bezüglich der unterschiedlichen Wertschöpfungskategorien. Dabei gilt es, das gesamte Kapazitätsangebot einer Zeitperiode restlos auf alle Wertschöpfungskategorien zu verteilen (s. Abschnitt 4.5.2).

Als Maßstab (Ermittlungsgröße) zur Messung der Kapazität kommen vorwiegend Zeitausdrücke wie Minuten oder Stunden zur Anwendung. Zeitbewertungen finden vor allem bei den Potenzialfaktoren Personal sowie Anlagen/Maschinen statt. Für das dieser Arbeit zugrunde liegende, unter Berücksichtigung sämtlicher Produktionsfaktoren erweiterte Kapazitätsverständnis sind jedoch weitere Bewertungsmaßstäbe notwendig. So ist für jede Kapazitätseinheit (Kostenart je Bezugsobjekt) ein eindeutiger Bewertungsmaßstab zu definieren. Dieser dient auch als Ermittlungsgröße zur Aufspaltung des Kapazitätsangebots je Einheit in die Wertschöpfungskategorien. Neben Zeitgrößen kommen hauptsächlich folgende Maßstäbe zum Einsatz:

- Flächen- oder Volumenausdrücke, z. B. m² bei Gebäuden

- Wertausdrücke, z. B. € bei Roh- oder Hilfsstoffen

- Energiemengenausdrücke, z. B. Kilowattstunden bei elektrischer Energie.

4.5.2 Wertschöpfungsermittlung des Ressourceneinsatzes

Als methodisches Werkzeug zur Wertschöpfungsermittlung des Ressourceneinsatzes kommt die entwickelte **Wertschöpfungs-Kategorisierungsmatrix** zum Einsatz (s. Bild 4.7). Als Grunddaten finden neben der Bezugsobjektehierarchie sowohl die Kostenarten als auch die Wertschöpfungskategorien Verwendung. Je nach Gestaltung der Bezugsobjektehierarchie kann es sinnvoll sein, zu einem Bezugsobjekt (z. B. Wertstrom 1) neben der Kostenart nach Art des Produktionsfaktors (z. B. Personal) auch die betriebliche Funktion (z. B. Logistik) zu erfassen. Der Zweck der Wertschöpfungs-Kategorisierungsmatrix ist, den wertschöpfenden sowie nicht wertschöpfenden Ressourceneinsatz zu ermitteln. Dies lässt sich auf zwei Arten durchführen: entweder mittels vollständig direkter Zuordnung (Einfachzuweisung) oder über die Aufspaltung des Kapazitätsangebots (Mehrfachzuweisung) in unterschiedliche Wertschöpfungskategorien je Einheit.

Jeder in der „Grundrechnung der Kosten" ausgewiesene Betrag muss in der Wertschöpfungs-Kategorisierungsmatrix entsprechend vorhanden sein. Dabei sind Zusammenfassungen möglich (z. B. die Materialausgaben aller einzelnen Produkteinheiten eines Wertstroms). Das Weglassen oder Streichen von Werten ist hingegen ausgeschlossen! Genau anders verhält sich das Hinzufügen von Ressourcen, die keine Ausgaben bzw. Kosten verursachen. Sie hinterlassen keinen Betrag in der „Grundrechnung der Kosten", sind aber dennoch produktiv im Einsatz. Diese hinzuzufügen ist möglich und wird darüber hinaus grundsätzlich empfohlen. Dazu zählen z. B. abgeschriebene Betriebsmittel.

 Jeder in der „Grundrechnung der Kosten" ausgewiesene Betrag muss in der Wertschöpfungs-Kategorisierungsmatrix entsprechend vorhanden sein.

Bild 4.7 zeigt das vollständige Beispiel einer Wertschöpfungs-Kategorisierungsmatrix. Es baut auf der Grundrechnung der Kosten in Bild 4.5 auf. Alle Kapazitätseinheiten des Beispiels werden hierbei für eine durchgängige Darstellung des Konzepts berücksichtigt.

Bezugsobjekte	Kostenart	Maßstab	Wertschöpfend	notw. indirekt	Verschwendung	Frei
Produkteinheiten P₁	Verpackung	€			X	
	Frachtkosten	€			X	
	Rohstoffe	€	X		X	
P₂	Fremdvergaben	€		X		
	Verpackung	€			X	
	Rohstoffe	€	X		X	
P₃	Rohstoffe	€	X		X	
	Umsatzlizenzen	€		X		
Gesamter Betrieb	Personal-Leitung	h		X		
	Versicherung			X		
	Energie			X		
	Miete		X	X	X	
	Grundsteuer			X		
Wertstromart WA₁	Personal-Leasing	h	X	X	X	
	Energie	kwh		X		
WS₁	Personal-Leitung	h		X		
	Hilfsstoffe	€		X		
	Personal-Leitung	h		X		
	Betriebsstoffe	€		X		
	Kapitalbindung	€			X	
K₁₁	Personal-Logistik	h		X		X
K₁₂	Personal-Fertigung	h	X	X	X	X
	Abschreibung-Anlage X	h	X	X	X	X
	Großwartung-Anlage X	€		X		
K₁₃	Personal-Montage	h	X	X	X	X
WS₂	Hilfsstoffe	€		X		
	Personal-Leitung	h		X		
	Betriebsstoffe	€		X		
	Kapitalbindung	€			X	
K₂₁	Personal-Logistik	h		X		X
K₂₂	Personal-Fertigung	h	X	X	X	X
	Abschreibung-Anlage X	h	X	X	X	X
K₂₃	Personal-Montage	h	X	X	X	X
WS₃	Hilfsstoffe	€		X		
	Personal-Gesamt	h	X	X	X	X
	Betriebsstoffe	€		X		
	Kapitalbindung	€			X	
Wertstromart WA₂	Personal-Gesamt	h	X	X	X	X

Bild 4.7 Beispiel einer Wertschöpfungs-Kategorisierungsmatrix auf Basis der Grundrechnung der Kosten in Bild 4.5

Die Wertschöpfungs-Kategorisierungsmatrix teilt sich allgemein in fünf Haupt-
bereiche auf (Bild 4.7):

1. **Bezugsobjektehierarchie:** Die Zeilen der Matrix bilden die Bezugsobjektehierarchie ab.

2. **Kostenarten:** Die Kostarten werden hier nach Art des Produktionsfaktors mit
teilweiser Ergänzung der betrieblichen Funktion (z. B. Personal-Logistik) aufgelistet. Es handelt sich dabei um eine vollumfängliche Darstellung aller
Kostenarten eines Bezugsobjekts aus der „Grundrechnung der Kosten". Die
Kostenarten repräsentieren alle betrachteten Kapazitätseinheiten des Produktionssystems.
Um Elemente zu vereinfachen oder zu reduzieren ist es möglich, Kostenarten
aus der „Grundrechnung der Kosten" für die Wertschöpfungs-Kategorisierungsmatrix zusammenzufassen. So wurden im Beispiel die Kostenarten „Löhne"
und „Sozialabgaben" aus der Grundrechnung der Kosten zur Kostenart „Personal" zusammengefasst.

3. **Maßstäbe:** Für jede Kapazitätseinheit ist ein eindeutiger Maßstab zur Messung und gegebenenfalls Aufspaltung der Kapazität festzulegen.

4. **Wertschöpfungskategorien:** Hier erfolgt die Abbildung der Wertschöpfungskategorien. Im Beispiel werden neben einer wertschöpfenden Kategorie drei
nicht wertschöpfende Kategorien verwendet.

5. **Zuweisung:** An dieser Stelle findet die eigentliche Planungsaufgabe bzw. Kategorisierung statt. Je Kapazitätseinheit (Kostenart je Bezugsobjekt) gilt es zu
entscheiden: Wird das Kapazitätsangebot vollständig einer einzelnen Wertschöpfungskategorie zugerechnet (Einfachzuweisung) oder erfolgt eine Kapazitätsspaltung (Mehrfachzuweisung)?

Die Zuweisung geschieht dabei zunächst nur qualitativ, im Sinne von ja („X") oder
nein je Kapazitätseinheit und Wertschöpfungskategorie. Dieser Schritt dient als
Vorbereitung für die qualitative Kapazitätsspaltung in der „Grundrechnung der
Kapazitäten" (Abschnitt 4.5.3) und empfiehlt sich aus folgenden Gründen:

- **Zuweisungsarbeit beschleunigen:** In der Wertschöpfungs-Kategorisierungsmatrix findet eine rein qualitative Zuweisung statt. Daher können die in aller
Regel zeitintensiven Diskussionen über mögliche Datenquellen und Berechnungsvorschriften zur quantitativen Spaltung zunächst entfallen. Es entsteht
somit ein ideales Gesamtbild der Zuweisung.

- **Datenquellen vorbereiten:** Erst auf Basis der Wertschöpfungs-Kategorisierungsmatrix kann ein interdisziplinäres Team aus Fachabteilung, Controlling
und IT die Datenverfügbarkeit und -auswertbarkeit für die Kapazitätsspaltun-
gen analysieren.

- **Stufenweiser Entwicklungsplan:** Ist aufgrund fehlender Datenverfügbarkeit eine Kapazitätsspaltung (Mehrfachzuweisung) nicht möglich, sind Entscheidungen für das weitere Vorgehen zu treffen. Die kurzfristige Folge davon darf durchaus eine Vereinfachung der Realität sein, etwa die Umsetzung einer Einfach- statt einer Mehrfachzuweisung. Langfristig gilt es jedoch, Maßnahmen zur Steigerung der Datenverfügbarkeit zu definieren (z. B. erweiterte Betriebsdatenerfassung). Diese werden in einem stufenweisen Entwicklungsplan festgehalten, um die Genauigkeit durch Mehrfachzuweisungen zu erhöhen.

Grundsätzlich muss bezüglich der Zuweisung bei den Verantwortlichen folgende Überzeugung herrschen: In jeder Kapazitätseinheit findet eine gewisse Verschwendung der Kapazitäten statt! Die 100 %ig wertschöpfende Nutzung des Kapazitätsangebotes aus Kundensicht ist in der Praxis bei keiner Kapazitätseinheit zu erreichen; dies würde dem fortwährenden Streben nach Perfektion widersprechen. Daher gilt als eine Grundregel für die Kategorisierung: Bei der Zuweisung zu einer wertschöpfenden Kategorie ist stets mindestens eine nicht wertschöpfende Kategorie auszuwählen! Bei wertschöpfender Kapazitätsnutzung einer Einheit ist daher immer eine Mehrfachzuweisung durchzuführen.

 In jeder Kapazitätseinheit findet eine Verschwendung der Kapazitäten statt.

Einfachzuweisungen in nicht wertschöpfende Kategorien stellen in aller Regel eine Vereinfachung der Realität dar. So wurde im Beispiel der Bild 4.7 das gesamte Kapazitätsangebot der Kapazitätseinheit „Personal-Logistik" der Kostenstelle K_{11} der nicht wertschöpfenden Kategorie „notwendig indirekt" zugewiesen. In der Realität ist jedoch davon auszugehen, dass die Kapazitätsnutzung der Logistik-Mitarbeiter auch unmittelbare Verschwendung enthält, beispielsweise in Form von Leerfahrten oder Stillständen. Mehrfachzuweisungen in unterschiedliche, nicht wertschöpfende Kategorien verursachen üblicherweise einen gewissen Datenerfassungsaufwand. Im Sinne der Wirtschaftlichkeit der Kostenrechnung sind solche Vereinfachungen daher grundsätzlich zulässig, solange keine erhebliche Verzerrung der Realität auftritt. In diesem Zusammenhang ist allerdings nochmals auf die verhaltenssteuernde Wirkung und Bedeutung der Wertschöpfungskategorisierung als Anforderung hinzuweisen (s. Abschnitt 4.3.3). Je höher der Automatisierungsgrad beim Erfassen der Kapazitätsnutzung ist und je ausgeprägter eine Betriebsdatenerfassung erfolgt, desto einfacher sind Mehrfachzuweisungen zu leisten.

 Vereinfachungen sind grundsätzlich zulässig, solange keine erhebliche Verzerrung der Realität auftritt.

Bei den betragsmäßig größten Kostenarten aus der „Grundrechnung der Kosten" wird empfohlen, eine Mehrfachzuweisung anzustreben. Im Beispiel von Bild 4.5 decken die drei Kostenarten „Rohstoffe", „Löhne" und „Maschinenkosten" (Abschreibungen) bereits über 50 % der Gesamtkosten ab. Sie sollten daher vordergründig in der Wertschöpfungs-Kategorisierung betrachtet werden.

Für jede Mehrfachzuweisung sind die Datenquellen und Berechnungsvorschriften zur Kapazitätsspaltung je Einheit festzulegen. Sie bilden damit den Standard zur Kategorisierung. So findet in Bild 4.7 bei der Kapazitätseinheit „Personal-Fertigung" eine Mehrfachzuweisung in alle Kategorien statt. Zur Kapazitätsspaltung mit dem Maßstab „Stunden" ist nun die Grundstruktur der Nebenrechnungen zu definieren. Das nachfolgende Beispiel beschreibt eine einfache Kategorisierung der Kapazitätseinheit „Personal-Fertigung":

- **Wertschöpfende Kapazitätsnutzung:**
    - Berechnung: Summe aller in den Arbeitsplänen als wertschöpfend gekennzeichneten Fertigungsminuten der Absatzmenge der Zeitperiode
    - Datenquelle: ERP (Enterprise Resource Planning)-System

- **Notwendig indirekte Kapazitätsnutzung:**
    - Berechnung: Summe aller personenbezogenen Zeiten für Rüsten, Reinigen, Prüfen, Anlernen, Besprechungen und Schulungen sowie in den Arbeitsplänen als notwendig indirekt gekennzeichneten Fertigungsminuten der Absatzmenge der Zeitperiode
    - Datenquellen: BDE (Betriebsdatenerfassung)-System (Shopfloor Management), ERP-System

- **Verschwendete Kapazitätsnutzung:**
    - Berechnung: Summe aller personenbezogenen Zeiten für ungeplante Stillstände, Abtaktungsverluste, Überproduktion, Nacharbeiten und Ausschussproduktion sowie in den Arbeitsplänen als Verschwendung gekennzeichneten Fertigungsminuten der Absatzmenge der Zeitperiode
    - Datenquelle: BDE-System (Shopfloor Management), ERP-System.

- **Freie Kapazität:**
    - Berechnung: Differenz aus dem Kapazitätsangebot und der Summe der wertschöpfenden, notwendig indirekten und verschwendeten Kapazitätsnutzung
    - Datenquelle: Schichtplanung für das Kapazitätsangebot

Eine allgemeingültige Darstellung von Berechnungsvorschriften für die Praxis ist weder möglich noch sinnvoll. Diese sind unternehmensindividuell vorwiegend in Abhängigkeit der Datenverfügbarkeit, des Erfassungsaufwandes und des Informationsbedarfs zu entwickeln. Zudem sind die bereits im Unternehmen eingesetzten

Informationssysteme auf eine synergetische Nutzung der Daten zu untersuchen. Auch an dieser Stelle muss das Pareto-Prinzip Berücksichtigung finden: Mit steigendem Genauigkeitsanspruch geht ein überproportionaler Erfassungs- bzw. Kapazitätsspaltungsaufwand einher, ohne jedoch in vielen Fällen die Richtigkeit und Nutzbarkeit der Information entscheidend zu verbessern.

 Pareto-Prinzip berücksichtigen: Mit steigendem Genauigkeitsanspruch geht ein überproportionaler Erfassungsaufwand einher, ohne die Richtigkeit und Nutzbarkeit der Information entscheidend zu verbessern.

Ist aufgrund fehlender Datenbasis keine Kapazitätsspaltung möglich bzw. zeitnah implementierbar, so ist die Wertschöpfungs-Kategorisierungsmatrix entsprechend anzupassen. Das Vorgehen erfolgt daher meist iterativ in mehreren Schleifen.

An dieser Stelle ist die Wertschöpfungs-Kategorisierungsmatrix fertig erstellt und die Berechnungsvorschriften zur Kapazitätsspaltung bei Mehrfachzuweisungen sind definiert. Nun kann die periodenbezogene „Grundrechnung der Kapazitäten" erstellt werden.

4.5.3 Grundrechnung der Kapazitäten – Aufbau

Die „Grundrechnung der Kapazitäten" umfasst eine systematische Sammlung und Gliederung aller innerhalb einer Zeitperiode bereitgestellten Kapazitäten. Sie stellt die zweckneutrale Datenbasis zur Weiterverarbeitung von Kapazitätsdaten in den Auswertungsrechnungen dar.

In ihrem Aufbau ähnelt die „Grundrechnung der Kapazitäten" der Wertschöpfungs-Kategorisierungsmatrix – jedoch werden im Zuweisungsbereich die tatsächlichen quantitativen Größen verwendet. Als Ausgangsbasis dient meist das theoretische Kapazitätsangebot der Kapazitätseinheit in der betrachteten Periode. Die in der Wertschöpfungsermittlung festgelegten Berechnungsvorschriften werden bei den Mehrfachzuweisungen angewendet. Sie spalten das Kapazitätsangebot in die verschiedenen Wertschöpfungskategorien auf.

 Die Grundrechnung der Kapazitäten basiert auf den Daten der vorhergehenden Wertschöpfungs-Kategorisierungsmatrix und der Grundrechnung der Kosten.

Bild 4.8 zeigt den Ausschnitt einer „Grundrechnung der Kapazitäten". Diese basiert auf den Daten der vorhergehenden Wertschöpfungs-Kategorisierungsmatrix (Bild 4.7) sowie der „Grundrechnung der Kosten" (Bild 4.5).

Gegenüber der Wertschöpfungs-Kategorisierungsmatrix wurden folgende Ergänzungen vorgenommen:

- Neben der Spalte des Maßstabs gibt es zusätzlich eine Spalte für das (theoretische) Kapazitätsangebot.
- Zu jeder Kapazitätseinheit (Kostenart je Bezugsobjekt) wurde eine zusätzliche Zeile eingefügt. Diese dient dem Ausweis der relativen Anteile der Kapazitätsnutzung entsprechend den Wertschöpfungskategorien. Bei Mehrfachzuweisungen muss die Summe stets 100 % ergeben.

Die Realisierung in Form einer Datenbank ist auch hier in der Praxis zu empfehlen.

Grundrechnung der Kapazitäten der Periode XY			Wertschöpfungskategorie					
						Nicht-Wertschöpfend		
Bezugsobjekte		Kostenart	Maßstab	Kapzäts-angebot	Wert-schöpfend	notw. indirekt	Verschwendung	Frei
Produkteinheiten	P_1	Verpackung	€ (in tausend)	10		10		
			%	100%	0%	100%	0%	0%
		Frachtkosten	€ (in tausend)	5		5		
			%	100%	0%	100%	0%	0%
		Rohstoffe	€ (in tausend)	60	55		5	
			%	100%	92%	0%	8%	0%
		Fremdvergaben	€ (in tausend)	20		20		
			%	100%	0%	100%	0%	0%
	P_2	Verpackung	€ (in tausend)	20		20		
			%	100%	0%	100%	0%	0%
		Rohstoffe	€ (in tausend)	90	80		10	
			%	100%	89%	0%	11%	0%
	P_3	Rohstoffe	€ (in tausend)	80	75		5	
			%	100%	94%	0%	6%	0%
		Umsatzlizenzen	€ (in tausend)	20		20		
			%	100%	0%	100%	0%	0%
Gesamter Betrieb		Personal-Leitung	h	26		26		
			%	100%	0%	100%	0%	0%
		Versicherung	€ (in tausend)	20		20		
			%	100%	0%	100%	0%	0%
		Energie	€	2		2		
			%	100%	0%	100%	0%	0%
		Miete	m²	1500	800	600	100	
			%	100%	53%	40%	7%	0%
		Grundsteuer	€ (in tausend)	2		2		
			%	100%	0%	100%	0%	0%
	Wertstromart WA_1	Personal-Leasing	h	2500	1500	600	400	
			%	100%	60%	24%	16%	0%
		Energie	kwh	1500		1500		
			%	100%	0%	100%	0%	0%
		Personal-Leitung	h	1950		1950		
			%	100%	0%	100%	0%	0%
	WS_1	Hilfsstoffe	€ (in tausend)	5		5		
			%	100%	0%	100%	0%	0%
		Personal-Leitung	h	650		650		
			%	100%	0%	100%	0%	0%
		Betriebsstoffe	€ (in tausend)	15		15		
			%	100%	0%	100%	0%	0%
		Kapitalbindung	€ (in tausend)	4			4	
			%	100%	0%	0%	100%	0%
	K_{11}	Personal-Logistik	h	3000		2500		500
				100%	0%	83%	0%	17%

Bild 4.8 Beispielhafter Ausschnitt einer „Grundrechnung der Kapazitäten" für eine Betrachtungsperiode

Auf Basis der „Grundrechnung der Kapazitäten" sowie der „Grundrechnung der Kosten und Erlöse" lassen sich nun erstmalig „Auswertungsrechnungen" erstellen, die eine Kostenkategorisierung in Wertschöpfung und Nicht-Wertschöpfung verwenden. Dies lässt erstens einen völlig neuen Blick auf den Kapitaleinsatz und dessen Nutzung zu. Zweitens trägt es durch den klaren Ausweis nicht wertschöpfender Kosten zur Verhaltenssteuerung ergebnisverantwortlicher Mitarbeiter bei.

 Auf Basis der „Grundrechnung der Kapazitäten" sowie der „Grundrechnung der Kosten und Erlöse" lassen sich nun erstmalig „Auswertungsrechnungen" erstellen.

■ 4.6 Auswertungsrechnungen

Mit beiden Grundrechnungen existiert nun eine umfangreiche Datenbasis für verschiedene Auswertungsrechnungen. Je nach Informationsbedarf lassen sich die Daten unterschiedlich auswerten und entsprechend in der Praxis nutzen. Eine vollumfängliche Darstellung aller Auswertungsmöglichkeiten ist im Rahmen des vorliegenden Fachbuches nicht vorgesehen und aufgrund unternehmensindividueller Ausgestaltungen auch nicht sinnvoll. Vorgestellt werden hingegen im Folgenden die in der Praxis gebräuchlichsten Auswertungsrechnungen. Diese sind

■ die periodenbezogenen Erfolgsrechnungen in Deckungsbeitragsform sowie

■ die fall- und problemspezifischen Entscheidungsrechnungen zur lean-konformen Planung und Kontrolle von Entscheidungen.

Bild 4.9 zeigt den groben Aufbau und die Zusammenhänge zwischen beiden Arten der Auswertungsrechnungen.

Die periodenbezogenen Grundrechnungen der Kosten, Erlöse und Kapazitäten bieten die Möglichkeit, Erfolgsrechnungen der Wertströme zu erstellen. Die unterschiedlichen Wertströme generieren Deckungsbeiträge zur Deckung der Einzelkosten der in der Bezugsobjektehierarchie über ihnen liegenden Bezugsobjekte sowie der übrigen, nicht umsatzgenerierenden Bezugsobjekte.

Die periodenbezogenen Erfolgsrechnungen dienen der laufenden Erfolgsplanung und -kontrolle des Produktionssystems. Im Zeitvergleich aufeinanderfolgender Perioden bietet sich dabei auch die Möglichkeit, Trendanalysen durchzuführen.

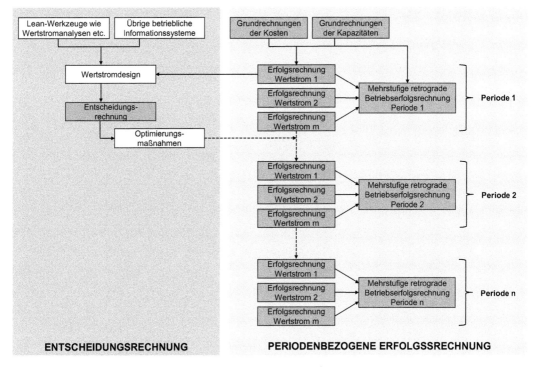

Bild 4.9 Aufteilung der Auswertungsrechnungen in Entscheidungsrechnungen und perioden-bezogene Erfolgsrechnungen (grau hinterlegt sind Bestandteile des Kostenrechnungssystems)

 Mithilfe der periodenbezogenen Grundrechnungen der Kosten, Erlöse und Kapazitäten lassen sich Erfolgsrechnungen der Wertströme erstellen.

Das Wissen um den wertmäßigen Betrag und die Kategorie nicht wertschöpfender Ausgaben lässt sich darüber hinaus für die gezielte Optimierung der Wertströme nutzen. Ergänzt um weitere betriebliche Informationssysteme kann eine Neuge-staltung von Wertströmen (Wertstromdesign) angeregt werden. Um ein solches Wertstromdesign zu gestalten, stehen oft mehrere Optionen und Wege zur Verfü-gung. Diese können im Rahmen einer Entscheidungsrechnung nach den grund-legenden Prinzipien der Kostenrechnung und Kostenanalyse für Ganzheitliche Produktionssysteme monetär bewertet werden. Zum Zweck der Argumentation oder Konfliktregelung lässt sich auch eine vergangenheitsorientierte Entschei-dungsrechnung mit Istkosten durchführen. Die real durchgeführten Optimierungs-maßnahmen sollten letztlich wieder die periodenbezogenen Erfolge des Wert-stroms beeinflussen. In diesem Umfeld sind zudem weitere Einflussfaktoren (z.B. Produktanläufe, Produktmixänderungen) vorhanden. In Summe gilt es dann, den Gesamterfolg zu beurteilen.

4.6.1 Periodenbezogene Erfolgsrechnungen

Für alle umsatzgenerierenden Wertströme sind in aller Regel periodische Erfolgsrechnungen zu erstellen. Auch für nicht direkt umsatzgenerierende Wertströme (beispielsweise Marketing- oder Vertrieb) ist eine Erfolgsrechnung durchzuführen, wobei hier stets ein negativer Deckungsbeitrag entsteht. Die zeitliche Länge der betrachteten Periode ist frei bestimmbar. Üblicherweise werden wöchentliche, monatliche und jährliche Erfolgsrechnungen erstellt. Generell ist bei kürzeren Perioden von einer erhöhten Aussagekraft für Steuerungszwecke auszugehen. Längere Perioden besitzen eher einen reinen Ergebnis- und damit Informationscharakter und eignen sich unter anderem für Trendanalysen.

Die Erfolgsrechnung wird dabei als retrograde (rückläufige) Deckungsbeitragsrechnung durchgeführt. In Ganzheitlichen Produktionssystemen sind Wertströme das Objekt der Profitabilitätsanalyse (Abschnitt 3.2.1). Deshalb bildet die Wertstromebene der Bezugsobjektehierarchie den Ausgangspunkt für die Erfolgsrechnung. Ausgehend von den Erlösen des Wertstroms werden sukzessive wieder abgezogen: a) dessen direkte relative Einzelkosten sowie b) die Einzelkosten der in der Bezugsobjekthierarchie unter dem Wertstrom liegenden Bezugsobjekte. Der formale Rechnungsablauf mit dem retrograden Kalkulationsschema entspricht also den klassischen Deckungsbeitragsrechnungen. Allerdings: Aufgrund des ausgabeorientierten Kostenbegriffs des vorgestellten Ansatzes ergeben sich erhebliche inhaltliche Differenzen. Neben den reinen Kosten und Erlösdaten berücksichtigen die Erfolgsrechnungen auch die Informationen aus der „Grundrechnung der Kapazitäten".

 Die Wertstromebene der Bezugsobjektehierarchie bildet den Ausgangspunkt für Erfolgsrechnungen.

Ein praktisches Beispiel dient hier der näheren Veranschaulichung: Für die Kostenart „Personal-Fertigung" sind gemäß der „Grundrechnung der Kosten" in der Periode Einzelkosten in Höhe von 112 000 € angefallen. Der entsprechende Ausschnitt aus der „Grundrechnung der Kapazitäten" zeigt die in Bild 4.10 dargestellte Kapazitätsnutzung.

Grundrechnung der Kapazitäten der Periode XY		Wertschöpfungskategorisierung					
		Maßstab	Kapazitäts-angebot	Wert-schöpfend	Nicht-Wertschöpfend		
Bezugsobjekt	Kostenart				notw. indirekt	Verschwendung	Frei
Werstrom A	Personal-Fertigung	h	3200	2150	400	450	200
		%	100%	67%	13%	14%	6%

Bild 4.10 Ausschnitt einer „Grundrechnung der Kapazitäten"

Das Kapazitätsangebot von 3200 Stunden wird nach den in der Wertschöpfungsermittlung festgelegten Berechnungsvorschriften in vier Kategorien aufgeteilt. Die ermittelten relativen Kapazitätsanteile je Wertschöpfungskategorie gestatten die Monetarisierung der Kapazitätsnutzung. Dazu ist der zugehörige Einzelkostenbetrag der Kapazitätseinheit zu multiplizieren:

wertschöpfender Kapitaleinsatz: $112.000 € \cdot 0{,}67 = 75.040$ €

notwendig indirekter Kapitaleinsatz: $112.000 € \cdot 0{,}13 = 14.560$ €

verschwendeter Kapitaleinsatz: $112.000 € \cdot 0{,}14 = 15.680$ €

„freier" Kapitaleinsatz (Leerkosten): $112.000 € \cdot 0{,}06 = 6.720$ €

Auf diese Weise wird die Wertschöpfungskategorisierung in die Kostenrechnung überführt – und es ergibt sich eine völlig neue Perspektive auf den Kapitaleinsatz. Es kommt noch besser: Sowohl das Produktionssystem als auch das Kostenrechnungssystem verwenden damit eine einheitliche Sprache. Dieser Rechenschritt findet für alle Einzelkosten der Grundrechnung statt. Im System der Kostenrechnung und Kostenanalyse für Ganzheitliche Produktionssysteme werden von den Erlösen des Wertstroms nun schrittweise erst die wertschöpfenden und dann die nicht wertschöpfenden Ausgaben/Kosten abgezogen. Dadurch ergibt sich das in Bild 4.11 dargestellte Rechenschema.

Berechnung der Beträge	Periodenbezogene Erfolgsrechnung im Wertstrom A			Zeitraum X		
				Betrag	% der Gesamt-kosten	% der Kosten ohne Vorleistung
(1)			Umsatz	785.000 €		
(2)			Materialkosten des Absatzes	370.000 €	50%	
(3)			Bestandssenkung	- 12.000 €		
(4) = (1) - (2) - (3)		Wertschöpfend	Zwischenergebnis	427.000 €		
(5)			Personal-Fertigung	75.040 €		21%
(6)			...	139.960 €		39%
(7) = (5) + (6)			Gesamtkosten	215.000 €	30%	60%
(8) = (4) - (7)	Wertstrom A		Erfolgspotenzial	212.000 €		
(9)		notw. indirekt	Personal-Fertigung	14.560 €		4%
(10)			...	30.440 €		9%
(11) = (9) + (10)			Gesamtkosten	45.000 €	6%	13%
(12) = (8) - (11)		Nicht-Wertschöpfend	Zwischenergebnis	167.000 €		
(13)		frei	Personal-Fertigung	6.720 €		
(14)			...	30.280 €		8%
(15) = (13) + (14)			Gesamtkosten	37.000 €	5%	10%
(16) = (12) - (15)			Zwischenergebnis	130.000 €		
(17)		Verschwendung	Personal-Fertigung	15.680 €		4%
(18)			...	45.320 €		13%
(19) = (17) + (18)			Gesamtkosten	61.000 €	9%	17%
(20) = (16) - (19)	Deckungsbeitrag des Wertstroms			69.000 €		
(21) = (20) / (1)	Umsatzrentabilität			8,8%		

Bild 4.11 Beispielhaftes retrogrades (rückläufiges) Kalkulationsschema zur Erfolgsrechnung eines Wertstroms

Werden vom Umsatz alle wertschöpfenden Kosten abgezogen, ergibt sich das maximale Erfolgspotenzial des Wertstroms (Zeile (8)). Dies entspricht der in der Wertschöpfungsermittlung und den dortigen Berechnungsvorschriften festgelegten Definition von Wertschöpfung. Das Erfolgspotenzial zeigt zum gegebenen Umsatz den maximalen Deckungsbeitrag des Wertstroms bei ausschließlich wertschöpfendem Ressourceneinsatz. Schrittweise werden anschließend die nicht wertschöpfenden Kosten abgezogen, um letztlich den Deckungsbeitrag des Wertstroms zu ermitteln (Zeile (20)). Zur Beurteilung der Profitabilität lässt sich somit die Umsatzrentabilität des Wertstroms berechnen.

 Nach Abzug aller wertschöpfenden Kosten vom Umsatz ergibt sich das maximale Erfolgspotenzial des Wertstroms.

Weiterer Nutzen lässt sich nun nach so viel vorhergehender Fleißarbeit generieren: Neben den absoluten Werten liefern die relativen Kennzahlen in den beiden rechten Spalten erstmalig wesentliche neue Informationen. Diese sind insbesondere für langfristige Trendanalysen, Zielvorgaben und die Verhaltensorientierung bedeutend.

So lässt sich beispielsweise der Kostenanteil einer Wertschöpfungskategorie anhand der Gesamtkosten des Wertstroms mit oder ohne Vorleistungen[2] ermitteln (s. die beiden rechten Spalten in Bild 4.11) Entscheidende Ziele der Lean-Philosophie lassen sich zudem ins Visier nehmen:

■ die Eliminierung des Anteils an Kosten für Verschwendung (Zeile (19)),

■ das Verringern sonstiger nicht wertschöpfender Kosten (Zeilen (11) und (15)) sowie

■ die Maximierung des Anteils wertschöpfender Kosten (Zeile (7)).

Die ganzheitliche Optimierung des Produktionssystems liegt damit im Fokus.

Aus allen Erfolgsrechnungen der verschiedenen Wertströme eines Unternehmens lässt sich eine mehrstufige Betriebserfolgsrechnung nach dem Deckungsbeitragskonzept erstellen. Bild 4.12 zeigt als einfaches Beispiel eine periodenbezogene Betriebserfolgsrechnung.

Berechnung der Beträge	Mehrstufige Betriebserfolgsrechnung	Zeitraum X			
		Wertstromart 1			Wertstromart 2
		Wertstrom 1	Wertstrom 2	Wertstrom 3	
(1)	Umsatz	100.000 €	200.000 €	150.000 €	500.000 €
(2)	Einzelkosten der Wertströme	65.000 €	125.000 €	100.000 €	410.000 €
(3) = (1) - (2)	Deckungsbeiträge der Wertströme	35.000 €	75.000 €	50.000 €	90.000 €
(4)	**Deckungsbeitrag I (Summe)**	**160.000 €**			**90.000 €**
(5)	Einzelkosten der Wertstromart	45.000 €			50.000 €
(6) = (4) - (5)	**Deckungsbeitrag der Wertstromart**	**115.000 €**			**40.000 €**
(7)	Deckungsbeitrag II (Summe)	155.000 €			
(8)	Einzelkosten des gesamten Betriebs	55.000 €			
(9) = (7) - (8)	**Betriebserfolg**	**100.000 €**			

Bild 4.12   Beispielhafte mehrstufige Betriebserfolgsrechnung[3]

---

[2] Vorleistungen sind von externen Unternehmen eingehende Leistungen wie vorwiegend Rohstoffe, Hilfsstoffe, Betriebsstoffe, Kaufteile und Dienstleistungen.

[3] Die verwendeten Beträge sind rein exemplarisch und ohne Bezug zu vorherigen Beispielen.

Die Betriebserfolgsrechnungen enthalten alle Beträge aus der „Grundrechnung der Kosten und Erlöse". Eine Kombination mit der „Grundrechnung der Kapazitäten" ist auch in diesem Fall möglich. So können die jeweiligen Einzelkosten der Bezugsobjektebene (Zeilen (2), (5), (8)) optional auch hier in die Wertschöpfungskategorien aufgespalten werden, um die Wertschöpfungssicht einzubringen.

Zur Planung und Kontrolle von Entscheidungen sind die dargestellten regelmäßigen Rechnungen ungeeignet, da hier auch entscheidungsirrelevante Kosten abgebildet werden. Dieses Thema behandelt das nächste Kapitel. Praxisnah zeigt es ein beispielhaftes Vorgehen für operativ-taktische Entscheidungsrechnungen auf Basis der Prinzipien des Systems der Kostenrechnung und Kostenanalyse in Ganzheitlichen Produktionssystemen (vgl. Gesamtvorgehen in Bild 4.9).

4.6.2 Entscheidungsrechnungen

Die monetäre Planung und Kontrolle betriebswirtschaftlicher Entscheidungen gehört zu den wesentlichen Aufgaben einer Kostenrechnung. Die Kostenrechnung kommt üblicherweise als Dispositions- und Kontrollinstrument zum Einsatz für

a)   die Erfolgsprognose (z.B. bei Beschäftigungsänderungen)

b)   Programmplanungen

c)   die Unterstützung der Preisbildung

d)   Entscheidungen zwischen Eigenfertigung und Fremdbezug

e)   die Beurteilung betriebsbedingter Investitionen sowie

f)   das Beurteilen von Maßnahmen zur Reduzierung von Verschwendung.

Insbesondere Typ (f) ist in frühen Phasen der Einführung Ganzheitlicher Produktionssysteme von enormer Bedeutung, damit die Kostenrechnung nicht zur unüberwindbaren Hürde wird. Zur Beurteilung solcher Entscheidungen verwenden Verantwortliche in der Praxis häufig Stückkosten auf Voll- oder Teilkostenbasis. Für moderne Unternehmen ein entscheidender Fehler: Aufgrund der ureigenen Mängel traditioneller Kostenrechnungen für den Einsatz in Ganzheitlichen Produktionssystemen (s. Abschnitt 3.1) sind klassisch kalkulierte Stück- bzw. Herstellkosten zur Fundierung von Entscheidungen in Lean-Unternehmen ungeeignet.

Gefahr erkannt, Gefahr gebannt: Die folgenden Abschnitte stellen ein allgemeines Vorgehen mit Hinweisen zur Gestaltung von Entscheidungsrechnungen in Lean-Unternehmen vor.[4] Dabei wird generell differenziert zwischen

---

[4]   Ziel des Kapitels ist nicht die vollumfängliche Darstellung der Bewertung aller möglichen Entscheidungssituationen. Dies ist weder möglich noch sinnvoll, da Unternehmen meist eigene Bewertungsschemen für unterschiedliche Entscheidungstypen entwickeln. Es wird daher eine allgemeine Erläuterung des Vorgehens angestrebt.

- prozess- bzw. wertstromspezifischen Entscheidungen (Typen (a), (d), (e) und (f)) sowie

- rein produktbezogenen Entscheidungen (Typen (b) und (c)).

Konkrete Anwendungsbeispiele liefert das anschließende Kapitel 5.

Prozess- bzw. wertstromspezifische Entscheidungen

Das System der Kostenrechnung und Kostenanalyse ist in besonderem Maße entscheidungsorientiert. Grund ist die differenzierte Ausgestaltung einer Bezugsobjektehierarchie und das konsequente Rechnen mit Einzelkosten. Der ausgabeorientierte Kostenbegriff bietet zudem die Möglichkeit, mit den Informationen aus der Kostenrechnung direkt Investitionsrechnungen durchzuführen. Entscheidungsalternativen lassen sich so mit deren relevanten Kosten beurteilen. Bild 4.13 beschreibt das allgemeine Vorgehen zur Bewertung prozess- bzw. wertstromspezifischer Entscheidungen.

Schritt	Bezeichnung	Input/Vorgehen	Output
1	**Aufgaben- und Problemanalyse sowie Situationsbeschreibung**	Wertstromanalyse (vorher); Wertstromdesign (nachher); Layout und Materialfluss	Definierter und beschriebener Entscheidungsgegenstand; Eingrenzung des Betrachtungsfeldes
2	**Qualitative Einflussanalyse**	Kapazitätseinheiten auf Basis des Aufbaus der Grundrechnung der Kosten	Identifikation der entscheidungsrelevanten Kapazitätseinheiten; Beschreibung der Auswirkungen auf die Kapazitätseinheiten
3	**Quantitative Einflussanalyse**	Quantifizieren der Auswirkungen der Entscheidung auf den Ressourceneinsatz betroffener Kapazitätseinheiten; Grundrechnung der Kapazitäten; Szenariotechnik	Quantifizierte Szenarien (i.d.R. vorsichtig, realistisch und optimistisch) bzgl. des Einflusses der Entscheidung auf die betroffenen Kapazitätseinheiten
4	**Entscheidung über den Umgang mit den Kapazitäten der Szenarien**	Entscheidung über die Kapazitätsnutzung (z.B. Wachstum oder Abbau) der Szenarien treffen und ggfs. weitere Szenarien zur Kapazitätsnutzung bilden; Grundrechnung der Kapazitäten; Szenariotechnik	Quantifizierte Szenarien bzgl. der Kapazitätsnutzung der in Schritt 3 erstellten Szenarien
5	**Monetarisierung der Entscheidungsalternativen**	Ermittlung der laufenden Veränderungen auf Basis der Wertstromerfolgsrechnung; Ermittlung einmaliger Ausgaben und Einnhamen der Szenarien	Einmalige und laufende erfolgswirksame Differenzen der Szenarien
6	**Ermittlung des Kapitalwerts und der Amortisationszeit**	Dynamische Kapitalwert- und Amortisationszeitberechnung der Szenarien	Kapitalwert und Amortisationszeit der Szenarien
7	**Zusammenfassung**	Zusammenfassende Darstellung der monetären Szenario-auswirkungen	Monetärer Input für die konkrete Entscheidungsfindung

Bild 4.13   Vorgehen zur Bewertung prozess- bzw. wertstromspezifischer Entscheidungen

Schritt 1

Der erste Schritt umfasst eine möglichst klare **Beschreibung der Entscheidungssituation** und die **Abgrenzung des Betrachtungsfeldes.** An dieser Stelle ist es wichtig, ganzheitliche Analysewerkzeuge für einen Ex-ante/Ex-post-Vergleich einzusetzen. Die Wertstromanalyse stellt hier das geeignete Hauptwerkzeug dar, um sowohl die Bewertungsaufgabe als auch die Problemstellung zu beschreiben.

Schritt 2

... umfasst eine **qualitative Einflussanalyse.** Vor einer Quantifizierung oder Monetarisierung der Entscheidungssituation muss zunächst ein interdisziplinäres Team alle entscheidungsrelevanten Kapazitätseinheiten identifizieren.

Es gilt die Frage zu beantworten: *„Welche Kapazitätseinheiten (Kostenarten je Bezugsobjekt) sind von der Entscheidung betroffen?"* Dies geschieht rein qualitativ im Sinne eines Brainstormings. Als Werkzeug kommt dabei eine leere „Grundrechnung der Kosten" (ohne Einzelkostenbeträge) zur Anwendung. Dies erleichtert erheblich die Identifikation entscheidungsrelevanter Objekte.

Bild 4.14 zeigt beispielhaft eine qualitative Einflussanalyse. Die mit „X" markierten Kapazitätseinheiten wurden dabei als entscheidungsrelevant identifiziert.

Bezugsgrößen		Gesamter Betrieb										
		Wertstromarten (WA) des gesamten Betriebes als Ganzes										
				Einzelne Wertströme der Wertstromart 1 (WA₁) als Ganzes								
Kostenverhaltenskategorien und Kostenarten							Prozessorientierte Kostenstellen (K) des WS₁			Prozessorientierte Kostenstellen (K) des WS₂		
Kostenverhalten	Kostenart	WA_1	WA_2	WS_1	WS_2	WS_3	K_{11}	K_{12}	K_{13}	K_{21}	K_{22}	K_{23}
Leistungskosten — absatzabhängig	Verpackung											
	Frachtkosten											
Leistungskosten — erzeugungsabhängig	Material											
	Personalleasing											
	Energieverbrauch											
Bereitschaftskosten — betrachtete Periode	Löhne						X	X				
	Gehälter											
	Miete											
Bereitschaftskosten — umgelegter Perioden	Abschreibungen							X				
	Grundsteuer											
kalkulatorische Kosten	Kapitalbindung			X								

Bild 4.14 Beispiel der qualitativen Einflussanalyse in einer Entscheidungsrechnung

Es empfiehlt sich, im interdisziplinären Team (aus allen grundsätzlich betroffenen Funktionen) jede Zelle der „Grundrechnung der Kosten" (Kapazitätseinheit) auf ihre Entscheidungsrelevanz hin zu prüfen. Spalten irrelevanter Bezugsobjekte können komplett übersprungen werden, um das Verfahren zu beschleunigen. Nach dem Identifizieren der betroffenen Einheiten, sind die tatsächlichen bzw. vermuteten Auswirkungen zu beschreiben. Das gewährleistet eine spätere Nachvollziehbarkeit der Überlegungen. In unserem Beispiel könnte dies zur Kapitalbindung im Wertstrom 1 (WS_1) in etwa so lauten: *„Durch die Integration von Vor- und Endmontage entfallen die Bestände an unfertigen Erzeugnissen im zwischengelegenen Supermarkt."*

Schritt 3

In Schritt drei erfolgt nun die **Quantifizierung der erwarteten Veränderungen** in den betroffenen Kapazitätseinheiten. Als Werkzeug dient die „Grundrechnung der Kapazitäten", wobei hier nur die in der qualitativen Einflussanalyse identifizierten Kapazitätseinheiten dargestellt werden. Im Maßstab der Kapazitätseinheit stellen nun Kontrollrechnungen für eine definierte Betrachtungsperiode (meist jährlich) die tatsächlich realisierten Kapazitätsveränderungen der Entscheidung dar. Bei Planrechnungen werden entsprechend die erwarteten oder prognostizierten Kapazitätsveränderungen offengelegt. Wie hoch der Aufwand für eine genauere Prognose der Veränderung sein darf, hängt unternehmensindividuell von der Bedeutung der Entscheidung ab. Es sind grundsätzlich Schätzungen eines Teams (z. B. mittels Zwei-Punkt- oder Drei-Punkt-Methode) oder genauere Verfahren (beispielsweise Tätigkeitsanalysen, Zeitaufnahmen) möglich.

Bild 4.15 zeigt eine zur vorhergegangenen qualitativen Einflussanalyse (Bild 4.14) beispielhafte Schätzung der quantitativen Auswirkungen.

Quantitative Einflussanalyse				Wertschöpfungskategorie				
Bezugsobjekte			Kostenart	Maßstab	Wert-schöpfend	Nicht-Wertschöpfend		
						notw. indirekt	Verschwendung	Frei
Gesamter Betrieb	Wertstromart 1	Wertsrom 1 K_{11} / K_{12}	Kapitalbindung	€ (in tausend)			- 4	
			Personal-Logistik	h		+ 200		- 200
			Personal-Fertigung	h			- 250	+ 250
			Abschreibung-Anlage X	h			- 100	+ 100

Bild 4.15　Beispiel einer quantitativen Einflussanalyse in einer Entscheidungsrechnung

Folgendes Beispiel verdeutlicht den Inhalt der Tabelle: Bei der Kapazitätseinheit „Personal-Fertigung" der Kostenstelle K_{12} wird durch die Optimierungsmaßnahmen auf Basis erster Zeitermittlungen eine Reduzierung an Verschwendung um 250 Stunden in der Betrachtungsperiode angesetzt. Diese 250 Stunden bilden zunächst freie Kapazitäten.

Selbst im hier fokussierten operativ-taktischen Zeithorizont bestehen allerdings Unsicherheiten bezüglich der Höhe der Veränderung. Diese sind entsprechend zu berücksichtigen! Für diese Problematik gibt es eine schöne Hilfestellung: Im Lösungsansatz findet dies mit der Szenariotechnik statt. So können unterschiedliche Entwicklungsmöglichkeiten (Szenarien) für die entscheidungsrelevanten Kapazitätseinheiten Berücksichtigung finden. Hier ist die Entwicklung eines vorsichtigen, eines realistischen und eines optimistischen Szenarios zu empfehlen.

Schritt 4

Der vierte Schritt bestimmt durch die konkrete **Entscheidung über den Umgang mit den Kapazitätsveränderungen** der Szenarien über die monetären Auswirkungen (Bild 4.16).

Entscheidungsszenario 1			Wertschöpfungskategorie					Entscheidung
Bezugsobjekte		Kostenart	Maßstab	Wert-schöpfend	Nicht-Wertschöpfend			
					notw. indirekt	Verschwendung	Frei	
Gesamter Betrieb	Wertstromart 1	Wertstrom 1 — K₁₁ — Kapitalbin-dung	€ (in tausend)			- 4		nicht notwendig
		Personal-Logistik	h		+ 200		- 200	Nutzung freier Kapazitäten
		K₁₂ — Personal-Fertigung	h				- 250	Abbau freier Kapazität
		Abschreibung-Anlage X	h			- 100	+ 100	Bereithalten freier Kapazität

Bild 4.16 Auswirkung des beispielhaften Entscheidungsszenarios zum Umgang mit den Kapazitätsveränderungen

Dieser Schritt ist nicht bei allen Kapazitätseinheiten durchzuführen. Beispielsweise verringert sich die Kapitalbindung durch eine Bestandsreduzierung ohne eine gesonderte Managemententscheidung. Auch bei der „Personal-Logistik" ist im dargestellten Fall keine Entscheidung notwendig, da für den zusätzlichen Aufwand von geschätzten 200 Stunden noch vorhandene freie Kapazitäten zur Verfügung stehen. Diese Information lässt sich beispielsweise aus einer laufenden „Grundrechnung der Kapazitäten" entnehmen. Anders verhält es sich bei der Kapazitätseinheit „Personal-Fertigung". Hier ist eine Entscheidung über den Umgang mit den durch die Optimierungsmaßnahmen gewonnenen 250 Stunden nötig. Der Entscheidungsraum erstreckt sich dabei von dem vollständigen Abbau der Kapazität bis hin zur vollständigen Nutzung für Wachstum zur Erfüllung der Kundennachfrage. Auch hierzu sind bei Unsicherheiten bzw. unklaren Entscheidungen Alternativ-Szenarien möglich. Erst wenn die Entscheidungen über den Umgang mit den Kapazitäten getroffen wurden, sind diese geldlich darstellbar. Der Gewinn von 250 Stunden durch Optimierungsmaßnahmen führt allein zu keinerlei Veränderungen im Zahlungsfluss, sondern schafft zunächst frei verfügbare Kapazitäten. Die Entscheidung über deren Verwendung führt gegebenenfalls zu zahlungsflussrelevanten Änderungen (Abbau in Bild 4.16). In diesem Zusammenhang wird die Bedeutung der Kapazitätsrechnung und der Kapitalflussorientierung, die klassischen Kostenrechnungssystemen fehlt, offensichtlich!

 Klassischen Kostenrechnungssystemen fehlt die für moderne Unternehmen bedeutende Kapazitätsrechnung und Kapitalflussorientierung.

Schritt 5

Im Schritt fünf erfolgt die **Monetarisierung der Entscheidungsalternativen.** Die getroffenen Entscheidungen können zu laufenden Zahlungsflussänderungen führen. Dazu zählen beispielsweise geringere laufende Personalausgaben bei der Entscheidung für Kapazitätsabbau oder die permanente Steigerung von Umsätzen – und damit auch der Leistungskosten – bei der Entscheidung für Wachstumsnutzung freier Kapazitäten. Auch in Wachstumsszenarien können Engpässe entstehen, z.B.

wenn sich freie Personalkapazitäten aufgrund anlagenbezogener Engpässe nicht vollständig für die Wertschöpfung nutzen lassen. Auch in solchen Fällen sind diesbezüglich Entscheidungen zu treffen und zu dokumentieren. Beispielsweise können Verantwortliche Engpässe durch eine Investition auflösen. Die notwendigen Daten zur Engpassbeurteilung sind zum Teil bereits in den laufenden „Grundrechnungen der Kapazitäten" enthalten. Engpässe stellen sich dort als Objekte mit der geringsten freien Kapazität dar.

 Daten zur Beurteilung von Engpässen können teilweise aus den laufenden „Grundrechnungen der Kapazitäten" entnommen werden.

Neben den laufenden Veränderungen sind gegebenenfalls auch einmalig anfallende Einnahmen und Ausgaben in der Entscheidungsrechnung mit ihren Zahlungszeitpunkten zu berücksichtigen. Typische einmalige Einnahmen entstehen durch De-Investition von Betriebsmitteln, Anlagen, Einrichtungen oder Gebäuden. Auch der Verkauf von Beständen (Rohstoffe, unfertige und fertige Erzeugnisse) stellt eine einmalige De-Investition dar, da Umsätze ohne zusätzliche Materialausgaben entstehen. Die Materialflussgeschwindigkeit lässt sich erhöhen, indem die Liegezeiten in Puffer- oder Lagerflächen verkürzt werden. Die Kapitalflussorientierung bildet diese Vorgänge ab und motiviert entsprechend zur Durchführung solche Maßnahmen. Auf der anderen Seite entstehen einmalige Ausgaben, etwa durch Investitionen in Anlagen, Werkzeuge, Flächen, Schulungen, Hilfsmittel oder Inbetriebnahme-Dienstleistungen.

Unter Bezugnahme auf das Beispiel in Bild 4.16 können als laufende jährliche Veränderungen 14 000 € ausgewiesen werden über

- Einsparungen infolge reduzierter Kapitalbindung (4000 €) plus
- Einsparungen durch den Abbau von Überkapazitäten (250 h entsprechen 10 000 €).

Als einmalige Effekte treten im Beispiel

- die De-Investition von Beständen (40 000 €) und
- Investitionen für Arbeitsplatzgestaltung (– 65 000 €)

noch im ersten Jahr auf.

Schritt 6

Die einmaligen und laufenden Veränderungen werden im sechsten Schritt mit ihren Zahlungszeitpunkten (meist jährlich) in eine **dynamische Investitionsrechnung** überführt. Durch das verwendete Einzelkostenprinzip und den ausgabeorientierten Kostenbegriff lassen sich Investitionsrechnungen einfach durchführen. Investitionsrechnungs- und Kostenrechnungssystem bilden im System der „Kostenrechnung und Kostenanalyse für Ganzheitliche Produktionssysteme" eine Einheit.

Die in der Praxis gebräuchlichsten Investitionsrechenverfahren sind die Kapitalwertmethode sowie die Amortisationsrechnung. Die dynamische Kapitalwertmethode berechnet den absoluten Nutzen einer Entscheidung in Form eines Kapitalwertes. Dazu werden die im vorherigen Schritt identifizierten entscheidungsrelevanten, einmaligen und laufenden Zahlungen in eine zeitbezogene Zahlungsreihe überführt. Mithilfe eines Kalkulationszinssatzes, meist ein gewichteter Kapitalkostensatz, erfolgt die Abzinsung der Zahlungsbeträge zu sogenannten Barwerten. Der Kapitalwert einer Entscheidung ergibt sich schließlich aus der Summe der Barwerte des Kalkulationszeitraumes. Die Formel 4.1 zeigt die Gleichung zur Berechnung des Kapitalwerts[5]

$$\text{Kapitalwert} = \sum_{n=0}^{N} \frac{K_n}{(1+i)^n} \tag{4.1}$$

Die Amortisationszeit ist der Zeitpunkt, an dem alle kumulierten Barwerte den Betrag 0 ergeben. Dazu werden meist zwei Zeitpunkte ermittelt (üblicherweise Jahre), zwischen denen der Vorzeichenwechsel der kumulierten Barwerte stattfindet. Mittels linearer Interpolation lässt sich näherungsweise der genaue Zeitpunkt ermitteln (vgl. Kaspar, Eschbach 2013, S. 390; Weber, Schäffer 2011, S. 342 – 343). Eine detaillierte Darstellung von Investitionsrechenverfahren ist in der einschlägigen Literatur, z. B. Götze (Götze 2014), zu finden.

Fazit: Bei den Investitionsrechenverfahren ergibt sich keine Änderung durch das vorgestellte Lösungskonzept – bei den Werten, mit denen die Investitionsrechnung durchgeführt wird, hingegen schon. Bild 4.17 zeigt auf Basis eines Kalkulationszinssatzes von 10 % pro Jahr den Kapitalwert (auf 3 Jahre gerechnet) und die Amortisationszeit des durchgängigen Textbeispiels.

Zahlungsreihe	Start	Jahr 1	Jahr 2	Jahr 3
Laufende Differenz		14.000 €	14.000 €	14.000 €
Einmalige Einnahmen		40.000 €		
Einmalige Auszahlungen	- 65.000 €			
Zahlungsdifferenz	- 65.000 €	54.000 €	14.000 €	14.000 €
Barwert	- 65.000 €	49.091 €	11.570 €	14.000 €
kumulierte Barwerte	- 65.000 €	- 15.909 €	- 4.339 €	9.661 €
Kapitalwert	9.661 €			
Amortisationszeit [Jahre]	2,31			

Bild 4.17 Kapitalwert und Amortisationszeit zum Textbeispiel

Schritt 7

Für jedes Szenario werden der Kapitalwert und die Amortisationsrechnung vorbereitet, die im Schritt sieben **zusammenfassend und vergleichend** gegenüber-

---

[5] Mit N = Endjahr der Laufzeit, n = Anzahl der Jahre, i = Kalkulationszinssatz, K = Barwert.

gestellt werden.[6] Durch die Szenariotechnik entstehen so beispielsweise unter Berücksichtigung der zu treffenden Entscheidungen eine **realistisch**, eine **optimistisch** und eine **vorsichtig** ermittelte **Amortisationszeit.** Hierbei beeinflussen keine Schlüsselungen oder Umlagen die Rechengrößen – alle Zahlungsflussänderungen beruhen auf tatsächlichen, transparent dargestellten Entscheidungen! Daher liegen die Ergebnisse des hier vorgestellten Verfahrens wesentlich näher am tatsächlichen Kapitalfluss des Unternehmens als die Ergebnisse klassischer Kostenrechnung und abgeleiteter Investitionsrechnungen, deren Ergebnisse oft nur fiktiven Charakter haben (vgl. Abschnitt 3.1).

 Alle Zahlungsflussänderungen beruhen auf tatsächlichen, transparent dargestellten Entscheidungen.

Produktbezogene Entscheidungen

Im Gegensatz zur klassischen Kostenrechnung findet im „System der Kostenrechnung und Kostenanalyse für Ganzheitliche Produktionssysteme" keine laufende Kalkulation von Kostenträgerstückkosten statt. Entscheidungen werden auf Basis ganzheitlicher monetärer Analysen (Bild 4.13) bewertet und Preise marktabhängig gebildet. Das hier vorgestellte Verfahren ist daher bewusst einfach gehalten, da die Anwendungsfälle beschränkt sind. Dennoch können in Einzelfällen spezifische Produktkosten notwendig sein. Die Herstellkosten eines Produktes ergeben sich aus der Summe von Material- und Fertigungskosten. Die Information über Materialkosten eines Produktes ist auf Basis von Stücklisten und Einkaufspreisen erhältlich. Weitere stückabhängige Leistungskosten einer Produkteinheit lassen sich aus der „Grundrechnung der Kosten" entnehmen.

Die Fertigungskosten stellen weitgehend Bereitschaftskosten dar. Zur Berechnung der Fertigungskosten pro Stück dienen die Bereitschaftskosten desjenigen Wertstroms, in welchem das Produkt gefertigt wird. Weiterhin gilt es, den maximalen oder normalen Durchsatz des Produktes durch den Wertstrom in der Periode zu definieren. Dieser ergibt sich aus dem Engpass in der Wertschöpfungskette, d.h. über den Prozess mit dem geringsten Durchsatz. Mithilfe einer einfachen Divisionskalkulation lassen sich nun die Fertigungskosten ermitteln. Diese werden zu den Materialkosten addiert, um die Herstellkostenrechnung zu erhalten. Folgendes Beispiel erläutert das Verfahren:

- Materialkosten pro Stück = 10,00 €

- Bereitschaftseinzelkosten des Wertstroms A = 50 000 €

- Engpasskapazität der Variante = 7500 Stück

---

[6] Da das Beispiel ohne Szenarien auskommt, entfällt hier die vergleichende Darstellung. In Abschnitt 5.2.4 findet sich ein Praxisbeispiel unter Verwendung der Szenariotechnik.

$$\rightarrow \text{Stückherstellkosten} = 10,00\,\frac{\text{€}}{\text{Stk.}} + \frac{50.000\,\text{€}}{7.500\,\text{Stk.}} = 16,67\,\frac{\text{€}}{\text{Stk.}}$$

Da nur die Wertstromkosten und keine übergeordneten Kosten anderer Bezugsobjekte Berücksichtigung finden, handelt es sich um einen Teilkostenwert. Die Material- und Fertigungskosten betragen in aller Regel über 70 % bis 80 % der Gesamtkosten, sodass für die meisten Zwecke ein ausreichend genauer Wert vorhanden ist.

Bei Bedarf können zudem durch die Vorgabe von Zuschlagssätzen überschlagsmäßig die anteiligen Kosten übergeordneter Bezugsobjekte berücksichtigt werden. Die Bildung dieser Zuschlagssätze kann in Anlehnung an die Berechnung klassischer Gemeinkostenzuschlagssätze erfolgen (vgl. Coenenberg et al. 2016, S. 145). Die Formel 4.2 zeigt die Gleichung zur Berechnung von Zuschlagssätzen übergeordneter Bezugsobjekte im Rahmen einer Stückkalkulation

$$\text{Zuschlagssatz} = \frac{\text{Einzelkosten des übergeordneten Bezugsobjekts}}{\text{Summe der Einzelkosten untergeordneter Bezugsobjekte}} \cdot 100 \quad (4.2)$$

Das aktuell beschriebene Beispiel der Stückkalkulation sei um folgende Annahmen erweitert:

- Es existiert ein weiterer Wertstrom B mit Bereitschaftseinzelkosten von 100 000 €.

- Es gibt ein für beide Wertströme A und B übergeordnetes Bezugsobjekt „Lager" mit Bereitschaftseinzelkosten von 50 000 €.

$$\text{Zuschlagssatz Lager} = \frac{\text{Einzelkosten Lager}}{\text{Einzelkosten Wertstrom A} + \text{B}} = \frac{50.000\,\text{€}}{50.000\,\text{€} + 100.000\,\text{€}} = 33,3\%$$

Somit ergibt sich folgende erweiterte Stückkalkulation:

- Materialkosten pro Stück = 10,00 €

- Bereitschaftseinzelkosten des Wertstroms A = 50 000 €

- Zuschlagssatz Logistik auf die Bereitschaftseinzelkosten des Wertstroms A = 33 % · 50 000 € = 16 500 €

- Engpasskapazität der Variante = 7500 Stück

$$\rightarrow \text{erweiterte Stückherstellkosten} = 10,00\,\frac{\text{€}}{\text{Stk.}} + \frac{50.000\,\text{€} + 16.500\,\text{€}}{7.500\,\text{Stk.}} = 18,87\,\frac{\text{€}}{\text{Stk.}}$$

Diese Kalkulation kann mehrstufig mit allen übergeordneten Bezugsobjekten erfolgen.

Bild 4.18 zeigt im linken Bereich das Schema der klassischen Zuschlagskalkulation. In der rechten Spalte findet die produktbezogene Rechnung des vorgestellten Lösungsansatzes Berücksichtigung. Die Tabelle verdeutlicht: Alle Elemente einer klassischen Zuschlagskalkulation lassen sich – in abgewandelter, bezugsobjektbezogener Form – auch in der Produktkalkulation des vorgestellten Systems entsprechend berücksichtigen.

	Kostenart	Berücksichtigung in der produktbezogenen Kalkulation des Lösungsansatzes
	Materialeinzelkosten	vollständig in den Leistungskosten des Produkts
+	Materialgemeinkosten	in den Bereitschaftseinzelkosten des Wertstroms und über Zuschlagssätze übergeordneter Bezugsobjekte
=	**Materialkosten**	-
+	Fertigungslohnkosten	vollständig in den Bereitschaftseinzelkosten des Wertstroms
+	Fertigungsgemeinkosten	weitgehend in den Bereitschaftseinzelkosten des Wertstroms und ggfs. über Zuschlagssätze übergeordneter Bezugsobjekte
+	Sondereinzelkosten der Fertigung	vollständig in den Bereitschaftskosten des Produkts
=	**Herstellkosten**	-
+	Gemeinkostenzuschlag für Forschung und Entwicklung	Abbildung über Zuschlagssätze (Deckungsbudgtes) aller übergeordneten Bezugsobjekte möglich
+	Gemeinkostenzuschlag für Verwaltung	
+	Gemeinkostenzuschlag für Vertrieb	
+	Sondereinzelkosten des Vertriebs	vollständig in den Bereitschaftskosten des Produkts
=	**Selbstkosten**	-

Bild 4.18 Schema der klassischen Zuschlagskalkulation mit Entsprechung im Lösungsansatz

Mit Abschluss des Abschnitt 4.6 ist die Gestalt eines „Systems der Kostenrechnung und Kostenanalyse für Ganzheitliche Produktionssysteme" beschrieben. Nach der Vorstellung aller Grunddaten, Grundrechnungen und typischer Auswertungsrechnungen gibt nun ein grobes Vorgehensmodell Hinweise zur Einführung in der Praxis.

■ 4.7 Vorgehensmodell zur praxisnahen Einführung

Die Einführung des „Systems der Kostenrechnung und Kostenanalyse für Ganzheitliche Produktionssysteme" bedarf einer genauen Planung sowie eines konsequenten Projektmanagements. Die komplette Umstellungsphase kann mehrere Jahre dauern. Hier ist in einigen Fällen gleichermaßen Geduld wie Stringenz gefordert – stets mit dem Ziel einer Gesamtoptimierung und des notwendigen wirtschaftlichen Unternehmenserfolgs vor Augen. Verinnerlichen Sie sich und Ihren Mitarbeitern wiederkehrend: Der konkurrierende Markt schläft nicht! Um wettbewerbsfähig zu bleiben, sind Änderungen und Wandel in modernen Betrieben zwingend notwendig.

Die Umstellung sollte parallel zur Implementierung des Produktionssystems angestrebt bzw. abhängig vom aktuellen Reifegrad des Ganzheitlichen Produktionssystems durchgeführt werden. Es empfiehlt sich eine schrittweise Umsetzung in den auch von Lean-Maßnahmen betroffenen Pilotbereichen, bevor ein ganzheitlicher Rollout erfolgt. Ein universales Vorgehensmodell zur Einführung in der Praxis ist aufgrund der Heterogenität der Ausgangssituationen nicht möglich. Die Einführung lässt sich jedoch in vier Hauptphasen unterteilen, gezeigt in Bild 4.19 (in Anlehnung an Kaplan, Anderson 2009).

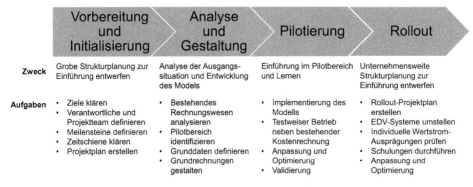

	Vorbereitung und Initialisierung	Analyse und Gestaltung	Pilotierung	Rollout
Zweck	Grobe Strukturplanung zur Einführung entwerfen	Analyse der Ausgangs-situation und Entwicklung des Models	Einführung im Pilotbereich und Lernen	Unternehmensweite Strukturplanung zur Einführung entwerfen
Aufgaben	• Ziele klären • Verantwortliche und Projektteam definieren • Meilensteine definieren • Zeitschiene klären • Projektplan erstellen	• Bestehendes Rechnungswesen analysieren • Pilotbereich identifizieren • Grunddaten definieren • Grundrechnungen gestalten	• Implementierung des Modells • Testweiser Betrieb neben bestehender Kostenrechnung • Anpassung und Optimierung • Validierung	• Rollout-Projektplan erstellen • EDV-Systeme umstellen • Individuelle Wertstrom-Ausprägungen prüfen • Schulungen durchführen • Anpassung und Optimierung

Bild 4.19 Typische Phasen der Einführung des entwickelten Systems

Zu den notwendigen Voraussetzungen gehört die Unterstützung der gesamten Unternehmensführung. Insbesondere gefordert ist das gemeinsame Engagement der Funktionen „Finanzen/Controlling" und „Produktion". Die erste Phase der Vorbereitung und Initialisierung umfasst:

- Ziele der Kostenrechnungsumstellung klären
- umfangreiche Kapazitäten für die folgenden Phasen bereitstellen und
- einen Projektplan für die Pilotierung entwickeln.

Entscheidend für die Einführung ist die Bildung eines interdisziplinären Projektteams mit Vertretern aus den Bereichen Controlling, Produktion, Zeitwirtschaft und IT.

In Phase zwei folgt die Analyse und Gestaltung des Grundmodells für die Pilotierung. Es gilt zunächst, den Pilotbereich zu identifizieren. Empfehlenswert ist hierbei grundsätzlich ein umsatzstarker, aber hinsichtlich der Komplexität überschaubarer Bereich (z. B. bezüglich Anzahl und Umfang der Wertströme). Indem der Produktion gefolgt wird, ergibt sich der Pilotbereich für die Kostenrechnung aus dem Pilotbereich/-wertstrom für die Produktionssystemumgestaltung. Hierbei gilt es, die relevanten Grunddaten zu definieren: also die Kostenarten, die Kostenverhaltenskategorien sowie die Hierarchie der Bezugsobjekte und der Wertschöpfungskategorien. Zu identifizieren sind darüber hinaus der Aufbau, die Datenquellen der „Grundrechnung der Kosten und Erlöse", die Wertschöpfungsermittlung sowie die darauffolgende „Grundrechnung der Kapazitäten".

Die dritte Phase umfasst die Anwendung und Evaluierung im Pilotbereich. Das „System der Kostenrechnung und Kostenanalyse" wird hierbei mit den Kosten- und Erlösinformationen gefüllt. Die Implementierung erfolgt parallel zum bestehenden Kostenrechnungssystem in einer Testumgebung oder mit einer Software zur Tabellenkalkulation. Die finanziellen Werte entstammen dabei aus den unterschiedlichen Rechnungssystemen, werden angepasst und in die „Grundrechnung der Kosten" überführt. Zu empfehlen sind ein Testbetrieb mit laufenden Erfolgsrechnungen über mehrere Wochen oder Monate sowie die Durchführung einiger Auswertungsrechnungen. Verantwortliche sollten die Daten auf ihre Plausibilität hin prüfen und das Pilotsystem entsprechend optimieren.

Nach erfolgreicher Pilotierung kann ein kompletter Rollout des Systems erfolgen. Dies ist mit erheblichen organisatorischen Änderungen verbunden: Die Grunddaten müssen nun für das gesamte Unternehmen bzw. Werk geklärt und abgebildet werden. Zudem sind deutliche EDV-technische Anpassungen zu erwarten. Der Rollout selbst stellt also ein eigenes umfangreiches Projekt dar. Je nach Unternehmensgröße kann es mehrere Monate oder sogar Jahre dauern; sollte jedoch stets mit der Entwicklungsgeschwindigkeit der Veränderungen im Produktionssystem schritthalten. Weiterhin sind umfangreiche Schulungen bei allen ergebnisverantwortlichen Mitarbeitern durchzuführen, um die korrekte Nutzung des Kostenrechnungssystems sicherzustellen.

Den Einsatz des Systems in zwei praxisbezogenen Anwendungsfällen beschreibt das folgende Kapitel.

5 Anwendung und Evaluierung in der Praxis

Das entwickelte Lösungskonzept soll nun seine Praxistauglichkeit beweisen. Es kommt hierfür in zwei Anwendungsfällen zum Einsatz.

Abschnitt 5.1 beschreibt die Anwendung in einem Planspielszenario innerhalb der Lernfabrik des Technologiezentrums Produktions- und Logistiksysteme der Hochschule Landshut.

Die Anwendung und Evaluierung in einem Unternehmen des betrachteten Betriebstyps beschreibt Abschnitt 5.2. Die Praxistauglichkeit konnte durch die Umsetzung der Grunddaten, Grundrechnungen und Auswertungsrechnungen im Pilotbereich eines Großunternehmens mit diskreter Produktion erfolgreich nachgewiesen werden.

■ 5.1 Fallbeispiel 1: Planspiel in einer Muster- und Lernfabrik

5.1.1 Charakterisierung des Planspiels

Das Planspiel findet in der Lernfabrik der Hochschule Landshut statt und ist durch einen engen Bezug zur Industriebetriebspraxis gekennzeichnet. Ziel des Planspiels ist, grundlegendes Wissen bezüglich der Lean-Prinzipien nahezubringen (s. Abschnitt 2.1.2). Das ergänzende Kostenrechnungsmodul vermittelt jedem Teilnehmer den notwendigen Einklang von Produktions- und Kostenrechnungssystem. Es soll verdeutlicht werden, dass klassische Kostenrechnungsverfahren ungeeignet für den Einsatz in Lean-Unternehmen sind. Zudem gilt es aufzuzeigen, wie das hier vorgestellte „System der Kostenrechnung und Kostenanalyse" eine geeignete Unterstützungsfunktion in Ganzheitlichen Produktionssystemen leisten kann.

Klassische Kostenrechnungsverfahren sind für den Einsatz in Lean-Unternehmen ungeeignet.

Das Planspiel lässt sich als geschlossen charakterisieren, d.h. die Struktur, der Ablauf und die Problemlösungen sind den Teilnehmern vorgegeben. Die Teilnehmer nehmen unterschiedliche Rollen in einem Industriebetrieb zur Montage logistischer Bodenroller für Kleinladungsträger wahr. Ausgehend vom Betrieb der Lernfabrik nach den Grundsätzen tayloristischer Massenproduktion mit Fokus auf Auslastung und Arbeitsteilung werden in einer zweiten Planspielrunde Prinzipien Ganzheitlicher Produktionssysteme realisiert und die Lernfabrik erneut betrieben. Es handelt sich somit um ein mehrstufiges, geschlossenes Planspiel, um unterschiedliche Produktionssysteme miteinander zu vergleichen. Dieses Vorgehen entspricht dem Charakter vieler verbreiteter Lean-Planspiele (vgl. Bicheno 2015). Die dargestellten Kostenrechnungsverfahren müssen also nur mit geringem Aufwand an die jeweilige Situation anderer Lean-Planspiele angepasst werden. Eine detaillierte Charakterisierung des Planspieles findet sich in (Michalicki et al. 2016) und (Blöchl et al. 2017).

5.1.2 Aufbau und Struktur

Das Planspiel setzt sich zusammen aus zwei Hauptrunden mit je 12,5 min Spielzeit und darauffolgender Analysephase. Die erste Planspielrunde umfasst die Produktion des Bodenrollers als arbeitsteilige Werkstattfertigung mit fünf Abteilungen und Kostenstellen. Folgende Punkte kennzeichnen das Massenproduktionssystem der ersten Planspielrunde:

- Push-Steuerung mit Fokus auf maximaler Auslastung
- Leistungslohn als Anreizsystem
- Losgrößenmontage
- hocharbeitsteilige Montage in abgegrenzten Kostenstellen.

Bild 5.1 visualisiert den Aufbau und Materialfluss in der ersten Planspielrunde.

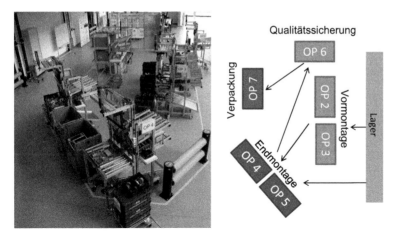

Bild 5.1   Aufbau der Arbeitsplätze (OP) und Materialfluss in der Planspielrunde 1

Infolge des Push-Systems und des Strebens nach maximaler Auslastung, um die Stückkosten zu verringern, deckt die anschließende Analysephase eine hohe Verschwendung im System auf. Es entsteht eine Überproduktion unfertiger Erzeugnisse mit der Folge hoher Bestände. Zudem entsteht ein hoher Transport- sowie Qualitätssicherungsaufwand mit langen und instabilen Durchlaufzeiten der Produkte.

In der zweiten Planspielrunde wird die Montage des Bodenrollers nach den Grundsätzen Ganzheitlicher Produktionssysteme neugestaltet. Anstelle der Werkstattmontage erfolgt die Bodenrollerherstellung innerhalb einer taktgebundenen Fließmontage. Alle Arbeitsschritte wurden für eine möglichst gleichmäßige Auslastung neu verteilt, sodass die funktionale Arbeitsteilung entfällt. Das Produktionssystem der zweiten Planspielrunde ist gekennzeichnet durch:

- ziehende Montage (Pull-Steuerung) mit Fokus auf Erfüllung des Kundenbedarfs
- Ein-Stück-Fluss
- kundentaktbasierte Montagegeschwindigkeit
- Integration und Verkettung aller Arbeitsgänge.

Bild 5.2 zeigt den Aufbau der Fließmontage sowie den schematischen Materialfluss.

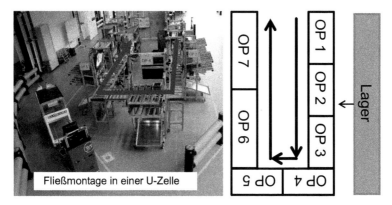

Bild 5.2 Aufbau der Arbeitsplätze (OP) und Materialfluss in der Planspielrunde 2

Die Teilnehmer erkennen in der Analysephase im Vergleich beider Spielrunden wesentliche Vorteile Ganzheitlicher Produktionssysteme (Bild 5.3):

Auswertung	Runde 1: Werkstattfertigung nach Prinzipien tayloristischer Massenproduktion	Runde 2: Fließfertigung nach Prinzipien Ganzheitlicher Produktionssysteme
Bestände	20 Stück	6 Stück
Flächenbedarf	100 m²	80 m²
Logistikaufwand	- intransparent - hoher Anteil an Leerfahrten - Bereitstellung auf Zuruf	- transparent - deutlich geringere Verschwendung - geregelte Bereitstellung
Steuerung	- hoher Steuerungsaufwand - System nur durch massive Bestände betreibbar	- lediglich ein Einsteuerungspunkt am Schrittmacherprozess - stabile Bestände
Durchlaufzeiten	stark schwankend und lang	definiert und kurz

Bild 5.3 Vergleich beider Planspielrunden

Auf die Analysephase folgt die monetäre Bewertung beider Produktionssysteme. Zunächst wird dazu eine klassische, dreistufige Vollkostenrechnung durchgeführt.

5.1.3 Bewertung mit klassischer Vollkostenrechnung

Das Kostenrechnungsmodul des Planspiels beginnt mit der monetären Erfolgsbewertung beider Produktionssysteme anhand einer traditionellen Vollkostenrechnung. Diese gliedert sich in eine Kostenarten-, Kostenstellen- und eine Kostenträgerrechnung. Beide Produktionssysteme bzw. Planspielrunden werden bezüglich der Herstellkosten des Bodenrollers sowie des Periodenerfolgs verglichen. Die Berechnung erfolgt mit einer Software zur Tabellenkalkulation.

Kostenartenrechnung

Die Kostenartenrechnung umfasst folgende Abläufe:

- Erfassen aller Kosten der Planspielrunden
- Dokumentation der Bestände[1] sowie
- Klassifizierung der Kosten.

Tabelle 5.1 fasst die Produktions- und Absatzmengen sowie Bestände in beiden Planspielrunden zusammen und verdeutlicht die Überproduktion (unfertiger) Erzeugnisse in der ersten, push-gesteuerten Planspielrunde.

Tabelle 5.1 Produktions- und Absatzmengen sowie Bestände in beiden Planspielrunden

Bestände Bodenroller	Runde 1	Runde 2
Startbestand (fertige und unfertige Erzeugnisse)	15	6
Verkaufsmenge	10	10
Endbestand (fertige und unfertige Erzeugnisse)	20	6
Produktionsmenge	15	10

Diese Kostenarten werden für die folgenden Verrechnungsschritte gegliedert: nach der Art verbrauchter Produktionsfaktoren, nach Art des Verhaltens bei Beschäftigungsänderungen in fix und variabel sowie bezüglich der Zurechenbarkeit auf einen Kostenträger in Einzel- oder Gemeinkosten (s. Tabelle 5.2).

Tabelle 5.2 Kostenarten im Beispielszenario

KOSTENARTEN		
Materialkosten	Fertigungsmaterial	Einzelkosten
	Hilfsstoffe	Einzelkosten
Personalkosten	Löhne	Gemeinkosten
	Gehälter	Einzel- und Gemeinkosten
Abschreibungen	Abschreibungen	Gemeinkosten
Grundkosten	Miete	Gemeinkosten
	Nebenkosten	Gemeinkosten
Gemeinkosten	Corporate Overhead	Gemeinkosten

In Tabelle 5.3 sind die verwendeten Kostenbeträge für die folgenden Berechnungen zu finden.

---

[1] Aus Vereinfachungsgründen wird im Rahmen des Planspiels nicht zwischen unfertigen und fertigen Erzeugnissen bei der Bestandsbewertung unterschieden.

Tabelle 5.3 Kostenbeträge für das Beispielszenario

Verkaufspreis		
Verkaufspreis	50,00 €	€/Stk.
Variable Kosten für Bodenroller (Materialkosten)		
Rahmen	20,00 €	€/Stk.
Set Rollen	8,00 €	€/Stk.
Karton	2,00 €	€/Stk.
Fixkosten der Fertigung je Spielrunde		
Löhne/Gehälter	36,00 €	€/Spielperiode
Abschreibungen	9,00 €	€/Spielperiode
Miete	4,00 €	€/Spielperiode
Corporate Overhead	3,00 €	€/Spielperiode
Hilfs- und Betriebsstoffe	1,00 €	€/Spielperiode
Nebenkosten Verkaufspreis	1,00 €	€/Spielperiode
Gesamt	**54,00 €**	**€/Spielperiode**
davon Einzelkosten	23,00 €	€/Spielperiode
davon Gemeinkosten	31,00 €	€/Spielperiode

Kostenstellenrechnung

In einem Ein-Produkt-Unternehmen wie im Fall des Planspiels ist eine Kostenstellenrechnung nicht zwingend notwendig. Nichtsdestotrotz wird diese hier durchgeführt, da sie in der Praxis von Mehr-Produkt-Unternehmen einen essenziellen Hauptbestandteil der Kostenrechnungssysteme darstellt. Ziel ist, die Gemeinkostenzuschlagssätze für die Kostenträgerrechnung zu bestimmen. Gemäß dem Werkstattprinzip der ersten Planspielrunde wird die in Bild 5.4 dargestellte Kostenstellenstruktur ermittelt.

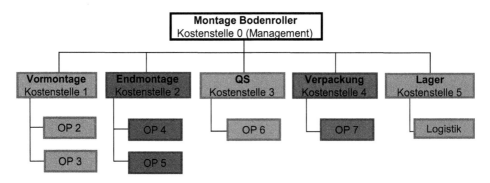

Bild 5.4 Organigramm und Kostenstellenstruktur der Werkstattfertigung

Die Kostenstellen 0 und 5 werden als Hilfskostenstellen definiert, da diese nicht unmittelbar an der Herstellung der absatzfähigen Güter beteiligt sind. Um die Gemeinkostenzuschlagssätze zu ermitteln, wird mit den Teilnehmern ein klassischer Betriebsabrechnungsbogen (Bild 5.5) erstellt. Dieser enthält in der Vertikalen die definierten Kostenarten. In der Horizontalen ist die Kostenstellenstruktur mit einer Trennung in Hilfs- und Hauptkostenstellen dargestellt. Hier findet auch die Schlüsselung der Kostenstellengemeinkosten (z.B. Miete) auf alle Kostenstellen statt. Ist ein Verteilungsschlüssel (etwa nach Fläche, Anzahl an Arbeitsplätzen je Kostenstelle etc.) gefunden, können die Kostenstellengemeinkosten verteilt werden. Schließlich folgt die Umlage bzw. Verrechnung der Kosten der Hilfskostenstellen auf die Hauptkostenstellen[2], um in der letzten Zeile einen Zuschlagssatz je Kostenstelle zu berechnen.

Betriebsabrechnungsbogen		Hilfskostenstellen		Hauptkostenstellen				
Kostenarten / Kostenstellen	Summe	Kostenstelle 0 Management	Kostenstelle 5 Lager	Kostenstelle 1 Vormontage	Kostenstelle 2 Endmontage	Kostenstelle 3 QS	Kostenstelle 4 Verpackung	Summe
Hilfsstoffe	1,00 €	- €	- €	0,33 €	0,33 €	0,17 €	0,17 €	1,00 €
Miete	4,00 €	0,67 €	0,67 €	0,67 €	0,67 €	0,67 €	0,67 €	4,00 €
Nebenkosten	1,00 €	0,17 €	0,17 €	0,17 €	0,17 €	0,17 €	0,17 €	1,00 €
Abschreibung	9,00 €	- €	- €	3,00 €	3,00 €	1,50 €	1,50 €	9,00 €
Löhne	29,00 €	- €	4,00 €	8,00 €	8,00 €	5,00 €	4,00 €	29,00 €
Gehälter	7,00 €	7,00 €	- €	- €	- €	- €	- €	7,00 €
Corporate Overhead	3,00 €	0,50 €	0,50 €	0,50 €	0,50 €	0,50 €	0,50 €	3,00 €
Primäre Kostenstellengemeinkosten	29,00 €	8,33 €	5,33 €	4,67 €	4,67 €	3,00 €	3,00 €	29,00 €
Umlage Kostenstelle 0	8,33 €	- €	- €	2,54 €	2,54 €	1,63 €	1,63 €	8,33 €
Umlage Kostenstelle 5	5,33 €	- €	- €	1,62 €	1,62 €	1,04 €	1,04 €	5,33 €
primäre und sekundäre Kostenstellengemeinkosten	29,00 €	- €	- €	8,83 €	8,83 €	5,67 €	5,67 €	29,00 €
Kostenstelleneinzelkosten	-		-	8,00 €	8,00 €	5,00 €	4,00 €	
Gemeinkostenzuschlagssatz				110%	110%	113%	142%	

Bild 5.5 Betriebsabrechnungsbogen zur Ermittlung der Gemeinkostenzuschlagssätze

Die Komplexität sowie Intransparenz klassischer Kostenrechnung durch mehrfache Umlagen und Schlüsselungen bei der Erstellung und Analyse des Betriebsabrechnungsbogens wird offensichtlich.

Kostenträgerrechnung und Betriebsergebnisrechnung

Mithilfe der ermittelten Gemeinkostenzuschlagssätze lassen sich nun die Herstellkosten pro Stück für beide Planspielrunden berechnen.

---

[2] Im Rahmen der Kostenrechnung des Planspiels findet die Verrechnung einstufig – entsprechend eines vereinfachend angenommenen einseitigen internen Leistungsstroms – statt.

Als Kalkulationsverfahren kommt die auch in der Praxis weitverbreitete differenzierende Zuschlagskalkulation zum Einsatz[3]. Die Kostenstelleneinzelkosten gemäß Betriebsabrechnungsbogen wurden in einer Divisionskalkulation auf die produzierte Menge der jeweiligen Runde verteilt. Für die beiden Produktionssystemalternativen ergibt sich die in Bild 5.6 dargestellte Herstellkostenkalkulation.

Stück-Herstellkostenrechnung		
	Runde 1	Runde 2
Materialkosten	30,00 €	30,00 €
Einzelkosten Vormontage	0,53 €	0,80 €
Zuschlag Vormontage	0,59 €	0,88 €
Einzelkosten Endmontage	0,53 €	0,80 €
Zuschlag Endmontage	0,59 €	0,88 €
Einzelkosten QS	0,33 €	0,50 €
Zuschlag QS	0,38 €	0,57 €
Einzelkosten Verpackung	0,27 €	0,40 €
Zuschlag Verpackung	0,38 €	0,57 €
Herstellkosten	**33,60 €**	**35,40 €**

Bild 5.6
Kostenträgerstückrechnung für die Produktionssystemalternativen[4]

Auf Basis der Herstellkosten lässt sich der Gesamterfolg beider Planspielperioden mit einer Betriebsergebnisrechnung ermitteln (Bild 5.7).

Betriebsergebnisrechnung		
	Runde 1	Runde 2
Umsatz	500,00 €	500,00 €
Herstellkosten	336,00 €	354,00 €
Bruttoergebnis	**164,00 €**	**146,00 €**
Umsatzrentabilität	**33%**	**29%**

Bild 5.7
Betriebsergebnisrechnung für die Produktionssystemalternativen[5]

Die klassisch kalkulierten Stück- und Periodenergebnisse bescheinigen dem tayloristischen Massenproduktionskonzept niedrigere Stückkosten (Bild 5.6) und höhere Betriebserfolge (Bild 5.7). Sie stehen im diametralen Widerspruch zum nichtmonetären Ergebnisvergleich (s. Bild 5.3). Die Ursache liegt vorwiegend darin, dass im klassischen Kostenrechnungssystem die Fixkosten der Spielperiode auch auf die Überproduktion (Bestandsaufbau in Tabelle 5.1) verteilt werden. Sie senken so die Herstellkosten pro Stück und verbessern entsprechend den Betriebserfolg. Die in Abschnitt 3.1.3 erläuterte Kritik zur Bestandsbewertung wird hier klar offengelegt.

---

[3] Durch die überschaubare Komplexität des Planspielszenarios könnten auch einfachere Verfahren der Kalkulation verwendet werden. Aufgrund der hohen Praxisverbreitung kam jedoch bewusst eine differenzierende Zuschlagskalkulation zum Einsatz.

[4] Basis für die Kalkulation sind die Kostenbeträge in Tabelle 5.3, Stückzahlen in Tabelle 5.1 und Einzelkosten sowie Gemeinkostenzuschlagssätze in Bild 5.5.

[5] Basis für die Kalkulation sind die Kostenbeträge in Tabelle 5.3, Stückzahlen in Tabelle 5.1 und Herstellkosten in Bild 5.6.

5.1.4 Bewertung mit der Kostenrechnung für Ganzheitliche Produktionssysteme

Der Betriebserfolg beider Planspielrunden wird nun gemäß dem in Kapitel 4 vorgestellten „System der Kostenrechnung und Kostenanalyse" nach dem Schema der Grunddaten, Grundrechnungen und Auswertungsrechnungen neu bewertet.

Grunddaten

Als ersten Schritt gilt es, die Grunddaten für das Kostenrechnungssystem zu entwickeln.

Bei den Kostenarten wird zwischen Personal-, Anlagen-, Material-, Gebäude-, Energie- und Kapitalkosten unterschieden. Die Bezugsobjektehierarchie des Planspielunternehmens stellt Bild 5.8 dar.

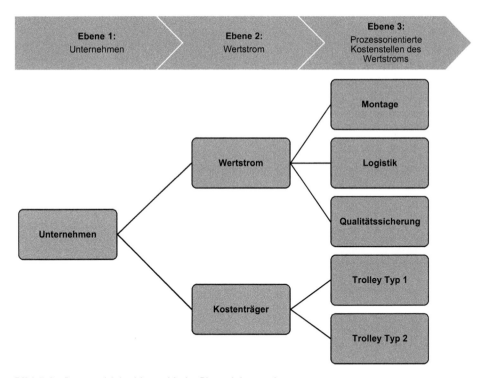

Bild 5.8 Bezugsobjektehierarchie im Planspielszenario

Zur **Wertschöpfungsermittlung** werden eine Kategorie für Wertschöpfung und drei nicht wertschöpfende Kategorien „Verschwendung", „notwendig indirekt" und „frei" verwendet.

Als **Kostenverhaltenskategorien** werden unterschieden:

- absatzabhängige und erzeugungsabhängige Leistungskosten für Verpackung und Material sowie
- Bereitschaftskosten der aktuellen Periode, umgelegter Perioden und kalkulatorische Kosten.

Anwendung findet der beschriebene ausgabeorientierte Kostenbegriff. Das System differenziert bei den Produkteinheiten der Bezugsobjekte zwischen dem Bodenroller (Trolley) Typ I und dem Bodenroller Typ II. Dies dient der Abbildung einer Produktvarianz, wobei die Einzelkosten und Verkaufspreise beider Varianten als identisch angenommen werden.

In Tabelle 5.4 finden sich die nach Leistungs- und Bereitschaftskosten gegliederten Basisdaten für die Grundrechnungen.[6]

Tabelle 5.4 Basisdaten für die Grundrechnungen im Beispielszenario

Bereitschaftskosten je Periode		Einheit	Kostenart	Bezugsgröße
Meister	7,00 €	€/Spielperiode	Personal	Wertstrom
Werker Trolley-Montage	20,00 €	€/Spielperiode	Personal	Montage
Logistik-Mitarbeiter	4,00 €	€/Spielperiode	Personal	Logistik
QS-Mitarbeiter	5,00 €	€/Spielperiode	Personal	QS
Abschreibungen	9,00 €	€/Spielperiode	Anlagen	Wertstrom
Hilfs- und Betriebsstoffe (HuB)	1,00 €	€/Spielperiode	Material	Wertstrom
Miete	4,00 €	€/Spielperiode	Gebäude	Wertstrom
Energiekosten	1,00 €	€/Spielperiode	Energie	Wertstrom
Unternehmensführung	3,00 €	€/Spielperiode	Personal	Unternehmen
Kapitalkostensatz Bestand	1 %	p. Spielperiode	Kapital	Wertstrom
Ø Bestandswert der Periode 1 (berechnet mit Stückkosten von 33,60 € und Ø Bestandsmenge von 17,5 Stk (s. Tabelle 5.1))	588,00 €	€/Spielperiode	Kapital	Wertstrom
Ø Bestandswert der Periode 2 (berechnet mit Stückkosten von 33,60 € und Ø Bestandsmenge von 6 Stk (s. Tabelle 5.1))	201,60 €	€/Spielperiode	Kapital	Wertstrom

Tab 5.5 enthält die Produktions- und Absatzmengen beider Planspielrunden differenziert nach den beiden Bodenrollertypen.

---

[6] Abgesehen von der zusätzlichen Kostenart der Kapitalkosten sind die Kostenbeträge identisch zu denen der klassischen Vollkostenrechnung.

Tabelle 5.5 Absatz- und Produktionsmengen im Szenario

Bodenroller Typ I (2-Lenk, 2-Bock)		
	Periode 1	Periode 2
Produktionsmenge	8	5
Absatzmenge	5	5

Bodenroller Typ II (4-Lenk)		
	Periode 1	Periode 2
Produktionsmenge	7	5
Absatzmenge	5	5

Grundrechnung der Kosten und Erlöse

Die Grunddaten finden Verwendung, um die „Grundrechnungen der Kosten und Erlöse" für beide Produktionssysteme/Spielrunden zu erstellen. Auch hier dienen die Grundrechnungen als zweckneutrale Datenbasis für Auswertungsrechnungen. Bild 5.9 zeigt die „Grundrechnung der Kosten und Erlöse" für das tayloristische Massenproduktionskonzept der ersten Planspielrunde.

Bild 5.10 für das Ganzheitliche Produktionssystem der zweiten Spielrunde.

Grundrechnung der Kosten für Runde 1			Gesamt-summe	Kostenträger		Unter-nehmen	Kostenstellen			
				Produkt			Wertstrom "Trolley"			
Kostenverhalten		Kostenart		Typ I	Typ II		Gesamt-WS	Montage	Logistik	QS
Leistungs-kosten	absatzabhängig	Verpackung	20,00 €	10,00 €	10,00 €					
	erzeugungsabhängig	Material	420,00 €	224,00 €	196,00 €					
		SUMME	440,00 €	234,00 €	206,00 €	- €	- €	- €	- €	- €
Bereitschafts-kosten	betrachtete Periode	Löhne	29,00 €					20,00 €	4,00 €	5,00 €
		Gehälter	10,00 €			3,00 €	7,00 €			
		HuB	1,00 €				1,00 €			
		Energie	1,00 €				1,00 €			
		Miete	4,00 €				4,00 €			
	umgelegter Perioden	Abschreibungen	9,00 €				9,00 €			
	kalkulatorische Kosten	Kapitalbindung	5,88 €				5,88 €			
		SUMME	59,88 €	- €	- €	3,00 €	27,88 €	20,00 €	4,00 €	5,00 €
GESAMTSUMME (Leistungs + Bereitschaftskosten)			499,88 €	234,00 €	206,00 €	3,00 €	27,88 €	20,00 €	4,00 €	5,00 €

Grundrechnung der Erlöse für Runde 1		Gesamt-summe	Kostenträger	
			Produkt	
	Erlöskategorie		Typ I	Typ II
	Nettoumsatz	500,00 €	250,00 €	250,00 €
	SUMME	500,00 €		

Bild 5.9 „Grundrechnung der Kosten und Erlöse" in Spielrunde 1 (tayloristisches Massen-produktionssystem)

Grundrechnung der Kosten für Runde 2		Gesamt-summe	Kostenträger		Unter-nehmen	Kostenstellen			
			Produkt			Wertstrom "Trolley"			
Kostenverhalten	Kostenart		Typ I	Typ II		Gesamt-WS	Montage	Logistik	QS
Leistungs-kosten	absatzabhängig	Verpackung	20,00 €	10,00 €	10,00 €					
	erzeugungsabhängig	Material	280,00 €	140,00 €	140,00 €					
		SUMME	300,00 €	150,00 €	150,00 €	- €	- €	- €	- €	- €
Bereitschafts-kosten	betrachtete Periode	Löhne	29,00 €					20,00 €	4,00 €	5,00 €
		Gehälter	10,00 €			3,00 €	7,00 €			
		HuB	1,00 €				1,00 €			
		Energie	1,00 €				1,00 €			
		Miete	4,00 €				4,00 €			
	umgelegter Perioden	Abschreibungen	9,00 €				9,00 €			
	kalkulatorische Kosten	Kapitalbindung	2,02 €				2,02 €			
		SUMME	56,02 €	- €	- €	3,00 €	24,02 €	20,00 €	4,00 €	5,00 €
GESAMTSUMME (Leistungs + Bereitschaftskosten)			356,02 €	150,00 €	150,00 €	3,00 €	24,02 €	20,00 €	4,00 €	5,00 €

Grundrechnung der Erlöse für Runde 2		Gesamt-summe	Kostenträger	
			Produkt	
	Erlöskategorie		Typ I	Typ II
	Nettoumsatz	500,00 €	250,00 €	250,00 €
	SUMME	500,00 €		

Bild 5.10 „Grundrechnung der Kosten und Erlöse" in Spielrunde 2 (Ganzheitliches Produktionssystem)

Beim Vergleich beider Grundrechnungen zeigen sich Unterschiede: Die Kapitalflussorientierung des Kostenrechnungssystems erfasst beispielsweise auch die Überproduktion. Dies führt zu erheblich größeren Gesamtkosten in Runde 1 durch höhere Leistungskosten für Material und höhere Kapitalbindungskosten des Bestandes. Dies steht völlig im Einklang mit den Prinzipien Ganzheitlicher Produktionssysteme (vgl. Abschnitt 3.2.4 und Abschnitt 4.1). Zu den Erlösen werden nur tatsächlich realisierte Umsätze gezählt; der Bestandsaufbau bewirkt hierbei keinen Erlös. Der Umsatz ist daher in beiden Runden identisch.

Für die Erfolgsrechnung ist noch die „Grundrechnung der Kapazitäten" für beide Planspielrunden zu erstellen.

Grundrechnung der Kapazitäten

In der Wertschöpfungsermittlung wird mithilfe der Wertschöpfungs-Kategorisierungsmatrix die Kapazitätsnutzung der Ressourceneinheiten bezüglich der definierten Wertschöpfungskategorien gegliedert. Bild 5.11 zeigt die angewendete Kategorisierung.

Mehrfachzuweisungen finden bei den Materialausgaben sowie den Personalkosten der Montage statt. Hierfür gilt es Berechnungsvorschriften zu entwickeln, um das Kapazitätsangebot aufzuspalten. Beim Planspiel dient eine Analyse der in den Arbeitsplänen hinterlegten Zeiten zur Kategorisierung der Kapazitätseinheit „Montage-Personal". Bei den Materialausgaben werden alle nicht direkt für die Kundenproduktion eingesetzten Materialressourcen der Periode in die Kategorie „Verschwendung" eingerechnet. Dies trifft in Runde 1 auf den Materialeinsatz der Überproduktion zu.

Wertschöpfungs-Kategorisierungsmatrix				Wertschöpfungskategorie			
			Maßstab	Wert-schöpfend	Nicht-Wertschöpfend		
Bezugsobjekte		Kostenart			notw. indirekt	Verschwendung	Frei
Unter-nehmen		Personal	min		X		
	Wertstrom	Personal	min		X		
		Gebäude	m²	X			
		Energie	kwh	X			
		Hilfsstoffe	€	X			
		Kapitalbindung	€			X	
	Montage	Personal	min	X		X	X
		Anlagen	min	X			
	Logistik	Personal	min		X		
	QS	Personal	min		X		
Produkt-einheiten	Typ I	Material	€	X		X	
	Typ II	Material	€	X		X	

Bild 5.11 Wertschöpfungs-Kategorisierungsmatrix im Planspiel

Bild 5.12 umfasst die Nebenrechnung zur Kapazitätsspaltung der Einheit „Montage-Personal" für die Runden 1 und 2.

Montage - Personal				
Nr	Beschreibung	Wert	Einheit	Kostenkategorie
1	Personen Montage	6	FTE	-
2	Periodendauer	12,5	min	-
3	Wertschöpfung Typ I	170	s/St.	Wertschöpfung
4	Wertschöpfung Typ II	210	s/St.	Wertschöpfung
5	Wartezeit	0	s/St.	Verschwendung
6	Nacharbeit/Ausschuss	0	min	Verschwendung
7	Verschwendung in der Montage Typ I	110	s/St.	Verschwendung
8	Verschwendung in der Montage Typ II	110	s/St.	Verschwendung
9	Rüsten	0	min	Verschwendung
10	Besprechung	0	min	Notw. Indirekt
11	Schulung	0	min	Notw. Indirekt
12	5S / KVP	0	min	Notw. Indirekt
Gesamt				
	Verfügbare Zeit	**75**	**min**	**-**
	Wertschöpfende Zeit	**31,7**	**min**	**Wertschöpfung**
	Überproduktion	**15,5**	**min**	**Verschwendung**
	Warten	**0**	**min**	**Verschwendung**
	Verschwendung	**27,5**	**min**	**Verschwendung**
	Freie Kapazität	**0,3**	**min**	**Frei**

Montage - Personal				
Nr	Beschreibung	Wert	Einheit	Kostenkategorie
1	Personen Montage	6	FTE	-
2	Periodendauer	12,5	min	-
3	Wertschöpfung Typ I	170	s/St.	Wertschöpfung
4	Wertschöpfung Typ II	210	s/St.	Wertschöpfung
5	Wartezeit (Abtaktungsverlust bei Typ I)	60	s/St.	Verschwendung
6	Nacharbeit/Ausschuss	0	min	Verschwendung
7	Verschwendung in der Montage Typ I	110	s/St.	Verschwendung
8	Verschwendung in der Montage Typ II	110	s/St.	Verschwendung
9	Rüsten	0	min	Verschwendung
10	Besprechung	0	min	Notw. Indirekt
11	Schulung	0	min	Notw. Indirekt
12	5S / KVP	0	min	Notw. Indirekt
Gesamt				
	Verfügbare Zeit	**75**	**min**	**-**
	Wertschöpfende Zeit	**31,7**	**min**	**Wertschöpfung**
	Überproduktion	**0,0**	**min**	**Verschwendung**
	Warten	**5**	**min**	**Verschwendung**
	Verschwendung	**18,3**	**min**	**Verschwendung**
	Freie Kapazität	**20,0**	**min**	**Frei**

Bild 5.12
Nebenrechnung zur Kapazitätsspaltung der Einheit „Montage-Personal" für Runde 1 (links) und Runde 2 (rechts)

Bild 5.13 enthält die Spaltung der Ressource „Material" nach den beschriebenen Kriterien für die Planspielrunden 1 (oben) und 2 (unten).

Material			
Nr	Beschreibung	Typ 1	Typ 2	Kostenkategorie
1	Materialausgaben der Periode	234,00 €	206,00 €	-
2	Materialkosten des Absatzes	150,00 €	150,00 €	Wertschöpfung
3	Übereinkauf	84,00 €	56,00 €	Verschwendung
4	Bestandsabbau	- €	- €	Wertschöpfung
5	Ausschuss/Verschrottung/Verlust	- €	- €	Verschwendung

Material			
Nr	Beschreibung	Typ 1	Typ 2	Kostenkategorie
1	Materialausgaben der Periode	150,00 €	150,00 €	-
2	Materialkosten des Absatzes	150,00 €	150,00 €	Wertschöpfung
3	Übereinkauf	- €	- €	Verschwendung
4	Bestandsabbau	- €	- €	Wertschöpfung
5	Ausschuss/Verschrottung/Verlust	- €	- €	Verschwendung

Bild 5.13 Spaltung der Materialausgaben in Planspielrunde 1

In Bild 5.14 ist schließlich die gesamte „Grundrechnung der Kapazitäten" für die erste Planspielrunde abgebildet, in Bild 5.15 für Planspielrunde 2.

Bezugsobjekte			Kostenart	Maßstab	Kapazitätsangebot	Wertschöpfend (W)	notw. indirekt (NI)	Verschwendung (V)	Frei (F)
Unternehmen	Wertstrom		Personal	min	12,5		12,5		
				%	100%	0%	100%	0%	0%
			Personal	min	12,5		12,5		
				%	100%	0%	100%	0%	0%
			Material	€	440,00 €	300,00 €		140,00 €	
				%	100%	68%	0%	32%	0%
			Gebäude	m²	100	100			
				%	100%	100%	0%	0%	0%
			Energie	kwh	2	2			
				%	100%	100%	0%	0%	0%
			HuB	€	1,00 €	1,00 €			
				%	100%	100%	0%	0%	0%
			Kapitalbindung	€	5,88 €			5,88 €	
				%	100%	0%	0%	100%	0%
		Montage	Personal	min	75	31,7		43,0	0,3
				%	100%	42%	0%	57%	0%
			Anlagen	min	12,5	12,5			
				%	100%	100%	0%	0%	0%
		Logistik	Personal	min	12,5		12,5		
				%	100%	0%	100%	0%	0%
		QS	Personal	min	12,5		12,5		
				%	100%	0%	100%	0%	0%

Bild 5.14 Grundrechnung der Kapazitäten für Planspielrunde 1

| Grundrechnung der Kapazitäten Periode 2 | | | Maßstab | Kapazitätsangebot | Wertschöpfend (W) | Nicht-Wertschöpfend | | |
Bezugsobjekte		Kostenart				notw. indirekt (NI)	Verschwendung (V)	Frei (F)
Unternehmen		Personal	min	12,5		12,5		
			%	100%	0%	100%	0%	0%
	Wertstrom	Personal	min	12,5		12,5		
			%	100%	0%	100%	0%	0%
		Material	€	300,00 €	300,00 €		- €	
			%	100%	100%	0%	0%	0%
		Gebäude	m²	100	100			
			%	100%	100%	0%	0%	0%
		Energie	kwh	2	2			
			%	100%	100%	0%	0%	0%
		HuB	€	1,00 €	1,00 €			
			%	100%	100%	0%	0%	0%
		Kapital	€	2,02 €			2,02 €	
			%	100%	0%	0%	100%	0%
	Montage	Personal	min	75	31,7		23,3	20,0
			%	100%	42%	0%	31%	27%
		Anlagen	min	12,5	12,5			
			%	100%	100%	0%	0%	0%
	Logistik	Personal	min	12,5		12,5		
			%	100%	0%	100%	0%	0%
	QS	Personal	min	12,5		12,5		
			%	100%	0%	100%	0%	0%

Bild 5.15 Grundrechnung der Kapazitäten für Planspielrunde 2

Mit den „Grundrechnungen der Kapazitäten" stehen nun alle notwendigen Informationen für die „Auswertungsrechnungen" zur Verfügung.

Auswertungsrechnung

Der Vergleich beider Planspielrunden erfolgt nach dem Schema der in Abschnitt 4.6.1 vorgestellten periodenbezogenen Erfolgsrechnung für Ganzheitliche Produktionssysteme.

Bild 5.16 weist zwei Informationen aus: den Deckungsbeitrag des Wertstroms sowie das Bruttoergebnis des Betriebes auf Basis der grundlegenden Prinzipien des hier entwickelten Lösungsansatzes (Abschnitt 4.1). Es lässt sich erkennen: Das entwickelte Kostenrechnungsmodell weist dem Ganzheitlichen Produktionssystem in Runde 2 einen erheblich höheren Deckungsbeitrag zu und eine damit einhergehende höhere Umsatzrentabilität.

Periodenbezogene Ergebnisrechnungen	Runde 1				Runde 2			
	Wertstrom Bodenroller		% der Gesamt-kosten	% der Kosten ohne Vorleistung	Wertstrom Bodenroller		% der Gesamt-kosten	% der Kosten ohne Vorleistung
	Typ 1	Typ 2			Typ 1	Typ 2		
Umsatz	250,00 €	250,00 €			250,00 €	250,00 €		
Materialkosten des Absatzes	150,00 €	150,00 €			150,00 €	150,00 €		
Bestandssenkung	- €	- €	60%		- €	- €	85%	
Zwischenergebnis	100,00 €	100,00 €			100,00 €	100,00 €		
kumuliert		200,00 €				200,00 €		
Montage-Personal		8,44 €		15%		8,44 €		16%
Montage-Anlagen		9,00 €		16%		9,00 €		17%
Gebäude-Miete		4,00 €		7%		4,00 €		8%
Hilfs- und Betriebsstoffe		1,00 €		2%		1,00 €		2%
Energiekosten		1,00 €		2%		1,00 €		2%
Gesamtkosten		23,44 €	5%	41%		23,44 €	7%	44%
Erfolgspotenzial		176,56 €				176,56 €		
Meister-Personal		7,00 €		12%		7,00 €		13%
Logistik-Personal		4,00 €		7%		4,00 €		8%
QS-Personal		5,00 €		9%		5,00 €		9%
Gesamtkosten		16,00 €	3%	28%		16,00 €	5%	30%
Zwischenergebnis		160,56 €				160,56 €		
Montage-Personal		0,09 €		0%		5,33 €		10%
Gesamtkosten		0,09 €	0%	0%		5,33 €	2%	10%
Zwischenergebnis		160,47 €				155,22 €		
Material-Bestandsmehrung		140,00 €				- €		
Material-Ausschuss		- €		0%		- €		0%
Bestand-Kapitalkosten		5,88 €		10%		2,02 €		4%
Montage-Personal		11,47 €		20%		6,22 €		12%
Gesamtkosten		157,35 €	32%	30%		8,24 €	2%	16%
Deckungsbeitrag des Wertstroms		3,12 €				146,98 €		
Umsatzrentabilität	1%				29%			
Unternehmenskosten		3,00 €			Unternehmenskosten	3,00 €		
Bruttoergebnis		0,12 €			Bruttoergebnis	143,98 €		

Bild 5.16 Betriebserfolgsrechnung für beide Planspielrunden nach den Grundsätzen der Kostenanalyse für Ganzheitliche Produktionssysteme

Die Teilnehmer des Planspiels lernen hiermit ein Kostenrechnungssystem kennen, das die Lean-Prinzipien aktiv fördert. Auch die relativen Kennzahlen (Anteile der Kostenkategoriensummen an den Gesamtkosten sowie an den Kosten ohne Vorleistungen) stellen die den Lean-Prinzipien entsprechenden Veränderungen positiv dar. Weiterhin ist bei der nicht wertschöpfenden Kategorie „frei" ein deutlicher Zuwachs in Runde 2 erkennbar. Daraus lässt sich schließen, dass durch die Umstellungen in Runde 2 ein Teil der Kosten für Verschwendung (Überproduktion) in die Ausprägungsform „frei" gewandelt wurde. Im Zuge einer Entscheidungsrechnung könnten nun Szenarien zum Umgang mit dieser freien Kapazität bewertet werden.

 Das neu entwickelte Kostenrechnungssystem fördert aktiv die Lean-Prinzipien.

5.1.5 Fazit und Einsatzmöglichkeiten in der Aus- und Weiterbildung

Das Planspiel in der Lernfabrik belegt die Einsatzfähigkeit des entwickelten Kostenrechnungssystems. Die klassische Vollkostenrechnung reagiert bei der Umstellung eines tayloristischen Massenproduktionssystems auf ein Ganzheitliches Produktionssystem mit höheren Stückkosten und niedrigeren Betriebsergebnissen. Der entwickelte Lösungsansatz liefert hingegen eine lean-konforme Kostenbetrachtung und fördert das Streben nach Lean-Perfektion durch die Reduzierung von Verschwendung.

 Die in diesem Fachbuch dargestellten Tabellen lassen sich mit geringem Anpassungsaufwand auf zahlreiche andere Lean-Planspiele übertragen.

Kostenbetrachtungen spielen in den weit verbreiteten Lean-Ausbildungen üblicherweise kaum eine Rolle. Das fehlende Verständnis für die Notwendigkeit von Veränderungen im Controlling trägt zu den angesprochenen Hürden für eine erfolgreiche Einführung Ganzheitlicher Produktionssysteme bei. Das hier dargelegte Planspielmodul wurde im universitären und betrieblichen Einsatz getestet. Es offenbart den Teilnehmern – ergänzt um Theorieeinheiten – die Mängel klassischer Kostenrechnung und präsentiert einen alternativen Lösungsansatz. Die im Text hinterlegten Tabellen können mit geringem Anpassungsaufwand auf eine Vielzahl von Lean-Planspielen übertragen werden.

■ 5.2 Fallbeispiel 2: Praxiseinsatz im Unternehmen

Die Entwicklung des Lösungsansatzes erfolgte in Zusammenarbeit mit dem Industriebetrieb.

5.2.1 Umgebung und Ausgangssituation

Das Unternehmen entwickelt und produziert insbesondere Elektromotoren sowie Ventilatoren für unterschiedlichste Branchen und agiert vorwiegend als Systemlieferant.

In Anlehnung an die Morphologie zur Charakterisierung des Betriebstyps (Bild 2.5) handelt es sich um ein produzierendes Großunternehmen diskreter Erzeugnisse. Das Unternehmen befindet sich in einem ausgeprägten Käufermarkt mit hohen Anforderungen an die Mengen- und Variantenflexibilität, Liefer- und Durchlaufzeiten sowie die kunden-individuelle Fertigung. Die Fertigungsart umfasst Einzelfertigungen, lässt sich jedoch auf eine individualisierte Serienproduktion ausweiten. Die Ausrichtung der Produktionsorganisation erfährt derzeit einen Wandel: weg vom klassisch funktionalen hin zu einem prozess- und wertstromorientierten Produktionssystem. Als Abwicklungsart fungiert nahezu ausschließlich die Auftragsfertigung. Das Fertigungsprinzip stellt eine Mischung aus Werkstatt- und Fließprinzip dar. Die Verantwortlichen streben allerdings – soweit betriebswirtschaftlich sinnvoll –die Auflösung des Werkstattprinzips an.

 Die volatilen Märkte sorgen für erhebliche Unsicherheiten bei der Bewertung von Großinvestitionen.

Etwa in den Jahren 2012/2013 begann das Unternehmen, die klassische Massenproduktion durch die schrittweise Einführung eines Ganzheitlichen Produktionssystems zu ersetzen. Hauptauslöser für die Änderungen beim Produktionssystem war die zunehmend verschärfte Wettbewerbssituation bezüglich Kosten und Lieferzeiten. Der Fokus bei bisherigen Verbesserungsbemühungen lag auf dem Rationalisieren der technischen Prozesse durch fortschreitende Automatisierung. Der dabei erreichte technische Stand war nur noch durch unverhältnismäßig hohe Investitionen zu verbessern. Die volatilen Märkte sorgen zudem für erhebliche Unsicherheiten bei der Bewertung von Großinvestitionen. Die infolgedessen angestrebte Amortisationszeit von weniger als zwei Jahren ließ sich mit technischen Rationalisierungsmaßnahmen kaum mehr erreichen.

 Hauptauslöser für die Änderungen beim Produktionssystem war die zunehmend verschärfte Wettbewerbssituation bezüglich Kosten und Lieferzeiten.

Um ein langfristiges und profitablen Wachstums zu sichern, legten die Verantwortlichen wesentliche Einflussfaktoren fest: die Arbeitsplatzgestaltung, der Bereich Logistik sowie die Optimierung der organisatorischen und administrativen Abläufe ganzer Wertströme rund um die technischen Prozesse durch die konsequente Anwendung der Prinzipien Ganzheitlicher Produktionssysteme. Zu den erklärten Zielen gehören:

- durchgängige Ausrichtung am Kunden und eine Produktion im Kundentakt
- verkürzte Durchlauf- und Lieferzeiten
- Reduzierung des Planungs- und Steuerungsaufwands sowie
- kontinuierliche Steigerung der Produktivität durch die Etablierung einer konsequenten Verbesserungskultur.

Bereits in frühen Pilotprojekten erkannten die Beteiligten die Schwächen des verwendeten klassischen Plankostenrechnungssystems auf Vollkostenbasis zur Planung und Kontrolle des Betriebes sowie der nötigen Entscheidungen und Verhaltenssteuerung. Die Erfolge bezüglich erheblich verkürzter Durchlaufzeiten und kundenbedarfsorientierter Produktion spiegelten sich nicht in den Werten der eingesetzten Kostenrechnung wider. Vor dem Hintergrund der hohen Bedeutung der Stückherstellkosten für Entscheidungen sowie der Argumentations- und Konfliktregelung war dies im betrachteten Unternehmen als äußerst kritisch für die weitere Lean-Einführung zu sehen. Wie in der industriellen Praxis üblich, verwendet die eingesetzte Maschinenstundensatzkalkulation lediglich die direkten Fertigungsminuten als Kalkulationsbasis. Alle indirekten Prozessverbesserungen durch Wertstromoptimierungen waren unterjährig monetär nicht darstellbar. Die Auswirkungen auf die betriebsweit jährlich festgelegten Gemeinkostenzuschlagssätze ließen sich durch die beschränkten Pilotbereichsoptimierungen der frühen Phase nicht feststellen bzw. ausweisen. Dies erklärt unter anderem auch zahlreiche im Großteil aller Industriebetriebe fokussierten technischen Verbesserungen: Monetäre Rationalisierungspotenziale lassen sich mit klassischen Kostenrechnungssystemen oft nur durch direkte Vorgabezeitenverbesserungen darstellen und gegenüber Verantwortlichen belegen. Für den Laien bedeutet das: Man hat zwar immer eine gewisse Ahnung, dass sich mit bestimmten Maßnahmen „gefühlt" Optimierungen erzielen lassen. Wer aber schon mal beim Chef gehört hat „Wo sind dafür die Zahlen", weiß, wie demotivierend Verbesserungsvorschläge ohne belegbare „Beweise" sein können.

 Alle indirekten Prozessverbesserungen durch Wertstromoptimierungen waren monetär nicht darstellbar.

Als Ergebnis zeigten die Herstellkosten teilweise keine Veränderung durch die Lean-Maßnahmen oder sie stiegen in Einzelfällen sogar an. Das war z. B. der Fall bei verlängerten Fertigungszeiten wegen Abtaktungsverlusten beim Implementieren einer Fließfertigung. Den stellenweisen notwendigen Investitionen zur Produktionssystemgestaltung konnten keine Einsparungen gegenübergestellt werden. Infolgedessen entstanden erhebliche Zweifel an der Wirtschaftlichkeit der Maßnahmen.

Der „blinde Glaube" an eine verbesserte Unternehmensprofitabilität war der Geschäftsführung für die flächendeckende Umsetzung Ganzheitlicher Produktionssysteme nicht ausreichend. Dies war einer der Gründe, das in diesem Fachbuch dokumentierte Projekt zu initialisieren.

 Klassische Kostenrechnungen können Verbesserungen mithilfe von Lean-Maßnahmen oft nicht monetär darstellen.

5.2.2 Grunddaten und Grundrechnung der Kosten

Die Pilotierung erfolgte in einem der Produktionsstandorte des Konzerns. Wesentliche Auswahlkriterien waren der bereits hohe Lean-Reifegrad des Produktionssystems sowie eine hohe Anpassungs- und Veränderungsbereitschaft des Werksmanagements. Die Beschreibung der hier in der Praxis umgesetzten Anwendung erfolgt analog zum Systemaufbau der Kostenrechnung in Abschnitt 4.2 (Bild 4.1) und beginnt mit der Ermittlung der Grunddaten.

Bezugsobjektehierarchie

Die Pilotierung des Systems konzentriert sich auf einen Kundenauftragsabwicklungs-Wertstrom einer definierten Produktfamilie. Die übrigen Wertströme werden bezüglich der Bezugsobjekte nicht weiter detailliert, sondern als Einheit betrachtet. Diese Vereinfachung ist hier notwendig, um den Aufwand des manuellen Rechnungsbetriebes mit einer Tabellenkalkulation überschaubar zu halten.

Die Bezugsobjektehierarchie (Bild 5.17) besteht in absteigender Reihenfolge aus folgenden Ebenen:

1. Gesamtwerk
2. Zentralbereiche
3. Meisterbereiche
4. Prozessgruppen
5. Inseln oder Gruppen.

Die erste Ebene dient dem Erfassen der Einzelkosten, die keinem tieferliegenden Bezugsobjekt zugeordnet werden konnten. Dazu zählen neben dem Werksmanagement auch Kosten für Grundstück und Gebäude.

Die zweite Ebene deckt die Einzelkosten der zentralen Funktionsbereiche ab. Am Beispiel der Logistik wird deutlich: Durch einen geteilten Wareneingang und Warenausgang sowie ein zentrales Lager sind von allen Meisterbereichen genutzte Ressourcen vorhanden.

Diese Kosten geteilter Ressourcen stellen nur Einzelkosten der Zentralbereichsebene dar und werden ausschließlich dort erfasst (relatives Einzelkostenprinzip gemäß Abschnitt 4.1).

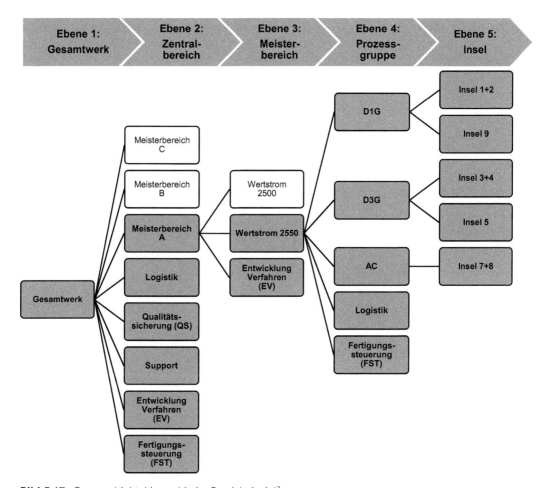

Bild 5.17 Bezugsobjektehierarchie im Praxisbeispiel[7]

Die dritte Ebene umfasst den Meisterbereich. Der Meister hat im betrachteten Unternehmen die Funktion eines Wertstrommanagers: Er ist für die gesamte Produktions- und Fertigungskette einer oder mehrerer Produktfamilien verantwortlich. Dies ist gegenüber dem klassisch funktionalen Meisterverständnis klar herauszuheben!

 Im betrachten Unternehmen übernimmt der Meister die Funktion eines Wertstrommanagers.

---

[7] Die grau hinterlegten Bezugsobjekte werden im weiteren Verlauf der Grundrechnung der Kosten betrachtet. Aus Vereinfachungsgründen wurden die als Meisterbereich B und C sowie Wertstrom 2500 bezeichneten Bezugsobjekte in der Pilotierung nicht betrachtet.

In Ebene vier wird ein Wertstrom schließlich in verschiedene Prozessgruppen untergliedert. Neben den Fertigungsprozessen sind die Produktionslogistiker klar einem Wertstrom zugewiesen. Sie stellen somit Einzelkosten des Wertstroms dar und werden daher im Sinne eines Unterstützungsprozesses auf der vierten Ebene erfasst.

Dies trifft auch auf alle Fertigungs- und Montagemitarbeiter zu. Je nach Auftragssituation ist die Auslastung in den Produktionsinseln zu jeder Schicht unterschiedlich. Das Personal lässt sich daher nicht eindeutig einer Insel fest zuweisen. Der Wertstrom ist das erste Bezugsobjekt, bei dem eine eindeutige Zuweisung möglich ist. Die zugehörigen Löhne stellen also Einzelkosten des Wertstroms dar.

Die unterste Betrachtungsebene repräsentiert die einzelne Fertigungs- oder Montage-Insel. Ebene fünf erfasst die Einzelkosten der Insel bzw. Gruppe; im Pilotbereich sind dies vor allem Anlagenabschreibungen. Es besteht kein Informationsbedürfnis nach einer weiteren Detaillierung auf Einzelarbeitsplatzebene.

Kostenarten, Kostenverhaltenskategorien und Wertschöpfungskategorien

Folgende Kostenarten wurden für den Pilotbereich definiert: Materialkosten, Löhne, Gehälter, Abschreibungen für Anlagen, Gebäudekosten und Kapitalbindungskosten. Dies stellt eine Vereinfachung gegenüber dem bisherigen Kostenartenplan dar (geringere Anzahl an Kostenarten). Hierbei handeln die Beteiligten nach dem Grundsatz „so genau wie nötig", um die Komplexität der Kostenerfassung (Differenzierung nach Kostenarten) möglichst gering zu halten. Die internen Rechnungszwecke (vgl. Abschnitt 2.2.2) lassen sich auch mit der reduzierten Anzahl an Kostenarten erfüllen.

Bei den Kostenverhaltenskategorien wird differenziert zwischen

- erzeugungsabhängigen Leistungskosten
- Bereitschaftskosten der betrachten und umgelegten Perioden sowie
- kalkulatorischen Kosten.

Bei den Wertschöpfungskategorien zur Beurteilung des Ressourceneinsatzes fand die bekannte Einteilung in eine wertschöpfende und drei nicht wertschöpfende Kategorien statt („notwendig indirekt", „Verschwendung" und „freie Kapazität").

Grundrechnungen der Kosten und Erlöse

Die Daten zum Erstellen der „Grundrechnungen der Kosten und Erlöse" wurden aus dem genutzten ERP-System exportiert, angepasst und nach der Struktur der erläuterten Grunddaten in Tabellenform aufbereitet. Bild 5.18 enthält die „Grundrechnung der Kosten und Erlöse" für zwei Abrechnungsperioden.

Als Abrechnungszeitraum gilt im hier beschriebenen Fall eine Monatsperiode. Bei einer automatisierten Datenbanklösung streben die Verantwortlichen im Rahmen des Rollouts eine wöchentliche Erstellung für eine kurzzyklischere Verfügbarkeit periodenbezogener Auswertungsrechnungen an.

Die praktische Realisierbarkeit der Grunddaten sowie einer „Grundrechnung der Kosten und Erlöse" konnte mit diesem praxisbezogenen Projekt nachgewiesen werden.[8]

Es zeigte sich in der praxisnahen Anwendung, dass Zeitvergleiche auf Basis der „Grundrechnung der Kosten" aussagekräftiger sind als klassische Stück-Vollkosten-Vergleiche. Warum? Die Beträge kommen ohne Umlagen aus und bedürfen daher weniger Interpretationen bezüglich der Kostenentstehung. Die Ursache liegt in der klaren Zuordnung der Kosten (Ausgaben) zu bestimmten Bezugsobjekten: Somit sind Soll-Ist-Gegenüberstellungen oder Zeitvergleiche je Bezugsobjekt unverfälscht (ohne Umlagen) durchführbar. Weiterhin ist die Bildung von Kennzahlen für Abteilungs- oder Betriebsvergleiche auf Basis der Grundrechnung möglich. Hierfür werden die Kosten je Bezugsobjekt zu den Haupteinflussgrößen (im Wesentlichen die Leistungen des Bezugsobjekts) in Beziehung gesetzt.

---

[8] Die in Bild 5.18 dargestellten Einzelkostenbeträge sind aus Geheimhaltungsgründen angepasst und geben nicht die realen Beträge wieder.

Grundrechnung der Kosten für Juni 2017

Bezugsobjekte

			Gesamtwerk		Zentralbereiche					Meisterbereich A		Prozessgruppen des Wertstrom 2550			D1G		D3G		AC
		Kostenart	Gesamtsumme		Logistik	QS	EV	FST	Support	A gesamt	EV	2550 gesamt	Logistik	FST	Insel 1+2	Insel 9	Insel 5	Insel 3+4	Insel 7+8
Leistungs-kosten	erzeugungsabhängig	Material	1.125.000 €	– €	– €	– €	– €	– €	– €	– €	– €	1.125.000 €	– €	– €	– €	– €	– €	– €	– €
		SUMME	1.125.000 €									1.125.000 €							
Bereitschafts-kosten	betrachtete Periode	Löhne	858.680 €	600.941 €	107.000 €	39.000 €	30.000 €	52.200 €	78.500 €	6.000 €	6.000 €	150.739 €	15.200 €	7.800 €	11.805 €	5.084 €	9.522 €	11.663 €	– €
		Gehälter	252.700 €	18.000 €								4.885 €		7.800 €					
	umgelegter Perioden	Abschreibungen	43.439 €									11.039 €							480 €
		Gebäude	116.647 €	105.608 €															
	kalkulatorische Kosten	Kapitalbindung	5.313 €									5.313 €							
		SUMME	1.276.779 €	724.549 €	107.000 €	39.000 €	30.000 €	52.200 €	78.500 €	6.000 €	6.000 €	171.976 €	15.200 €	7.800 €	11.805 €	5.084 €	9.522 €	11.663 €	480 €
GESAMTSUMME (Leistungs + Bereitschaftskosten)			2.401.779 €	724.549 €	107.000 €	39.000 €	30.000 €	52.200 €	78.500 €	6.000 €	6.000 €	1.296.976 €	15.200 €	7.800 €	11.805 €	5.084 €	9.522 €	11.663 €	480 €

Grundrechnung der Erlöse für Juni 2017

Erlöskategorie	Gesamtsumme	Wertstrom 2550
Nettoumsatz	1.800.000 €	1.800.000 €
SUMME	1.800.000 €	1.800.000 €

Grundrechnung der Kosten für Mai 2017

Bezugsobjekte

			Gesamtwerk		Zentralbereiche					Meisterbereich A		Prozessgruppen des Wertstrom 2550			D1G		D3G		AC
		Kostenart	Gesamtsumme		Logistik	QS	EV	FST	Support	A gesamt	EV	2550 gesamt	Logistik	FST	Insel 1+2	Insel 9	Insel 5	Insel 3+4	Insel 7+8
Leistungs-kosten	erzeugungsabhängig	Material	1.440.398 €	– €	– €	– €	– €	– €	– €	– €	– €	1.440.398 €	– €	– €	– €	– €	– €	– €	– €
		SUMME	1.440.398 €									1.440.398 €							
Bereitschafts-kosten	betrachtete Periode	Löhne	858.680 €	589.705 €	107.000 €	39.000 €	30.000 €	52.200 €	78.500 €	6.000 €	6.000 €	161.975 €	15.200 €	7.800 €	11.805 €	5.084 €	9.522 €	11.663 €	– €
		Gehälter	252.700 €	18.000 €								4.885 €		7.800 €					
	umgelegter Perioden	Abschreibungen	43.439 €									11.039 €							480 €
		Gebäude	116.647 €	105.608 €															
	kalkulatorische Kosten	Kapitalbindung	5.875 €									5.875 €							
		SUMME	1.277.341 €	713.313 €	107.000 €	39.000 €	30.000 €	52.200 €	78.500 €	6.000 €	6.000 €	183.774 €	15.200 €	7.800 €	11.805 €	5.084 €	9.522 €	11.663 €	480 €
GESAMTSUMME (Leistungs + Bereitschaftskosten)			2.717.740 €	713.313 €	107.000 €	39.000 €	30.000 €	52.200 €	78.500 €	6.000 €	6.000 €	1.624.172 €	15.200 €	7.800 €	11.805 €	5.084 €	9.522 €	11.663 €	480 €

Grundrechnung der Erlöse für Mai 2017

Erlöskategorie	Gesamtsumme	Wertstrom 2550
Nettoumsatz	2.100.000 €	2.100.000 €
SUMME	2.100.000 €	2.100.000 €

Bild 5.18 Grundrechnung der Kosten und Erlöse des Praxisbeispiels für zwei Monate (fiktive Werte)

5.2.3 Grundrechnung der Kapazitäten

Um eine „Grundrechnung der Kapazitäten" zu erstellen, wurde auch im Praxisbeispiel eine Wertschöpfungsermittlung durchgeführt. Dabei fand ausschließlich der in den folgenden Auswertungsrechnungen betrachtete Wertstrom 2550 Berücksichtigung. Bild 5.19 zeigt die im interdisziplinären Team entwickelte Wertschöpfungs-Kategorisierungsmatrix.

Wertschöpfungs-Kategorisierungmatrix (ab Ebene Meisterbereich)				Wertschöpfungskategorie				
Bezugsobjekte		Kostenart	Maßstab	Wert-schöpfend	Nicht-Wertschöpfend			
					notw. indirekt	Verschwendung	Frei	
Meisterbereich A / Wertstrom 2550		Personal-Werker	h	X	X	X		
		Personal-Teamleiter	h		X	X		
		Personal-EV	h		X			
		Material	€	X		X		
		Gebäude	m²		X			
		Kapitalbindung	€			X		
	D1G	Anlagen	h	X	X	X	X	
	D3G	Anlagen	h	X	X	X	X	
	AC	Anlagen	h	X	X	X	X	
	Logistik	Personal	h		X			
	FST	Personal	h		X			

Bild 5.19 Wertschöpfungs-Kategorisierungsmatrix im Praxisbeispiel

Die Datenquellen und Berechnungsvorgaben der Mehrfachzuweisungen für die Kapazitätsspaltung im Praxisbeispiel sind im Anhang 2 zu finden. Auf Basis der Kategorisierungskriterien kann die „Grundrechnung der Kapazitäten" erstellt werden.

Bild 5.20 stellt die „Grundrechnung der Kapazitäten" für einen Beispielmonat dar.

Die praktische Realisierbarkeit der „Grundrechnung der Kapazitäten" ließ sich mit dem Projekt nachweisen. Besonders erwähnenswert ist, dass hierbei nur auf bestehende Informationssysteme des Unternehmens zurückgegriffen wurde. Dies belegt, dass die praktische Anwendung des Systems nicht automatisch mit einem höheren Datenerfassungsaufwand einhergehen muss.

| Grundrechnung der Kapazitäten (Juni 2017) | | | Wertschöpfungskategorie | | | | |
| Bezugsobjekte | | Kostenart | Maßstab | Kapazitäts-angebot | Wert-schöpfend | Nicht-Wertschöpfend | | |
						notw. indirekt	Verschwendung	Frei
Meisterbereich A	Wertstrom 2550	Personal-Werker	h	4302	3779	215	306	0
			%	100%	88%	5%	7%	0%
		Personal-Teamleiter	h	1440		1440		
			%	100%	0%	100%	0%	0%
		Personal-FST	h	210,6		210,6		
			%	100%	0%	100%	0%	0%
		Personal-Logisitk	h	615,6		615,6		
			%	100%	0%	100%	0%	0%
		Anlagen	h	510	504			6
			%	100%	99%	0%	0%	1%
		Material	€	1.170.000 €	1.170.000 €		- €	
			%	100%	100%	0%	0%	0%
		Gebäude	m²	505		505		
			%	100%	0%	100%	0%	0%
		Kapital-bindung	€	5313			5313	
			%	100%	0%	0%	100%	0%
	D1G — Insel 1+2	Anlagen	h	510	479	25	0	6
			%	100%	94%	5%	0%	1%
	D1G — Insel 9	Anlagen	h	510	479	25	0	6
			%	100%	94%	5%	0%	1%
	D3G — Insel 3+4	Anlagen	h	510	479	25	0	6
			%	100%	94%	5%	0%	1%
	D3G — Insel 5	Anlagen	h	510	479	25	0	6
			%	100%	94%	5%	0%	1%
	AC — Insel 7+8	Anlagen	h	510	479	25	0	6
			%	100%	94%	5%	0%	1%

Bild 5.20   Grundrechnung der Kapazitäten für Juni 2017 im Praxisbeispiel

5.2.4 Beispiele für Auswertungsrechnungen

Auch im Praxisbeispiel wurden periodenbezogene Erfolgsrechnungen als monatliche Standardrechnung eingesetzt sowie fallspezifische Entscheidungsrechnungen durchgeführt. Beide Auswertungsarten kamen zum Einsatz, um die Praxistauglichkeit im Pilotbereich zu prüfen.

Laufende Erfolgsrechnung

Die „Grundrechnungen der Kosten und Erlöse" sowie die „Grundrechnung der Kapazitäten" fließen in der wertstrombezogenen Erfolgsrechnung (Bild 5.21) zusammen.

Periodenbezogene Ergebnisrechnung im Wertstrom 2550		Jun-17			May-17		
			% der Gesamtkosten	% der Kosten ohne Vorleistung		% der Gesamtkosten	% der Kosten ohne Vorleistung
	Erlöse	1.800.000 €			2.100.000 €		
Wertschöpfend	Materialkosten des Absatzes	1.170.000 €	83%		1.365.000 €	78%	
	Bestandssenkung	- 45.000 €			- €		
	Zwischenergebnis	**675.000 €**			**735.000 €**		
	Personal-Werker	94.475 €		42%	106.975 €		44%
	Abschreibungen (alle Inseln)	32.083 €		14%	41.362 €		17%
	Gesamtkosten	**126.558 €**	**9%**	**56%**	**148.337 €**	**8%**	**60%**
	Erfolgspotenzial	**548.442 €**			**586.663 €**		
notwendig indirekt	Personal-Werker	5.375 €		2%	4.861 €		2%
	Personal-Teamleiter	43.189 €		19%	44.969 €		18%
	Personal-FST	7.800 €		3%	7.800 €		3%
	Personal-Logistik	15.200 €		7%	15.200 €		6%
	Gebäude	11.039 €		5%	11.039 €		4%
	Abschreibungen (alle Inseln)	1.905 €		1%	1.921 €		1%
	Gesamtkosten	**84.509 €**	**6%**	**38%**	**85.790 €**	**5%**	**35%**
	Zwischenergebnis	**463.933 €**			**500.873 €**		
frei	Abschreibungen (alle Inseln)	511 €		0%	157 €		0%
	Gesamtkosten	**511 €**	**0%**	**0%**	**157 €**	**0%**	**0%**
	Zwischenergebnis	**463.422 €**			**500.717 €**		
Verschwendung	Personal-Werker	7.650 €		3%	5.175 €		2%
	Material-Ausschuss	- €		0%	- €		0%
	Material-Bestandsaufbau	- €			75.398 €		
	Kapitalkosten	5.313 €		2%	5.875 €		2%
	Gesamtkosten	**12.963 €**	**1%**	**6%**	**86.448 €**	**5%**	**5%**
	Deckungsbeitrag des Wertstroms	*450.459 €*			*414.268 €*		
	Umsatzrentabilität	*25%*			*20%*		

Bild 5.21 Periodenbezogene Ergebnisrechnung des fokussierten Wertstroms im Praxisbeispiel für zwei Perioden

 Grundrechnung der Kosten und Erlöse + Grundrechnung der Kapazitäten = wertstrombezogene Erfolgsrechnung

Für das Unternehmen stellt sowohl die Wertstromorientierung als auch die Berücksichtigung der Wertschöpfungskategorien in der Kostenrechnung ein Novum dar. Sowohl das Werksmanagement als auch die Wertstromleitung erhalten damit neue Informationen zur Identifikation der größten monetären Stellhebel für weitere Lean-Maßnahmen. Darüber hinaus können sie Zeitvergleiche der Rentabilität sowie des Kapitaleinsatzes bezüglich der Wertschöpfungskategorien durchführen. Das Management bestätigte die hohe Bedeutung und regelmäßige Nutzung der hier vorgestellten Erfolgsrechnung für Planungs- und Kontrollzwecke.

Die auf Wertstromebene ermittelten Erfolge liefern einen Beitrag zur Deckung der Einzelkosten der Zentralbereiche und des gesamten Werkes.

Entscheidungsrechnung

Bild 4.13 beschreibt das Vorgehen, um wertstrom- bzw. prozessspezifische Entscheidungen zu bewerten. Dieser Ablauf wird auf eine Situation im Pilotwertstrom angewendet. Es handelt sich dabei um eine Entscheidungsrechnung zur Bewertung monetärer Auswirkungen von Lean-Maßnahmen in Verbindung mit betriebsbedingten Investitionen.

Schritt 1: Aufgaben- und Problemanalyse sowie Situationsbeschreibung

Die Entscheidungsrechnung bewertet die Neugestaltung der Produktions- und Logistikabläufe im Wertstrom 2550. Der primäre Zweck liegt in einer Kontrollrechnung der Maßnahmen. Bei der Umgestaltung wurde das ursprüngliche hybride Endmontageband zur Absicherung der marktseitig geforderten Flexibilität durch kleinere Fertigungsinseln ersetzt. Als weitere Maßnahme wurden die Vormontageumfänge vollständig in die Endmontage-Inseln integriert. Das führte zu einer erheblichen Verkürzung der Durchlaufzeiten. Das Prinzip „Fluss" (s. Abschnitt 2.1.2) stand im Vordergrund des Projektes. Aus logistischer Sicht wurde ein Routenzugkonzept zur kontinuierlichen Materialversorgung der Montage-Inseln realisiert.

Schritt 2: Qualitative Einflussanalyse

Der zweite Schritt umfasst die qualitative Einflussanalyse zur Identifikation der entscheidungsrelevanten Kapazitätseinheiten. Da der Wirkungsbereich der Entscheidung vollständig innerhalb des Wertstroms 2550 liegt, wurden nur dessen zugehörige Kapazitätseinheiten bewertet. Dabei entschied ein funktionsübergreifendes Team, welche Kapazitätseinheiten von der konkreten Produktionsumstellung betroffen sind. Bild 5.22 zeigt die Ergebnisse der qualitativen Einflussanalyse:

Qualitative Einflussanalyse			Wertstrom 2550										
								D1G		D3G		AC	
Kostenverhalten		Kostenart	2550 gesamt	D3G	AC	Logistik	FST	Insel 1 +2	Insel 9	Insel 5	Insel 3+4	Insel 7	Insel 8
Leistungskosten	erzeugungsabhängig	Material											
Bereitschaftskosten	betrachtete Periode	Löhne	X										
		Gehälter				X	X						
	umgelegter Perioden	Abschreibungen						X	X	X	X	X	X
		Gebäude											
	kalkulatorische Kosten	Kapitalbindung	X										

Bild 5.22 Qualitative Einflussanalyse in der betrachteten Entscheidungsrechnung

Die Auswirkungen betreffen in hohem Maße die Arbeitsorganisation der Mitarbeiter (Einheit Wertstrom 2550 – Löhne). Aufgrund real umgesetzter Optimierungen bei Arbeitsplätzen und Arbeitsabläufen ergaben sich reduzierte Vorgabezeiten. Bei der Logistik des Wertstroms entfallen durch die Integration der Vormontage in die

Endmontage die Zwischenlagerungen unfertiger Erzeugnisse – und so die damit verbundenen Ein-/Auslagerungsvorgänge. Die kurzzyklischeren Materialtransporte kleinerer Losgrößen mit Routenzügen kommen hinzu. Im Bereich der Fertigungssteuerung verringert sich der zeitliche Planungsaufwand der Mitarbeiter durch die reduzierte Anzahl an Steuerungsobjekten (integrierte Vormontage). Zur Realisierung des neuen Produktionskonzeptes sind signifikante Betriebsmittelinvestitionen nötig; diese stellen jedoch einmalige Ausgaben dar. Als letzte entscheidungsrelevante Einheit wurden die Kapitalbindungskosten identifiziert, da die Integration der Vormontage den Bestand an unfertigen Erzeugnissen reduziert.

Schritt 3: Quantitative Einflussanalyse

Der dritte Schritt besteht aus der Quantifizierung, wie sich eine Veränderung auf die betroffenen Kapazitätseinheiten auswirkt. Um Unsicherheiten bei der Quantifizierung zu begegnen, wurden sowohl ein vorsichtiges als auch ein realistisches Szenario entworfen.

Auf eine Analyse der Anlagenkapazitäten konnte verzichtet werden, da die bestehenden Anlagen größtenteils abgeschrieben waren und nicht mehr weiterverwendet wurden. Sie sind damit nicht entscheidungsrelevant. Die neu beschafften Betriebsmittel finden später im Schritt 5 mit ihren einmaligen Anschaffungskosten Berücksichtigung. Bild 5.23 stellt die berechneten oder geschätzten Veränderungen in beiden Szenarien dar.

Szenario 1: Vorsichtige Bewertung

Qualitative Einflussanalyse vorsichtiges Szenario			Wertschöpfungskategorie			
		Maßstab	Wertschöpfend (W)	Nicht-Wertschöpfend		
				notw. indirekt (NI)	Verschwendung (V)	Frei (F)
Bezugsobjekte	Kostenart					
Wertstrom 2550	Personal-Werker	h/a			-5210	5210
	Personal-Teamleiter	FTE	0	0	0	0
	Personal-FST	FTE		-0,3		0,3
	Kapitalbindung	€/a			- 27.320 €	
Logistik	Personal	FTE	0	0	0	0

Szenario 2: Realistische Bewertung

Qualitative Einflussanalyse realistisches Szenario			Wertschöpfungskategorie			
		Maßstab	Wertschöpfend (W)	Nicht-Wertschöpfend		
				notw. indirekt (NI)	Verschwendung (V)	Frei (F)
Bezugsobjekte	Kostenart					
Wertstrom 2550	Personal-Werker	h/a			-5210	5210
	Personal-Teamleiter	FTE		-0,5		0,5
	Personal-FST	FTE		-0,5		0,5
	Kapitalbindung	€			- 27.320 €	
Logistik	Personal	FTE	0	0	0	0

Bild 5.23 Quantitative Einflussanalyse mit zwei Szenarien in der betrachteten Entscheidungsrechnung

Bei der Kapazitätseinheit „Personal-Werker" ermittelte die Abteilung Zeitwirtschaft eine Einsparung von 5210 Stunden pro Jahr durch die Reduktion vieler nicht wertschöpfender Tätigkeiten. Die Berechnung basierte auf einem repräsentativen Produktionsprogramm. Die 5210 Stunden stellen zunächst freiwerdende Kapazitäten in beiden Szenarien dar.

Bei den übrigen Kapazitätseinheiten wurden gemeinsam mit den jeweiligen Fachabteilungen Schätzungen durchgeführt. Die Schätzungen bezüglich der Kapazitätsnutzung des Personals zur Fertigungssteuerung (FST) und der Teamleitung sind mit Unsicherheiten verbundenen – sie fallen bei den beiden Szenarien unterschiedlich aus. So werden beim „Personal-FST" und bei der „Personal-Teamleitung" im realistischen Szenario leicht höhere frei werdende Kapazitäten angenommen.

Bei der „Logistik" verändern sich durch die Umstellung nur die Tätigkeiten. Es kommt zu keiner signifikanten zeitlichen Änderung der Kapazitätsnutzung.

Der Zwischenbestand reduziert sich um 341 500 €.[9] Bei dem verwendeten gewichteten Kapitalkostensatz von 8 % pro Jahr ergibt sich eine ausgewiesene Einsparung von 27 320 € pro Jahr. Diese ist in beiden Szenarien identisch.

Schritt 4: Entscheidung über den Umgang mit den Kapazitäten der Szenarien

Um die Szenarien monetär bewerten zu können, müssen Entscheidungen zum Umgang mit den Kapazitäten getroffen werden. Aufgrund der volatilen Auslastungssituation wurde der Maximalbereich der Entscheidungsmöglichkeiten untersucht. Dieser umfasst im Entscheidungsszenario 1 den vollständigen Abbau freier Kapazitäten. Im konkreten Fall handelt es sich um einen Stellenabbau bei Werkern (– 5210 Stunden) und FST-Personal (0,3 FTE). Es entsteht eine reine Kostenwirkung durch Ressourcenabbau ohne Erlösveränderungen. Als Negativszenario soll hier mit der vorsichtigen Bewertung aus Schritt 3 gerechnet werden. Bild 5.24 quantifiziert dieses Entscheidungsszenario mit dem Abbau der Kapazitäten bei der Einheit „Personal-Werker" und „Personal-FST".

Entscheidunsszenario 1: Abbau der Kapazitäten				Wertschöpfungskategorie			
				Wertschöpfend (W)	Nicht-Wertschöpfend		
			Maßstab		notw. indirekt (NI)	Verschwendung (V)	Frei (F)
Bezugsobjekte		**Kostenart**					
Wertstrom 2550		Personal-Werker	h/a				-5210
		Personal-Teamleiter	FTE				
		Personal-FST	FTE				-0,3
		Kapitalbindung	€/a			- 27.320 €	
	Logistik	Personal	FTE				

Bild 5.24 Kapazitive Auswirkungen des Entscheidungsszenarios 1 mit dem Abbau der Kapazitäten

---

[9] Der Wert des Zwischenbestandes zu den Herstellkosten wurde durch das interne Controlling ermittelt.

Das zweite Entscheidungsszenario bildet ein vollständiges Nutzen der freien Kapazitäten für Wachstum ab. Da die Anlagen im betrachteten Fall nicht an der Kapazitätsgrenze betrieben werden, lassen sich die freien Kapazitäten vollständig für steigende Absatzmengen einsetzen. Dies entspricht der Situation „Wachstum ohne zu wachsen". Mit anderen Worten: Das Generieren weiterer Umsätze mit gleichbleibenden Ressourcen. Das Entscheidungsszenario 2 hat also sowohl Kosten- als auch Erlöswirkung. Alle freien Kapazitäten sollen dazu verwendet werden, das Wachstum durch den vollständigen Verkauf erhöhter Mengen abzubilden (Bild 5.25). Als Positivszenario wird mit den realistisch eingestuften Zahlen der quantitativen Einflussanalyse gerechnet.

 Wachstum ohne zu wachsen = Generieren zusätzlicher Umsätze mit gleichbleibenden Ressourcen

Entscheidunsszenario 2: Wachstum			Wertschöpfungskategorie				
				Wert-schöpfend (W)	Nicht-Wertschöpfend		
		Maßstab			notw. indirekt (NI)	Verschwen-dung (V)	Frei (F)
Bezugsobjekte	**Kostenart**						
Wertstrom 2550	Personal-Werker	h/a		5210			-5210
	Personal-Teamleiter	FTE			0,5		-0,5
	Personal-FST	FTE			0,5		-0,5
	Kapitalbindung	€				- 27.320 €	
Logistik	Personal	FTE					

Bild 5.25 Kapazitive Auswirkungen des Entscheidungsszenarios 2 mit der Kapazitätsnutzung für Wachstum

Schritt 5: Entscheidungsalternativen monetarisieren

Für beide Szenarien gilt es, die laufende ergebniswirksame Differenz sowie die einmaligen Aus- und Einzahlungen zu ermitteln. Bild 5.26 zeigt die Berechnung der laufenden jährlichen Kosteneinsparungen bei einem Kapazitätsabbau nach dem Entscheidungsszenario 1.

Die Berechnung der jährlichen Differenz bei den Personalkosten „Werker" und „FST" wurde auf Basis der durchschnittlichen Normalkosten einer Vollzeitäquivalenz mithilfe der „Grundrechnung der Kosten" durchgeführt.[10] Die jährlichen Einsparungen betragen insgesamt knapp 172 000 €.

---

[10] Beispielhafte Berechnung für die Kostenart „Personal-Werker" in Bild 5.26: Durchschnittliche Jahres-Arbeitgeberkosten Werker: 44 997 €. Anwesenheit: 162 h/Monat. Es resultiert eine Einsparung „Personal-Werker" von $\dfrac{44.997\ €}{162 h \cdot 12} \cdot 5210\,h = 120.593{,}81\ €.$

Entscheidungsszenario 1: Abbau der Kapazitäten		Kostenart	jährliche Differenz
			Wertstrom 2550
Wertschöpfend		Personal-Werker	120.593,81 €
Nicht-Wert-schöpfend	notwendig indirekt	Personal-FST	23.740,00 €
	Verschwen-dung	Kapitalbindung	27.320,00 €
Ergebniswirksame Differenz			171.653,81 €

Bild 5.26 Laufende monetäre Auswirkungen des Entscheidungsszenarios 1

Ein erheblich anderes Bild ergibt die Monetarisierung des Entscheidungsszenarios 2, da hier auch eine Erlöswirkung vorhanden ist. Die frei gewordene Werkerkapazität findet in diesem Fall vollständig Verwendung für die Abarbeitung von Kundenaufträgen zum Verkauf. Es wird hierbei vom vollständigen Absatz der zusätzlich produzierten Stückzahl und damit verbundener Umsatzsteigerung ausgegangen.

In Bild 5.27 wird bei dem Erlösausweis ein vollständig gleichmäßiges Wachstum des letztjährigen Produktprogramms zu Durchschnittspreisen angenommen und die „Grundrechnung der Erlöse" als Datengrundlage verwendet. Auf Basis von Plandaten des Vertriebs wäre grundsätzlich auch eine an Planzahlen orientierte Wachstumsbewertung möglich. Als jährliche Mehrausgaben fallen im Wachstumsszenario Leistungskosten für das nötige Material an. Der durchschnittliche Materialkostenanteil lässt sich auf Basis der „Grundrechnung der Kosten" des letzten laufenden Jahres ermitteln. Die übrigen Kapazitäten – abgesehen von der Kapitalbindung – bleiben bezüglich ihres Angebotes unverändert und erzeugen keine Kostenveränderungen.

Entscheidungsszenario 2: Wachstum			Kosten-/ Erlösart	jährliche Differenz
				Wertstrom 2550
Erlöse			Umsatz	2.372.214,60 €
Kosten	Wertschöpfend		Materialkosten	- 1.257.273,74 €
			Personal-Werker	- €
	Nicht-Wert-schöpfend	notwendig indirekt	Personal-FST	- €
			Personal-Teamleiter	- €
		Verschwen-dung	Kapitalbindung	27.320,00 €
Ergebniswirksame Differenz				1.142.260,86 €

Bild 5.27 Laufende monetäre Auswirkungen des Entscheidungsszenarios 2[11]

---

[11] Berechnung der Umsatzveränderung: Durchschnittlicher Umsatz je Fertigungsstunde im Vorjahr = 455,3195 €/h. Daraus ergibt sich ein Umsatzwachstum von 5210 h · 455,3195 €/h = 2 372 214,60 €. Der durchschnittliche Materialkostenanteil am Umsatz liegt im Jahresmittel bei 53 %.

Da bekommt der neutrale Betrachter große Augen: Die jährliche ergebniswirksame Differenz ist mit 1,14 Mio. € um knapp 1 Mio. € höher als im Szenario des Kapazitätsabbaus! Das Beispiel verdeutlicht: Eine Rationalisierungsmaßnahme kann nicht ohne Weiteres monetär bewertet werden. Die jeweilige Entscheidung des Managements bestimmt maßgeblich die tatsächlich realisierbare Zahlungsflussauswirkung. Diese wird sich letztlich – abhängig von einem realisierbaren Wachstum – zwischen beiden Werten befinden. Praktisch in der Anwendung: Die Szenariotechnik erlaubt die Annahme weiterer Szenarien, in denen beispielsweise von teilweisem Abbau oder geringerem Wachstumspotenzial ausgegangen wird.

Neben den laufenden Veränderungen sind die einmaligen Ein- und Auszahlungen zu ermitteln. In der betrachteten Situation sind diese in beiden Szenarien identisch. Auch im Wachstumsszenario fallen keine zusätzlichen Bereitschaftskosten an, da die Betriebsmittel nicht an der Auslastungsgrenze betrieben werden.

Als einmalige Einnahme ist die De-Investition von Material im ersten Jahr zu verbuchen. Sie ergibt sich durch den Abbau von Beständen unfertiger Erzeugnisse im Wert von 341 500 €. Der Beständeabbau wiederum folgt aus der Integration der Vormontageumfänge in die Endmontage-Inseln. Die ehemals zwischen Vor- und Endmontage vorhandenen Supermärkte mit Baugruppenbeständen in Höhe von 341 500 € konnten aufgelöst werden – dementsprechend steigt der Kapitalfluss (Cash Flow). Die Berechnung basiert in diesem Fall auf der Annahme, dass sich die unfertigen Erzeugnisse in der Produktion vollständig verwerten lassen. Diese Betrachtung ist daher korrekt, da die Zwischenbestände abgebaut werden und ein Umsatz ohne zusätzliche Materialausgaben erfolgt. In der Anlaufphase der Endmontage-Inseln wurden somit alle vormontierten Baugruppen vollständig verbaut und in den Endprodukten verkauft. Damit wurden im ersten Jahr Rohmaterialausgaben in Höhe von 341 500 € gegenüber der Ausgangssituation vermieden. Dieser Effekt tritt einmalig in der Abbauperiode auf und ist konform zur Kapitalflussorientierung der Kostenrechnung Ganzheitlicher Produktionssysteme (vgl. Cooper, Maskell 2008, S. 60; McVay et al. 2013, S. 10 und s. Prinzipien des Lösungsansatzes in Abschnitt 4.1). Einmalige Ausgaben entstehen durch Investitionen in Betriebsmittel in Höhe von 400 000 €.

Schritt 6: Ermittlung des Kapitalwerts und der Amortisationszeit

Die einmaligen und laufenden Zahlungsflussveränderungen lassen sich in eine „Zahlungsreihe" eintragen, um den Nutzen beider Szenarien bewerten und miteinander vergleichen zu können. Als Betrachtungszeitraum werden im Beispiel fünf Jahre definiert. Der Kapitalkostensatz für die Abzinsung zur Ermittlung der Barwerte beträgt 8 % pro Jahr.

Bild 5.28 und Bild 5.29 stellen übersichtlich eine Berechnung des Kapitalwerts und der Amortisationszeit für beide Entscheidungsszenarien dar.

Zahlungsreihe	Start	Jahr 1	Jahr 2	Jahr 3	Jahr 4	Jahr 5
Laufende Differenz		171.654 €	171.654 €	171.654 €	171.654 €	171.654 €
Einmalige Einnahmen		341.500 €				
Einmalige Auszahlungen	- 400.000 €					
Zahlungsdifferenz	- 400.000 €	513.154 €	171.654 €	171.654 €	171.654 €	171.654 €
Barwert	- 400.000 €	475.142 €	147.165 €	136.264 €	126.171 €	116.825 €
kumulierte Barwerte	- 400.000 €	75.142 €	222.308 €	358.572 €	484.743 €	601.568 €
Kapitalwert	601.568 €					
Amortisationszeit [Jahre]	0,84					

Bild 5.28   Kapitalwert und Amortisationszeit des Entscheidungsszenarios 1 (Abbau)[12]

Zahlungsreihe	Start	Jahr 1	Jahr 2	Jahr 3	Jahr 4	Jahr 5
Laufende Differenz		1.142.261 €	1.142.261 €	1.142.261 €	1.142.261 €	1.142.261 €
Einmalige Einnahmen		341.500 €				
Einmalige Auszahlungen	- 400.000 €					
Zahlungen	- 400.000 €	1.483.761 €	1.142.261 €	1.142.261 €	1.142.261 €	1.142.261 €
Barwert	- 400.000 €	1.373.853 €	979.305 €	906.763 €	839.596 €	777.404 €
kumulierte Barwerte	- 400.000 €	973.853 €	1.953.157 €	2.859.921 €	3.699.517 €	4.476.920 €
Kapitalwert	4.476.920 €					
Amortisationszeit [Jahre]	0,29					

Bild 5.29   Kapitalwert und Amortisationszeit des Entscheidungsszenarios 2 (Wachstum)[13]

Schritt 7: Zusammenfassung

Im letzten Schritt erfolgt die zusammenfassende Darstellung der monetären Auswirkungen beider Entscheidungsszenarien (Bild 5.30).

			Szenario 1: Abbau	Szenario 2: Wachstum
Erlöse (Umsatzwirkung des Szenarios)			- €	2.372.215 €
Wertschöpfende Kosten		Materialkosten	- €	- 1.257.274 €
		Personal-Werker	120.594 €	- €
Nicht-Wertschöpfende Kosten	notwendig indirekt	Personal-FST	23.740 €	- €
		Personal-Teamleiter	- €	- €
	Verschwendung	Kapitalbindung	27.320 €	27.320 €
Ergebniswirksame Differenz jährlich			171.654 €	1.142.261 €
Einmalige Zahlungsflussdifferenz			- 58.500 €	- 58.500 €
Kapitalwert (5 Jahre)			601.568 €	4.476.920 €
Amortisationszeit [Jahre]			0,84	0,29

Bild 5.30   Zusammenfassender Vergleich beider Entscheidungsszenarien

---

[12] Laufende ergebniswirksame Differenz gemäß Bild 5.26.

[13] Laufende ergebniswirksame Differenz gemäß Bild 5.27.

Das Negativ-Szenario 1 (Abbau) weist auf Basis der zugrunde liegenden Entscheidungen zur Kapazitätsnutzung eine Amortisationszeit von knapp unter einem Jahr auf. Im Wachstumsszenario ist die Amortisationszeit deutlich kürzer. Der Kapitalwert bei Wachstum beträgt das Siebenfache gegenüber der reinen Kostenwirkung im Abbauszenario. Reine Zahlenspielerei? Wohl kaum. Es zeigt vielmehr die immense Bedeutung auf, die Erlöswirkung von Entscheidungen auf Basis steigender Umsätze zu betrachten. Für das Management zeigt sich der Erfolg der Lean-Maßnahmen in der Kontrollrechnung. Und egal wie: Die Umstellung ist unabhängig vom Wachstum ein Erfolg! Zudem erfüllt sie in beiden Fällen die Forderung nach einer Amortisationszeit von weniger als zwei Jahren.

Für entsprechende Vergleiche gingen die Beteiligten einen weiteren Schritt: In der klassischen Erfassung des Unternehmens wurden die monetären Auswirkungen anhand eines Stundensatzes (te-Satz) ermittelt. Bewertbar waren allein die Änderungen der direkten Fertigungszeiten: im betrachteten Fall 5210 Stunden. Dies ergibt bei einem beispielhaften te-Satz von 35,00 €/h eine jährliche Einsparung von 182 350 €. Bei Ausgaben von 400 000 € beträgt die statische Amortisationszeit 2,2 Jahre. Die Formel 5.1 zeigt eine klassisch kalkulierte Amortisationszeit nach Grundsätzen des betrachteten Unternehmens.

$$\text{Amortisationszeit}\,(\text{Jahre}) = \frac{\text{Kapitaleinsatz in } €}{\text{Wiedergewinnung in } \dfrac{€}{\text{Jahr}}} = \frac{400.000\ €}{182.350\ \dfrac{€}{\text{Jahr}}} = 2,2\ \text{Jahre} \quad (5.1)$$

Die geforderte Amortisationszeit von maximal zwei Jahren wird somit nicht erreicht. Mit klassischen Verfahren auf Basis der traditionellen Vollkostenrechnung wäre die Umsetzung der Lean-Aktivitäten somit möglicherweise abgelehnt worden.

 Das Verfahren der Entscheidungsrechnung wurde als Standard im Unternehmen etabliert.

Das hier dargelegte Beispiel zeigt letztlich auch in der praktischen Anwendung auf: In Ganzheitlichen Produktionssystemen ist ein auf anderen Prinzipien aufbauendes Kostenrechnungssystem notwendig, um die Unterstützungsfunktion zum Produktionssystem zu gewährleisten. Die Anwendbarkeit der prozessbezogenen Entscheidungsrechnung nach dem in Abschnitt 4.6.2 vorgestellten Verfahren ist somit nachgewiesen. Und wieder mit Blick auf unser Projekt in der Praxis: Das Verfahren der Entscheidungsrechnung wurde als Standard im Unternehmen etabliert!

Im folgenden Kapitel findet eine abschließende Bewertung des Praxiseinsatzes des „Systems der Kostenrechnung und Kostenanalyse für Ganzheitliche Produktionssysteme" statt.

5.2.5 Bewertung, Herausforderungen und Fazit

Nach vielfältiger theoretischer Konzeption: Die Funktionsfähigkeit und Praxistauglichkeit aller Bestandteile des Lösungsansatzes wurde in einem Unternehmen
des betrachteten Betriebstyps real nachgewiesen. Der beschriebene Anwendungsfall der Entscheidungsrechnung zur Bewertung von Lean-Maßnahmen (Abschnitt 5.2.4) verdeutlichte erneut die mehrfach aufgezeigten Mängel klassischer
Kostenrechnung in Ganzheitlichen Produktionssystemen. Der entwickelte Lösungsansatz konnte hingegen die theoretisch und empirisch ermittelten Anforderungen an ein monetäres Bewertungssystem für Lean-Unternehmen erfüllen
(Bild 5.31).

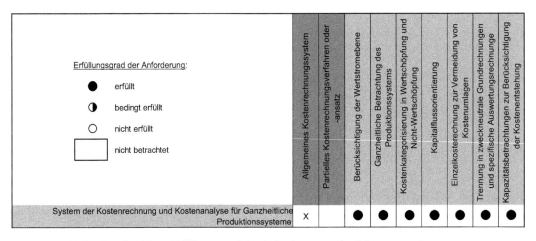

Bild 5.31 Erreichter Erfüllungsgrad der Anforderungen des Lösungsansatzes

Für die Bezugsobjektehierarchie war die Berücksichtigung der Wertstromebene
von zentraler Bedeutung. Sowohl die periodenbezogenen Erfolgsrechnungen als
auch problemspezifische Entscheidungsrechnungen wurden in erster Linie auf
Wertstromebene berechnet. Der Wertstrom wurde dabei nicht nur als Kostenstelle
betrachtet. Vielmehr ist er als eine Art Profit-Center zu sehen, bei dem den Einzelerlösen die Einzelkosten gegenübergestellt werden. Das Berücksichtigen der
Erlöswirkung von Entscheidungen zeigte sich von hoher Bedeutung für die Bewertung von Entscheidungen.

Der Lösungsansatz fokussiert auf die Gesamtkosten und fördert so die ganzheitliche Betrachtung des Produktionssystems. Die Kalkulation von Stückkosten ist
zwar möglich (Abschnitt 4.6.2), jedoch aufgrund der Gefahren beim Einsatz in
Ganzheitlichen Produktionssystemen als alleinigem Kalkulationsobjekt nicht zu
empfehlen. Das Berücksichtigen der Bestandskosten sowie die Kapitalflussorientierung fördern und motivieren das für Lean so wichtige zentrale Fließprinzip. Das

Trennen von Leistungs- und Bereitschaftskosten in der „Grundrechnung der Kosten" bietet die Möglichkeit, entscheidungsrelevante Kosten einfach zu identifizieren.

 Der Lösungsansatz fokussiert auf die Gesamtkosten und fördert so die ganzheitliche Betrachtung des Produktionssystems.

Es gibt einen wesentlichen Schritt, um die Verhaltensorientierung der Kostenrechnung zu fördern und zu sichern: die Einteilung der Kosten in Wertschöpfung und Nichtwertschöpfung. Die dabei eingesetzten Instrumente gestatten eine neue Blickrichtung auf den Kapitaleinsatz im Produktionssystem. Sie haben sich in den Auswertungsrechnungen des Praxiseinsatzes als hilfreich und sinnvoll erwiesen.

Was gehört nun zu den größten Veränderungen gegenüber klassischen Kostenrechnungssystemen? Dazu zählt sicherlich die Kapitalflussorientierung durch den ausgabeorientierten Kostenbegriff. Dies hat sich in Ganzheitlichen Produktionssystemen als wichtiger Schlüsselfaktor für die Ermittlung laufender oder entscheidungsbezogener Erfolge erwiesen. Der Kapitalfluss steht in engem Bezug zum Materialfluss. Eine schnellere Materialflussgeschwindigkeit wirkt sich in aller Regel direkt auf den Kapitalfluss aus (De-Investition von Beständen). Die klassische Kostenrechnung hingegen bleibt davon weitgehend unberührt. Die Einzelkostenrechnung verbesserte erheblich sowohl die Transparenz als auch Bewertung von kurz- und langfristigen Entscheidungen. Jegliche Kostenumlage und der damit klassisch verbundene hohe Aufwand einer Kostenstellenrechnung (s. Beispiel in Abschnitt 5.1.3) entfallen.

 Die Einzelkostenrechnung verbesserte erheblich sowohl die Transparenz als auch Bewertung von Entscheidungen.

Die Trennung in zweckneutrale Grundrechnungen und spezifische Auswertungsrechnung bereitet den Weg, diese unternehmensindividuell an vorherrschende Informationsbedürfnisse anzupassen. In den „Grundrechnungen der Kosten und Erlöse" sowie der „Grundrechnung der Kapazitäten" kamen die ursprünglichen Rechengrößen zum Einsatz. Das erwies sich im Praxiseinsatz sowohl in Betriebs- und Zeitvergleichen als auch bei Entscheidungsrechnungen als sinnvoll.

Als entscheidendste Neuerung kann die differenzierte Betrachtung von Kapazitäten in der Kostenrechnung gesehen werden. Die Wertschöpfungsermittlung dient der Differenzierung der Kapazitätsnutzung im Unternehmen – sie macht die Kosteneinteilung in Wertschöpfung und Nicht-Wertschöpfung erst möglich. In Entscheidungsrechnungen erwies sich die Kapazitätsbetrachtung als essenziell. Damit können Verantwortliche erkennen und bewerten, ob und auf welche Weise sich monetäre Veränderungen ergeben. Damit lassen sich entstehende Kosten transparenter aufzeigen.

 Als größte Neuerung ist die differenzierte Betrachtung von Kapazitäten in der Kostenrechnung zu sehen.

Folgende **Herausforderungen** zeigten sich im Praxiseinsatz:

- Eine rein funktionale Aufbauorganisation erschwert es, prozess- bzw. wertstromorientierte Bezugsobjektehierarchien zu erstellen. Es entsteht ein einmaliger Aufwand bei der Zuweisung von Ressourcen zu Bezugsobjekten.

- Die Definition der Wertschöpfungskategorien und die anschließende Wertschöpfungsermittlung erwiesen sich als herausfordernd, da ein tiefgehendes Lean-Verständnis notwendig ist. Allerdings: Die Managementverantwortlichen empfanden den Definitionsprozess im Nachhinein als durchaus wesentlich. Für das praktische Vorgehen ist es hilfreich, den Fokus zu Beginn auf die Mehrfachzuweisung der bedeutendsten Kostenarten zu legen und schrittweise die verbleibenden Kostenarten zu berücksichtigen. Und als weiterer Tipp: Entwickeln Sie einen individuellen Standardkatalog für das Vorgehen zur Wertschöpfungsermittlung.

- In der Praxis fehlt bei indirekten Bereichen oft weitgehend die Datenbasis (Tätigkeitsanalysen, Arbeitspläne etc.) für eine Wertschöpfungsermittlung. Hierzu sind bei der Einführung häufig Analysen oder Schätzungen nötig, falls eine Differenzierung der Kapazitätsnutzung vorgenommen werden soll.

- Vermitteln Sie das Thema Wandlungsfähigkeit: Durch die Kapitalfluss- und Gesamtkostenorientierung entsteht zum Teil ein neues Kostenverständnis im Unternehmen. Schulungen und Trainings sind notwendig, um den Wandel nachvollziehen zu können. Das in Abschnitt 5.1 entwickelte Planspiel kann das Veränderungsmanagement unterstützen.

- Ohne Fleiß kein Preis: Für die Umstellung der EDV-technischen Abbildung des Kostenrechnungssystems ist insbesondere bei Großunternehmen ein größerer Aufwand einzuplanen. Pauschale Schätzungen zur zeitlichen Dauer sind aufgrund unterschiedlicher Ausgangssituationen nicht möglich, es ist jedoch von mehreren Monaten auszugehen.

- Überzeugungsarbeit: Der Erfolg hängt entscheidend von der Forderung und Förderung des Top-Managements ab. Erst wenn alle Beteiligten die Notwendigkeit der Veränderung des Kostenrechnungssystems bei der Einführung eines Ganzheitlichen Produktionssystems erkannt haben, sind die Voraussetzungen für einen solchen tiefen Unternehmenseingriff geschaffen.

Als zentrale **Vorteile** des entwickelten „Systems der Kostenrechnung und Kosten-analyse in Ganzheitlichen Produktionssystemen" zeigten sich im Praxiseinsatz fol-gende Punkte:

- Es ergab sich erstmalig die vollständige Unterstützung eines Ganzheitlichen Produktionssystems durch ein konformes System der Kostenrechnung.

- Die Lösung sorgte für erhebliche Optimierungen bei der Planung und Kon-trolle von Entscheidungen im Lean-Umfeld sowie der Transparenz von Aus-wertungsrechnungen.

- Es zeigte sich eine deutlich verbesserte Verhaltenssteuerung der Mitarbeiter in Richtung der Prinzipien Ganzheitlicher Produktionssysteme. Das entwi-ckelte System kann die Grundlage für eine völlige Neugestaltung von Anreiz-systemen sowie der betrieblichen Planung (Budgetierung) liefern.

- Die entwickelte Lösung kann darüber hinaus einen wesentlichen Beitrag zu einem nachhaltigen Kultur- und Philosophiewandel im Unternehmen leisten.

6 Zusammenfassung

Sowohl die inzwischen oft global beeinflussten Marktbedingungen als auch das Produktionsumfeld unterliegen in der jüngeren Vergangenheit einem erheblichen Wandel. Um diesen Änderungen gerecht zu werden und weiterhin wettbewerbsfähig zu bleiben, führen viele Fertigungsunternehmen ein Ganzheitliches Produktionssystem nach dem Vorbild Toyotas ein. Die dazugehörenden Lean-Prinzipien, Methoden und Werkzeuge zur Reduzierung von Verschwendung bzw. nicht wertschöpfender Kosten stellen den anerkannten Stand der Wissenschaft und Praxis für die effiziente Gestaltung einer Produktion im gegebenen Marktumfeld dar.

Ganzheitliche Produktionssysteme finden demzufolge immer mehr Verbreitung. Dessen ungeachtet kommen die klassischen Kostenrechnungssysteme zur Bewertung der Wirtschaftlichkeit von Produktionssystemen weitgehend unverändert in der Praxis zum Einsatz. Diese Bewertungssysteme basieren allerdings auf den Annahmen und Prämissen tayloristischer Massenproduktionskonzepte – und diese reichen um etliche Jahrzehnte, wenn nicht gar um über ein Jahrhundert zurück. Infolgedessen sind zahlreiche Lean-Maßnahmen nicht bewertbar oder werden sogar negativ dargestellt. In der Praxis befinden sich zahllose Verantwortliche in einer Zwickmühle: Klassische Controlling-Instrumente sind nach wie vor weit verbreitet und haben eine hohe Bedeutung zur Rationalitätssicherung von Entscheidungen. Diese „Werkzeuge" beziehen sich jedoch auf ein Marktumfeld, das den aktuellen Herausforderungen beispielsweise an Flexibilität und Wandlungsfähigkeit nicht mehr entspricht. Aufgrund dessen werden so teilweise sogar monetäre Ergebnisse ermittelt, die in direktem Widerspruch zur Lean-Philosophie stehen.

Dieses praxisbezogene Fachbuch stellt die Entwicklung eines monetären Bewertungssystems vor, das konform zur Philosophie und den Prinzipien Ganzheitlicher Produktionssysteme ist. Die Defizite klassischer Kostenrechnungssysteme wurden literaturgestützt erarbeitet und für die Praxis dargestellt. Auf Basis weiterer umfangreicher theoretischer sowie empirischer Untersuchungen wurden Anforderungen an ein System zur Kostenbewertung in Ganzheitlichen Produktionssystemen ermittelt. Hierzu zählt neben der Wertstrom- und Kapitalflussorientierung vor allem die Kostenspaltung in wertschöpfende und nicht wertschöpfende Bestandteile. Das entwickelte System basiert insbesondere auf Einzelkosten, um intransparente Umlagen und ein Überdecken oder Verschleiern von Verschwendung zu vermeiden. Die Gegenüberstellung der ermittelten Anforderungen mit den bestehenden Modellen der Kostenrechnung zeigte auf, dass derzeit kein wirklich geeignetes System zur Lösung dieses Problems auf dem Markt vorhanden ist.

Die ermittelten Anforderungen wurden in Prinzipien zur Gestaltung des Lösungssystems überführt. In der „Grundrechnung der Kosten und Erlöse" erfolgte auf Basis einer wertstromorientierten „Bezugsobjektehierarchie" die zweckneutrale und umlagefreie Erfassung von Kosten und Umsätzen. Ein ausgabe- und damit kapitalflussorientierter Kostenbegriff wurde eingeführt, um die Bestandseffekte durch Lean-Maßnahmen entsprechend abzubilden. In der „Grundrechnung der Kapazitäten" fand eine Analyse des Ressourceneinsatzes bezüglich Wertschöpfung und Nicht-Wertschöpfung statt. Das Zusammenführen beider Grundrechnungen – d. h. der Kosten und Kapazitätsdaten – gestattet eine völlig neue Sichtweise auf monetäre Ergebnisse, indem vom Umsatz stufenweise die Kosten für Wertschöpfung und mehrere nicht wertschöpfende Kategorien subtrahiert werden. Neben diesem Schema periodenbezogener Erfolgsrechnungen wurde ein Vorgehen zur Bewertung prozess- bzw. wertstromspezifischer Entscheidungen entwickelt, um in Plan- oder Kontrollrechnungen die Wirtschaftlichkeit von Maßnahmen lean-konform zu analysieren.

Die praktische Anwendbarkeit des Systems bestätigte sich sowohl in der Planspielsituation innerhalb einer Lernfabrik als auch bei einem Unternehmen des betrachteten Betriebstyps.

7 Literaturverzeichnis

Ahlstroem, Paer; Karlsson, Christer (1996): Change processes towards lean production. The role of the management accounting system. In: International Journal of Operations & Production Management 16 (11), S. 42–56.

Asefeso, Ade (2014): Lean Accounting. 2. Aufl. Lydiard Millicen: AA Global Sourcing Ltd.

Balsliemke, Frank (2015): Kostenorientierte Wertstromplanung. Prozessoptimierung in Produktion und Logistik. Wiesbaden: Springer Gabler (essentials).

Bargerstock, Andrew; Shi, Ye (2016): Leaning away from Standard Costing. Lean companies need value stream costing and new performance metrics. In: Strategic Finance 6 (98), S. 39–45.

Becker, Wolfgang; Baltzer, Björn; Ulrich, Patrick (2014): Wertschöpfungsorientiertes Controlling. Konzeption und Umsetzung. 1. Aufl. Stuttgart: Kohlhammer Verlag.

Bergmann, Lars; Crespo, Isabel (2009): Herausforderung kleiner und mittlerer Unternehmen. In: Dombrowski, Uwe; Herrmann, Christoph; Lacker, Thomas und Sonnentag, Sabine (Hg.): Modernisierung kleiner und mittlerer Unternehmen. Ein ganzheitliches Konzept. Berlin, Heidelberg: Springer (VDI-Buch), S. 5–29.

Bicheno, John (2015): The Lean Games and Simulations Book. 2nd edition. Buckingham: Picsie Books.

Bicheno, John; Holweg, Matthias (2016): The Lean Toolbox. A handbook for lean transformation. Fifth edition. Buckingham: Picsie Books.

Biel, Alfred (1995): LEAN-KONFORMES CONTROLLING. In: Controller-Magazin 2 (20), S. 73–78.

Blöchl, Stefan; Michalicki, Mathias; Schneider, Markus (2017): Simulation Game for Lean Leadership – Shopfloor Management combined with Accounting for Lean. In: 7th Conference on Learning Factories (Hg.): Conference Proceedings, S. 97–105.

Brauckmann, Otto (2002): Integriertes Betriebsdaten-Management. Wie Sie Ihre Wertschöpfung in IT-Regelkreisen optimieren. Wiesbaden: Gabler.

Brauckmann, Otto (2009): Smart Production III. Gewinnorientierung statt Kostenorientierung (Ver.3).

Brauckmann, Otto (2015): Smart Production. Wertschöpfung durch Geschäftsmodelle. Berlin Heidelberg: Springer Vieweg.

Brieke, Michael (2009): Erweiterte Wirtschaftlichkeitsrechnung in der Fabrikplanung. Garbsen: PZH Produktionstechnisches Zentrum (Berichte aus dem IFA, Band 01/2009).

Briel, Ralf von (2002): Ein skalierbares Modell zur Bewertung der Wirtschaftlichkeit von Anapassungsinvestitionen in ergebnisverantwortlichen Fertigungssystemen. Heimsheim: Jost-Jetter (IPA-IAO Forschung und Praxis, 352).

Byrne, Art (2013): The Lean Turnaround. How Business Leaders Use Lean Principles to Create Value and Transform Their Company. New York: McGraw-Hill.

Charifzadeh, Michel; Taschner, Andreas; Bettache, Ahmed (2013): Werttreiber Lean Production. In: Controlling & Management Review 57 (2), S. 48–57.

Chavez, Zuhara; Mokudai, Takefumi (2016): Real Numbers and Full Integration to Support the Lean Practice. In: Yang, Gi-Chul; Ao, Sio-Iong; Huang, Xu und Castillo, Oscar (Hg.): Transactions on Engineering Technologies. International Multi Conference of Engineers and Computer Scientists 2015. 1st ed. 2016. Singapore: Springer.

Chiarini, Andrea (2012): Lean production: mistakes and limitations of accounting systems inside the SME sector. In: Journal of Manufacturing Technology Management 23 (5), S. 681 – 700.

Chiarini, Andrea (2014): A comparison between time-driven activity-based costing and value stream accounting in a lean Six Sigma manufacturing case study. In: Int. J. Productivity and Quality Management 14 (2), S. 131 – 148.

Coenenberg, Adolf G.; Fischer, Thomas M.; Günther, Thomas W. (2016): Kostenrechnung und Kostenanalyse. 9. Auflage. Stuttgart: Schäffer Poeschel.

Collatto, Dalila Cisco; Souza, Marcos Antonio de; Nascimento, Anete Petrusch do; Lacerda, Daniel Pacheco (2016): Interactions, convergences and interrelationships between Lean Accounting and Strategic Cost Management: a study in the Lean Production context. In: Gestão & Produção 23 (4), S. 815 – 827.

Cooper, Robin; Maskell, Brian (2008): How to Manage Through Worse-Before-Better. In: MIT Sloan Management Review 49 (4), S. 58 – 65.

Cunningham, Jean E.; Fiume, Orest J.; Adams, Emily (2003): Real Numbers. Management Accounting in a Lean Organization. Durham: Managing Times Press.

Darlington, John (2012): Taking company uniqueness into account. Hg. v. The LMJ. Online verfügbar unter https://the-lmj.com/2012/05/taking-company-uniqueness-into-account/, zuletzt geprüft am 20. 02. 2017.

Darlington, John (2016): Thinking Allowed Part Two: „Inactivity Based Costing". Buckingham Lean Enterprise Unit. The University of Buckingham.

Darlington, John; Found, Pauline; Francis, Mark (2016): Flow Accounting: The Next Challange for 21st Century Lean Businesses. In: Chiarini, Andrea (Hg.): Understanding the Lean Enterprise. Strategies, Methodologies, and Principles for a More Responsive Organization. Cham: Springer, S. 79 – 99.

DeBusk, Gerald; DeBusk, Chuck (2012a): The Case for Lean Accounting: Part I. In: Cost Management 26 (3), S. 20 – 24.

DeBusk, Gerald; DeBusk, Chuck (2012b): The Case for Lean Accounting: Part II-Value Stream Costing. In: Cost Management 26 (4), S. 22 – 30.

DeBusk, Gerald K. (2015): Use Lean Accounting to Add Value to the Organization. In: Journal of Corporate Accounting & Finance 26 (4), S. 29 – 35.

DeLuzio, Mark C. (2006): Accounting for Lean. Conventional accounting must adapt to accomodate the lean movement. In: Manufacturing Engineering 137 (6), S. 83 – 90.

Dickmann, Phillip; Dickmann, Eva (2009): Differenzierte Prozesskostenrechnung. In: Dickmann, Philipp (Hg.): Schlanker Materialfluss mit Lean Production, Kanban und Innovationen. 2., aktualisierte und erw. Aufl. Berlin, Heidelberg: Springer (VDI-Buch), S. 78 – 86.

Dombrowski, U.; Ebentreich, D.; Krenkel, P. (2016): Impact analyses of lean production systems. In: Procedia CIRP 57, S. 607 – 612.

Dombrowski, Uwe; Mielke, Tim (2015a): Einleitung und historische Entwicklung. In: Dombrowski, Uwe und Mielke, Tim (Hg.): Ganzheitliche Produktionssysteme. Aktueller Stand und zukünftige Entwicklungen. Berlin: Springer Vieweg (VDI-Buch), S. 1 – 24.

Dombrowski, Uwe; Mielke, Tim (2015b): Gestaltungsprinzipien Ganzheitlicher Produktionssysteme. In: Dombrowski, Uwe und Mielke, Tim (Hg.): Ganzheitliche Produktionssysteme. Aktueller Stand und zukünftige Entwicklungen. Berlin: Springer Vieweg (VDI-Buch), 25-169.

Dombrowski, Uwe; Mielke, Tim; Schmidt, Stefan; Schmidtchen, Kai (2015): Ausblick – Lean Enterprise. In: Dombrowski, Uwe und Mielke, Tim (Hg.): Ganzheitliche Produktionssysteme. Aktueller Stand und zukünftige Entwicklungen. Berlin: Springer Vieweg (VDI-Buch), 299 – 314.

Ehlers, Jörg-Dieter (2013): Change-Management. (Schwerpunkt Fertigung). 9. Controlling Advantage Bonn. Internationaler Controller Verein. Bonn, 14.11.2013.

Erlach, Klaus (2010): Wertstromdesign. Der Weg zur schlanken Fabrik. 2., bearb. und erweiterte Aufl. Berlin, New York: Springer (VDI-Buch).

Feldmann, Martin; Wiegand, Bodo (2009): Lean cost management. Auswirkungen von Lean-maßnahmen erfassen. Hg. v. Industrieanzeiger. Online verfügbar unter http://www.industrieanzeiger.de/management/-/article/12503/26675186/Verschwendung+wird+greifbar/art_co_INSTANCE_0000/, zuletzt geprüft am 29.03.2016.

Fieten, Robert (1992): Lean Management. Neue Herausforderung für Logistik und Controlling. In: Horváth, Péter (Hg.): Effektives und schlankes Controlling. Stuttgart: Schäffer-Poeschel, S. 309 – 326.

Fullerton, Rosemary R.; Kennedy, Frances A.; Widener, Sally K. (2013): Management accounting and control practices in a lean manufacturing environment. In: Accounting, Organizations and Society 38 (1), S. 50 – 71.

VDI 2870 Blatt 1, Juli 2012: Ganzheitliche Produktionssysteme – Grundlagen, Einführung und Bewertung.

Gerberich, Claus W.; Teuber, Julia; Schäfer, Thomas (2006): Integrierte Lean Balanced Scorecard. 1. Aufl. Wiesbaden: Gabler Verlag.

Gläßer, Dominik; Rabta, Boualem; Reiner, Gerald; Alp, Arda (2010): Evaluation of the Dynamic Impacts of Lead Time Reduction on Finance Based on Open Queueing Networks. In: Reiner, Gerald (Hg.): Rapid Modelling and Quick Response. Intersection of Theory and Practice. London: Springer-Verlag, S. 145 – 161.

Gleich, Ronald; Mayer, Reinhold; Möller, Klaus; Seiter, Mischa (Hg.) (2012): Controlling – Relevance lost? Perspektiven für ein zukunftsfähiges Controlling. München: Vahlen.

Goldratt, Eliyahu M.; Cox, Jeff (2013): Das Ziel. Ein Roman über Prozessoptimierung. Erw. Neuausg, Kindle Edition. Frankfurt/Main: Campus.

Gottmann, Juliane (2013): Modell zur Abbildung der Kostenentwicklung in Wertströmen bei veränderten Eingangsgrößen. Dissertation. TU Wien, Wien.

Gottmann, Juliane (2016): Produktionscontrolling. Wertströme und Kosten optimieren. Wiesbaden: Springer Gabler.

Götze, Uwe (2010): Kostenrechnung und Kostenmanagement. 5., verb. Aufl. Berlin, Heidelberg: Springer (Springer-Lehrbuch).

Götze, Uwe (2014): Investitionsrechnung. Modelle und Analysen zur Beurteilung von Investitionsvorhaben. 7. Aufl. Berlin: Springer Gabler (Springer-Lehrbuch).

Gracanin, Danijela; Buchmeister, Borut; Lalic, Bojan (2014): Using Cost-Time Profile for Value Stream Optimization. In: Procedia Engineering 69, S. 1225 – 1231.

Grasso, Lawrence (2005): Are ABC and RCA Accounting Systems Compatible with Lean Management? In: Management Accounting Quarterly 7 (1), S. 12 – 27.

Grasso, Lawrence (2006): Barriers to Lean Accounting. In: Cost Management 20 (2), S. 6 – 19.

Grasso, Lawrence; Tyson, Tom; Skousen, Cliff; Fullerton, Rosemary (2015): Lean Practices: A Field Study. In: Cost Management 29 (1), S. 14 – 24.

Groth, Uwe; Kammel, Andreas (1994): Lean Management. Konzept – Kritische Analyse – Praktische Lösungsansätze. Wiesbaden: Gabler.

Günther, Hans-Otto; Tempelmeier, Horst (2009): Produktion und Logistik. 8., überarb. und erw. Aufl. Dordrecht: Springer (Springer-Lehrbuch).

Hansen, Don R.; Mowen, Maryanne M.; Guan, Liming (2009): Cost Management. Accounting and Control. 6th ed. Mason, Ohio: South-Western.

Haskin, Daniel (2010): Teaching Special Decisions In A Lean Accounting Environment. In: American Journal of Business Education 3 (6), S. 91 – 96.

Helfrich, Christian (2002): Praktisches Prozess-Management. Vom PPS-System zum Supply Chain Management. 2. verb. Aufl. München: Hanser.

Hug, Werner (2003): Kaizen-Controlling – Konsequente Verknüpfung von prozess- und ergebnisorientiertem Produktions-Controlling. In: ZfCM Controlling & Management 47 (3), S. 202 – 208.

Hummel, Siegfried; Männel, Wolfgang (1999): Kostenrechnung 1. Grundlagen, Aufbau und Anwendung. 4., völlig neu bearb. und erw. Aufl., Nachdr. Wiesbaden: Gabler.

Hutchinson, Robert; Liao, Kun (2009): Zen Accounting: How Japanese Management Accounting Practice Supports Lean Management. In: Management Accounting Quarterly 11 (1), S. 27 – 35.

Institute of Management Accountants (2006): Accounting for the Lean Enterprise: Major Changes to the Accounting Paradigm. Hg. v. Institute of Management Accountants. Montvale, USA.

Jaster, Thomas (1997): Entscheidungsorientierte Kosten- und Leistungsrechnung. Ein Rahmenkonzept für das Controlling von Software-Entwicklungen. Wiesbaden: Deutscher Universitätsverlag.

Johnson, H. Thomas (2005): Work Lean to Control Costs. It's a mistake to assume that management accounting systems are necessary to control and evaluate shop-floor operations. In: Manufacturing Engineering (December).

Johnson, H. Thomas (2006a): Lean Accounting: To Become Lean, Shed Accounting. In: Cost Management 20 (1), S. 6 – 17.

Johnson, H. Thomas (2006b): Manage a Living System, Not a Ledger. Lean accounting is part of the management problem besetting US industry. In: Manufacturing Engineering (December). Online verfügbar unter http://www.sme.org/MEMagazine/Article.aspx?id=21809, zuletzt geprüft am 16. 01. 2017.

Johnson, H. Thomas (2007): Management by Financial Targets Isn't Lean. American industry must erase lean accounting before it destroys lean management. In: Manufacturing Engineering (December). Online verfügbar unter http://sme.org/MEMagazine/Article.aspx?id=21172, zuletzt geprüft am 16. 02. 2017.

Johnson, H. Thomas; Bröms, Anders (2000): Profit beyond measure. Extraordinary results through attention to work and people. New York: Free Press.

Johnson, H. Thomas; Kaplan, Robert S. (1987): Relevance lost. The rise and fall of management accounting. Boston, Mass.: Harvard Business School Press.

Jondral, Annabel Gabriele (2013): Simulationsgestützte Optimierung und Wirtschaftlichkeitsbewertung des Lean-Methodeneinsatzes. Aachen: Shaker (Forschungsberichte aus dem Wbk, Institut für Produktionstechnik, Karlsruher Institut für Technologie (KIT), 171).

Kaplan, Robert S.; Anderson, Steven R. (2009): Time-Driven Activity-Based Costing. A simpler and more powerful path to higher profits. Boston, Mass.: Harvard Business School Press.

Kaspar, Stefan; Eschbach, Paul (2013): Investitionscontrolling und Wertanalyse. In: Schneider, Markus (Hg.): Prozessmanagement und Ressourceneffizienz. Der Weg zur nachhaltigen Wertschöpfung. Landshut: LEAN media verlag, S. 371 – 410.

Katko, Nicholas S. (2013): The Lean CFO. Architect of the Lean Management System. Portland: CRC Press.

Kennedy, Frances; Huntzinger, Jim (2005): Lean Accounting: Measuring and Managing the Value Stream. In: Cost Management 19 (5), S. 31 – 38.

Kletti, Jürgen (2007): Konzeption und Einführung von MES-Systemen. Zielorientierte Einführungsstrategie mit Wirtschaftlichkeitsbetrachtungen, Fallbeispielen und Checklisten. 1. Aufl. Berlin Heidelberg: Springer-Verlag.

Kletti, Jürgen; Brauckmann, Otto (2005): Manufacturing Scorecard. Prozesse effizienter gestalten, mehr Kundennähe erreichen – mit vielen Praxisbeispielen. 1. Auflage, Nachdruck. Wiesbaden: Gabler.

Koenigsaecker, George (2013): Leading the lean enterprise transformation. 2. ed. Boca Raton: CRC Press.

Kristensen, Thomas Borup; Israelsen, Poul (2013): Management accounting system problems in context of Lean. Development of a proposed solution. In: Mitchell, Falconer; Nørreklit, Hanne und Jakobsen, Morten (Hg.): The Routledge companion to cost management. Abingdon, Oxon, New York, NY: Routledge, S. 32 – 55.

Kudernatsch, Daniela (Hg.) (2013): Hoshin Kanri. Unternehmensweite Strategieumsetzung mit Lean-Management-Tools. Stuttgart: Schäffer-Poeschel.

Küpper, Hans-Ulrich (1994): Paul Riebel – Wichtige Perspektiven für die Kostenrechnung. In: Kostenrechnungs-Praxis : krp ; Zeitschrift für Controlling, Accounting & System-Anwendungen (1), S. 40 – 41.

Lee, Reginald Tomas (2016): Lies, damned lies, and cost accounting. How capacity management enables improved cost and cash flow management. First edition. New York, NY: Business Expert Press.

Männel, Wolfgang; Hummel, Siegfried (2004): Kostenrechnung 2. Moderne Verfahren und Systeme. 3. Aufl., unveränderter Nachdruck. Wiesbaden: Gabler.

Maskell, Brian H.; Baggaley, Bruce (2006): Lean Accounting: What's It All About? In: Target Magazine 22 (1), S. 35 – 43.

Maskell, Brian H.; Baggaley, Bruce; Grasso, Lawrence (2012): Practical lean accounting. A proven system for measuring and managing the lean enterprise, second edition. 2nd ed. Boca Raton: CRC Press.

Maynard, Ross (2008): Lean Accounting. In: Financial Management March, S. 44 – 46.

McNair, C. J. (2007): On Target: Customer-Driven Lean Management. In: Stenzel, Joe (Hg.): Lean accounting. Best practices for sustainable integration. Hoboken, N.J: John Wiley & Sons, S. 121 – 153.

McNair, C. J.; Polutnik, Lidija; Silvi, Riccardo (2001): Cost management and value creation: the missing link. In: The European Accounting Review 10 (1), S. 33 – 50.

McNair-Connolly, CJ.; Polutnik, Lidija; Silvi, Riccardo; Watts, Ted (2013): Value Creation in Management Accounting. Using Information to Capture Customer Value. New York: Business Expert Press.

McVay, Gloria; Kennedy, Frances; Fullerton, Rosemary (2013): Accounting in the Lean Enterprise. Providing Simple, Practical, and Decision-Relevant Information. Hoboken: CRC Press.

Mensch, Gerhard (1998): Lean Accounting – Schlanke Kosten- und Erfolgsrechnung als effizientes Instrument der Unternehmensführung. In: Betrieb und Wirtschaft 52 (10), S. 366 – 372.

Michalicki, Mathias (2016): Analysis of Controlling System Challanges in the Context of Lean Management. In: Schenk, Michael (Hg.): Proceedings of the 9th International Doctoral Students Workshop on Logistics. Magdeburg. Otto-von-Guericke-University, S. 23 – 27.

Michalicki, Mathias; Blöchl, Stefan; Schneider, Markus (2016): Using a Simulation Game in the PULS Learning Factory for Teaching Main Principles of Accounting for Lean. In: European Lean Eductor Conference (Hg.): Conference Proceedings. University of Buckingham.

Michalicki, Mathias; Schneider, Markus; Kaspar, Stefan; Ettl, Michael (2015): Stückkostenkonstante Produktion. Die Antwort von Lean auf Skaleneffekte. In: productivity 20 (4), S. 15 – 18.

Möller, Niklas (2008): Bestimmung der Wirtschaftlichkeit wandlungsfähiger Produktionssysteme. Zugl.: München, Techn. Univ., Diss., 2008. München: Utz (Forschungsberichte IWB, 212).

Monroy, Carlos Rodriguez; Nasiri, Azadeh; Peláez, Miguel Ángel (2014): Activity Based Costing, Time-Driven Activity Based Costing and Lean Accounting: Differences Among Three Accounting Systems' Approach to Manufacturing. In: Prado-Prado, J. Carlos und García-Arca, Jesús (Hg.): Annals of Industrial Engineering 2012. London: Springer, S. 11 – 17.

Myrelid, Andreas; Olhager, Jan (2015): Applying modern accounting techniques in complex manufacturing. In: Industr Mngmnt & Data Systems 115 (3), S. 402 – 418.

Namazi, Mohammad (2016): Time-driven activity-based costing: Theory, applications and limitations. In: Iranian Journal of Management Studies (IJMS) 9 (3), S. 457 – 482.

Nebl, Theodor (2011): Produktionswirtschaft. 7., vollst. überarb. und erw. Aufl. München: Oldenbourg.

Niemann, Jörg (2007): Eine Methodik zum dynamischen Life Cycle Controlling von Produktionssystemen. Zugl.: Stuttgart, Univ., Diss., 2007. Heimsheim, Stuttgart: Jost-Jetter-Verl.; Univ (IPA-IAO Bericht, 459).

Obermaier, Robert (2006): Zur Entscheidungsrelevanz der Grenzplankostenrechnung: Relevance lost – or ever had? In: Zeitschrift fiir Planung & Unternehmenssteuerung 17 (2), S. 177 – 199.

Ohno, Taiichi (2013): Das Toyota-Produktionssystem. 3., erw. und aktualisierte Aufl. Frankfurt am Main: Campus-Verl.

Olfert, Klaus (2010): Kostenrechnung. 16., verb. und aktualisierte Aufl. Herne: Kiehl Neue Wirtschafts-Briefe (Kompendium der praktischen Betriebswirtschaft).

Pawellek, Günther (2007): Produktionslogistik. Planung – Steuerung – Controlling. 1. Aufl. s. l.: Hanser.

Pfeffer, Matthias (2014): Bewertung von Wertströmen. Kosten-Nutzen-Betrachtung von Optimierungsszenarien. Wiesbaden: Springer-Gabler.

Rao, Manjunath H. S.; Bargerstock, Andrew (2011): Exploring the Role of Standard Costing in Lean Manufacturing Enterprises: A Structuration Theory Approach. In: Management Accounting Quarterly 13 (1), S. 47 – 60.

Reinhart, Gunther; Krebs, Pascal; Haas, Michael; Zäh, Michael F. (2008): Monetäre Bewertung von Produktionssystemen. Ein Ansatz zur Integration von qualitativen Einflussfaktoren in die monetäre Bewertung unter Unsicherheit. In: ZWF 103 (12), S. 845 – 850.

Richardson, Helen (1995): Control your costs – then cut them. In: Transportation & Distribution 36 (12), S. 94 – 96.

Riebel, Paul (1984a): Ansätze und Entwicklungen des Rechnens mit relativen Einzelkosten und Deckungsbeiträgen (I). In: Kostenrechnungs-Praxis : krp ; Zeitschrift für Controlling, Accounting & System-Anwendungen 5 (3), S. 173 – 178.

Riebel, Paul (1984b): Ansätze und Entwicklungen des Rechnens mit relativen Einzelkosten und Deckungsbeiträgen (II). In: Kostenrechnungs-Praxis : krp ; Zeitschrift für Controlling, Accounting & System-Anwendungen 6 (3), S. 215 – 220.

Riebel, Paul (1994): Einzelkosten- und Deckungsbeitragsrechnung. Grundfragen einer markt- und entscheidungsorientierten Unternehmensrechnung. 7., überarb. und wesentlich erw. Aufl. Wiesbaden: Gabler.

Rother, Mike (2013): Die Kata des Weltmarktführers. Toyotas Erfolgsmethoden. 2., erw. Aufl. s. l.: Campus Verlag.

Rother, Mike; Shook, John; Wiegand, Bodo (2004): Sehen lernen. Mit Wertstromdesign die Wertschöpfung erhöhen und Verschwendung beseitigen. Mühlheim an d. Ruhr: Lean Management Institut.

Ruiz de Arbulo Lopez, Patxi; Fortuny Santos, Jordi; Cuatrecasas Arbós, Lluís (2013): Lean manufacturing: costing the value stream. In: Industrial Management & Data Systems 113 (5), S. 647 – 668.

Salah, Wafaa; Zaki, Hanafi (2013): Product Costing in Lean Manufacturing Organizations. In: Research Journal of Finance and Accounting 4 (6), S. 86 – 98.

Schäffer, Utz; Weber, Jürgen (2015): Produktions-Controlling: Weit mehr als Plankostenrechnung. In: Controlling & Management Review 59 (5), S. 3.

Scheer, August-Wilhelm; Hirschmann, Petra; Berkau, Carsten (1995): Vernetztes Prozesskostenmanagement. In: Siegwart, Hans und Baumann, Matthias (Hg.): Gezielt Kosten senken. Konzepte – Verfahren – Mittel. Zürich: Verl. Industrielle Organisation; Orell Füssli, S. 35 – 42.

Schenk, Michael; Wirth, Siegfried; Müller, Egon (2014): Fabrikplanung und Fabrikbetrieb. Methoden für die wandlungsfähige, vernetzte und ressourceneffiziente Fabrik. 2., vollst. überarb. und erw. Aufl. Berlin: Springer Vieweg (VDI-Buch).

Schneider, Markus (2013): Ganzheitliches Prozessmanagement mit Lean Production. In: Schneider, Markus (Hg.): Prozessmanagement und Ressourceneffizienz. Der Weg zur nachhaltigen Wertschöpfung. Landshut: LEAN media verlag, S. 15 – 74.

Schneider, Markus (2016): Lean Factory Design. Gestaltungsprinzipien für die perfekte Produktion und Logistik. München: Hanser.

Schonberger, Richard (2012): Lean Management Accounting: What has changed in 25 years? In: Cost Management 26 (3), S. 15 – 19.

Schuh, Günther; Kaiser, Andreas (1998): Kostenmanagement in Entwicklung und Produktion mit der Ressourcenorientierten Prozeßkostenrechnung. In: Männel, Wolfgang (Hg.): Prozeßkostenrechnung. Bedeutung, Methoden, Branchenerfahrungen, Softwarelösungen. 1. Aufl., Nachdr. Wiesbaden: Gabler, S. 369 – 382.

Schunter, Jochen G.; Zirkler, Bernd (2007): Vom Standard Costing zum Value Stream Costing. Eine Analyse auf dem Gebiet der US-amerikanischen Kostenrechnung. Saarbrücken: VDM Müller.

Silvi, Riccardo; Bartolini, Monica; Visani, Franco (2012): Management Accounting in a Lean Environment. In: Gregoriou, Greg N. und Finch, Nigel (Hg.): Best practices in management accounting. Basingstoke, Hampshire: Palgrave Macmillan, S. 33 – 51.

Smith, Debra (2000): The measurement nightmare. How the theory of constraints can resolve conflicting strategies, policies, and measures. Boca Raton: CRC Press.

Sobczyk, Tomasz; Koch, Tomasz (2008): A Method for Measuring Operational and Financial Performance of a Production Value Stream. In: IFIP International Federation for Information Processing 257, S. 151 – 163.

Solomon, Jerrold M.; Fullerton, Rosemary (2007): Accounting for world class operations. A practical guide for providing relevant information in support of the lean enterprise. Fort Wayne: WCM Associates.

Spath, Dieter (2003): Revolution durch Evolution. Neue Antwort auf neue Fragen. In: Spath, Dieter (Hg.): Ganzheitlich produzieren. Innovative Organisation und Führung. Stuttgart: LOG_X Verl., S. 15 – 44.

Techt, Uwe; Jakobi, Günther (2010): Goldratt und die Theory of Constraints. Der Quantensprung im Management. 4. Aufl. Moers: Editions La Colombe.

Vahrenkamp, Richard (2010): Von Taylor zu Toyota. Rationalisierungsdebatten im 20. Jahrhundert. 1. Aufl. Lohmar: Eul.

Van der Merwe, Anton (2008): Deabting the Principles: Asking Questions of Lean Accounting. In: Cost Management (September/October 2008).

Van der Merwe, Anton; Thomson, Jeffrey (2007): The Lowdown on Lean Accounting. Should management accountants get on the bandwagon-or not? In: Strategic Finance (February), S. 26 – 33.

Van Goubergen, Dirk (2012): Value Stream Costing in Process Industries "Accounting to See". IIE Process Division Webinar. Institute of Industrial Engineers, 08. 02. 2012.

Waddell, Bill (2010): The Advancement of Lean Accounting.

Waddell, Bill (2015): The Heart & Soul of Manufacturing. South Bend: William Waddell.

Warnacut, Joyce I. (2016): The Monetary Value of Time. Why Traditional Accounting Systems Make Customers Wait. Boca Raton: CRC Press.

Weber, Jürgen (2006): Ansätze und Entwicklungen des Rechnens mit relativen Einzelkosten und Deckungsbeiträgen. Der Blick auf das Gesamtwerk von Riebel. In: Controlling & Management ZfCM (Sonderheft 1), S. 61 – 68.

Weber, Jürgen; Schäffer, Utz (2011): Einführung in das Controlling. 13. Aufl. Stuttgart: Schäffer-Poeschel Verlag.

Weber, Jürgen; Schäffer, Utz (2016): Einführung in das Controlling. 15., überarbeitete und aktualisierte Auflage. Stuttgart: Schäffer-Poeschel Verlag.

Westkämper, Engelbert; Löffler, Carina (2016): Strategien der Produktion. Technologien, Konzepte und Wege in die Praxis. Berlin, Heidelberg: Springer.

Wiegand, Bodo (2012): Der Controller als Lean Manager. In: Krings, Ulrich (Hg.): Controlling als Inhouse-Consulting. Wiesbaden: Springer.

Wiendahl, Hans-Peter; Reichardt, Jürgen; Nyhuis, Peter (2014): Handbuch Fabrikplanung. Konzept, Gestaltung und Umsetzung wandlungsfähiger Produktionsstätten. 2., überarb. und erw. Aufl. München: Hanser.

Wildemann, Horst (1995): Produktionscontrolling. Systemorientiertes Controlling schlanker Produktionsstrukturen. 2., neubearb. Aufl. München: TCW.

Wildemann, Horst (1998): Anforderungen an die Kostenrechnung durch die Reorganisation von Industrieunternehmen. In: krp-Sonderheft (1), S. 10 – 11.

Wöhe, Günter; Döring, Ulrich (2013): Einführung in die allgemeine Betriebswirtschaftslehre. 25., überarbeitete und aktualisierte Auflage. München: Vahlen.

Womack, James P.; Jones, Daniel T. (2013): Lean Thinking. Ballast abwerfen, Unternehmensgewinn steigern. 3., aktualisierte und erw. Aufl. Frankfurt/Main: Campus.

Womack, James P.; Jones, Daniel T.; Roos, Daniel (1992): Die zweite Revolution in der Autoindustrie. Konsequenzen aus der weltweiten Studie aus dem Massachusetts Institute of Technology. 5. Aufl. Frankfurt/Main: Campus.

Wouters, Marc J.F. (1991): Economic evaluation of leadtime reduction. In: International Journal of Production Economics 22, S. 111 – 120.

Wunderlich, Jürgen (2002a): Kostensimulation. Simulationsbasierte Wirtschaftlichkeitsregelung komplexer Produktionssysteme. Dissertation. Universität Erlangen-Nürnberg, Erlangen-Nürnberg.

Wunderlich, Jürgen (2002b): Rechnerbasierte Kostensimulation für komplexe Produktionssysteme. In: Kostenrechnungs-Praxis : krp ; Zeitschrift für Controlling, Accounting & System-Anwendungen 46 (4), S. 255 – 261.

Yagyu, Shunji; Klages, Carsten (2009): Das synchrone Managementsystem. Wegweiser zur Neugestaltung der Produktion auf Grundlage des synchronen Produktionssystems. 1. Aufl. München: mi-Wirtschaftsbuch.

Yoshikawa, Takeo; Kouhy, Reza (2013): Continous improvement and Kaizen Costing. In: Mitchell, Falconer; Nørreklit, Hanne und Jakobsen, Morten (Hg.): The Routledge companion to cost management. Abingdon, Oxon, New York, NY: Routledge, S. 96 – 107.

Yu-Lee, Reginald Tomas (2006): Determining the Financial Value of Implementing Lean. In: The Journal of Corporate Accounting & Finance 17 (3), S. 79 – 88.

Yu-Lee, Reginald Tomas (2011): Proper Lean Accounting. Eliminating waste isn't enough; you have to reduce inputs to save money. In: Industrial Engineer (October 2011), S. 39 – 43.

Zak, Adam; Waddell, Bill (2010): Simple Excellence. Organizing and Aligning the Management Team in a Lean Transformation. Hoboken: CRC Press.

Zecher, Christina (2012): Ansätze zur Effizienzsteigerung des Controllings. In: Zeitschrift für Controlling & Management Sonderheft 3, S. 40 – 43.

8 Anhang

Anhang 1: Kurzbeschreibung der identifizierten Ansätze der Kostenrechnung in Ganzheitlichen Produktionssystemen

Flexible Plankostenrechnung auf Vollkostenbasis

Bei der Plankostenrechnung handelt es sich um eine der klassischen Gliederung folgende, kostenarten-, kostenstellen- und kostenträgerbezogene Kostenrechnung für in der Zukunft liegende Geschäftsperioden. Werden die Plankosten der tatsächlichen Beschäftigung angepasst, handelt es sich um eine flexible Plankostenrechnung. Erfolgt die Verrechnung der Plankosten zu vollen Kosten auf die Kostenträger, so spricht man von der Plankostenrechnung auf Vollkosten-Basis. Durch die Trennung von fixen und variablen Kosten (i. d. R. bezogen auf einen Budgetierungszeitraum von einem Jahr) ist es möglich für jeden beliebigen Beschäftigungsgrad Sollkosten zu ermitteln. Bei der flexiblen Plankostenrechnung auf Vollkosten-Basis ist die Kostenspaltung in fix und variabel jedoch nur für die Kostenkontrolle in der Kostenstellenrechnung relevant. Für die Kostenträgerkalkulation findet keine Kostenspaltung statt, die Plankostenverrechnung erfolgt zu Vollkosten.

Die Kostenkontrolle der Kostenstellen entsteht durch den Vergleich der flexiblen Plankosten mit den tatsächlich angefallenen Istkosten. Es können folgende Abweichungen ermittelt werden:

- Gesamtabweichung als Differenz zwischen Istkosten und Plankosten
- Globale Verbrauchs- oder Preisabweichung als Differenz zwischen den Istkosten und den Sollkosten zur Ermittlung eines mengenmäßigen Mehr- oder Minderverbrauchs sowie nicht eingeplanter Preisveränderungen der Einsatzfaktoren
- Beschäftigungsabweichung als Differenz zwischen Sollkosten und verrechneten Plankosten zur Ermittlung der durch Beschäftigungsveränderungen gegenüber der Planbeschäftigung induzierten Kostenabweichung der Istkosten von den Plankosten.

Die monetäre Kostenabweichung liefert jedoch keine Aussage bezüglich der Ursache der Abweichung. Eine detaillierte Analyse von Unwirtschaftlichkeiten oder

Fehleinschätzungen der Planwerte (z. B. Planbeschäftigung zur Ermittlung des Plankostenverrechnungssatzes) muss für einen sinnvollen Praxiseinsatz erfolgen (Coenenberg et al. 2016, 255; 258 – 262; Männel, Hummel 2004, S. 136 – 139).

Flexible Plankostenrechnung auf Teilkostenbasis

Die flexible Plankostenrechnung auf Teilkostenbasis, auch Grenzplankostenrechnung genannt, stellt eine Weiterentwicklung der Vollkostenrechnungssysteme dar, um deren systemimmanente Mängel (vor allem die Fixkostenproportionalisierung) zu umgehen (Obermaier 2006, S. 182).

Im Fokus stehen dabei die Kostenplanung und Kontrolle der Wirtschaftlichkeit der individuellen Kostenstellen, nicht jedoch des gesamten Unternehmens (Obermaier 2006, S. 182). Sowohl die innerbetriebliche Leistungsverrechnung zwischen Kostenstellen als auch die Kostenträgerstückrechnung erfolgt nur mit variablen Kosten. Die Fixkosten werden gesondert im Rahmen der Kostenträgerzeitrechnung geplant und kontrolliert. (Coenenberg et al. 2016, S. 262 – 265). Dadurch ergeben sich vom Beschäftigungsgrad unabhängige Plankosten der Kostenträger, da diese nur die variablen Kosten, welche meist mit proportionalen Kostenverläufen gleichgesetzt sind, beinhalten. Damit kann es keine Beschäftigungsabweichung geben. Die Kostenkontrolle konzentriert sich auf die Verbrauchsabweichung, welche ggfs. weiter detailliert werden kann (Qualitätsabweichung etc.) (Männel, Hummel 2004, S. 139 – 141; Olfert 2010, S. 321; Götze 2010, S. 199). Wie die Ausführungen zeigen, ist der bestimmende Kostenbeeinflussungsfaktor auch hier der Beschäftigungsgrad. Entscheidungen müssen jedoch nicht nur den Beschäftigungsgrad der Kostenstelle betreffen. Daher ist es in vielen Fällen irreführend, variable Kosten (beschäftigungsabhängig) mit relevanten Kosten (entscheidungsabhängig) gleichzusetzen. Entscheidungen müssen nicht nur den Beschäftigungsgrad betreffen. (Obermaier 2006, S. 188). Zudem geht die Grenzplankostenrechnung von einer vorgegebenen Kapazität für die Planungsperiode aus. Sie ist daher, wenn überhaupt, nur für sehr kurzfristige Entscheidungen geeignet.

Einstufige Deckungsbeitragsrechnung

Die einstufige Deckungsbeitragsrechnung, auch Direct Costing genannt, ist ein Teilkostenrechnungsverfahren. Hierbei werden i. d. R. nur die variablen Kostenbestandteile den Leistungseinheiten zugerechnet. Die zentralen Mängel der Vollkostenrechnung, darunter die Proportionalisierung fixer Kosten und die mehrfache Umlage von Gemeinkosten, werden dabei verhindert bzw. reduziert.

Wie auch bei Vollkostenrechnungen erfolgt die einstufige Deckungsbeitragsrechnung dreigliedrig als Kostenarten-, Kostenstellen- und Kostenträgerrechnung und kann mit Plan-, Ist- oder Normalkosten durchgeführt werden. Zentrales Merkmal ist die Trennung der Gesamtkosten in fixe und variable Kostenbestandteile. Dabei werden die variablen Kosten meist als proportionale Kosten interpretiert. Die fixen Kosten sind als beschäftigungsunabhängige Kosten der Rechnungsperiode zu sehen.

In der Kostenträgerrechnung werden stets nur variable Kosten auf die Kostenträger verrechnet. Die Erfolgsermittlung erfolgt retrograd, d. h. ausgehend von den Erlösen der Kostenträger werden die variablen Kosten abgezogen, um einen Brutto-Deckungsbeitrag zu ermitteln. Werden dann die fixen Kosten vom Brutto-Deckungsbeitrag abgezogen ergibt sich der Periodenerfolg (Olfert 2010, S. 251; Männel, Hummel 2004, S. 39 – 42).

Stufenweise Deckungsbeitragsrechnung

Die mehrstufige Deckungsbeitragsrechnung, welche auch als Fixkostendeckungsrechnung bekannt ist, stellt eine Weiterentwicklung des Direct Costings dar. Anstatt den periodenbezogenen Fixkostenblock im Gesamten von den Bruttoerfolgen der abgesetzten Kostenträger abzuziehen, wird im mehrstufigen Verfahren eine differenzierte Betrachtung vorgenommen. Die Fixkosten werden dabei in mehreren Schichten aufgespalten und einer Hierarchie von Kalkulationsobjekten zugerechnet:

- Fixkosten einzelner Erzeugnisarten
- Fixkosten einzelner Erzeugnisgruppen
- Fixkosten einzelner Kostenstellen
- Fixkosten einzelner Betriebsbereiche
- Fixkosten der Gesamtunternehmung.

In der Erfolgsrechnung lässt sich so, ausgehend vom Deckungsbeitrag I (Nettoerlöse minus variable Kosten) eine mehrstufige Aggregation von Deckungsbeiträgen vornehmen. Dies erlaubt grundsätzlich bessere Einblicke in die Erfolgsstruktur des Unternehmens (Männel, Hummel 2004, S. 44 – 48). Trotz der differenzierten Fixkostenbetrachtung bleiben auch hier Fragen im Hinblick auf die Disponierbarkeit von Fixkosten – vor allem auch bezüglich deren Kostenverursachung und Wertschöpfungsbeitrags – ungeklärt (Götze 2010, S. 162).

Relative Einzelkosten- und Deckungsbeitragsrechnung

Riebel (Riebel 1994) löst sich mit seiner relativen Einzelkosten- und Deckungsbeitragsrechnung (REKR) in vielen Punkten deutlich von den vorher beschriebenen klassischen Kostenrechnungsverfahren.

Das ursprüngliche Hauptprinzip der REKR liegt im strengen Verzicht jeglicher Schlüsselung oder Umlage von echten Gemeinkosten (Küpper 1994, S. 41). Dies wird durch den Einsatz differenzierter Bezugsgrößenhierarchien erreicht. Als Bezugsgrößen können u. a. Kostenträger, Kostenstellen, Kostenstellengruppen, Aktivitäten oder auch der Gesamtbetrieb definiert werden. (Götze 2010, S. 162). Hier kommt dann die Relativierung des Einzelkostenbegriffs zu Stande: Echte Gemeinkosten einer weiter untenliegenden Bezugsgrößenebene lassen sich stets einer höhergelegenen umlagefrei zuordnen und sind somit Einzelkosten dieser Ebene. So können bei Mehrproduktunternehmen beispielsweise Instandhaltungskosten nicht umlagefrei einem Kostenträger zugeordnet werden (hier Gemeinkosten), aber i. d. R. direkt einer übergeordneten Kostenstelle (hier Einzelkosten). Alle Kosten werden so als (relative) Einzelkosten der Bezugsgrößen abgebildet. Neben der sachbezogenen Zurechenbarkeit ist auch die zeitbezogene Zurechenbarkeit auf unterschiedlich lange Zeiträume von zentraler Bedeutung in Riebels System. Um jegliche zeitbezogene Umlagen zu vermeiden, differenziert er zwischen Perioden-Einzelkosten (z. B. des Monats oder des Jahres), welche einer Periode eindeutig zugerechnet werden können und Kosten offener Perioden, die demnach periodenbezogene Gemeinkosten darstellen (Riebel 1994, S. 620). Kennzeichnend für Riebels System ist der entscheidungsorientierte Kostenbegriff. Hierunter sind Kosten als „die durch die Entscheidung über das betrachtete Untersuchungsobjekt ausgelösten Ausgaben (im Sinne von Zahlungsverpflichtungen, Auszahlungssumme)" zu verstehen (Riebel 1994, S. 627). Das zugehörige Kostenzurechnungsprinzip ist somit nicht das klassische Verursachungsprinzip und wird von Riebel im Gegensatz dazu als Identitätsprinzip bezeichnet (Götze 2010, S. 162). Die REKR rechnet also durchwegs mit den ursprünglichen Rechengrößen Ausgaben und Einnahmen (Küpper 1994, S. 40) und verwendet somit eine Abwandlung des pagatorischen Kostenbegriffs (Wildemann 1995, S. 163).

Abgeleitet aus diesem Kostenverständnis wird der Deckungsbeitrag als „Differenz der einer Entscheidung bzw. Entscheidungsalternative zurechenbaren Erlöse und Kosten, d. h. der durch diese zusätzlich entstehenden bzw. wegfallenden Einnahmen und Ausgaben" (Götze 2010, S. 166) verstanden.

Fundamentaler Bestandteil der REKR ist eine zweckneutrale Erfassung der Kosten- und Erlösdaten in einer Grundrechnung der Kosten und Erlöse für die jeweilige Abrechnungsperiode. Diese stellt eine kombinierte Kostenarten-, Kostenstellen- und Kostenträgerrechnung jedoch ohne eine Schlüsselung dar und wird i. d. R. in Konten- oder Tabellenform durchgeführt (Riebel 1994, S. 149 – 150).

Mithilfe der Abbildung der zweckneutralen Grundrechnung in relationalen Datenbanken ergibt sich die Möglichkeit der Erstellung von Auswertungsrechnungen zur Ermittlung differenzierter Deckungsbeiträge für jegliche Zurechnungsobjekte, Kostenkategorien sowie Zeiträume. Zur Bewertung von Maßnahmen oder Handlungsalternativen sind auf Ebene der jeweiligen Bezugsgröße den relativen Einzelerlösen die relativen Einzelkosten gegenüberzustellen, um den relativen Deckungsbeitrag zu ermitteln.

Der Ansatz Riebels ist insbesondere aufgrund mangelnder Praktikabilität bezüglich der erforderlichen Datenmengen und Bezugsstrukturen kritisiert worden. Durch die Entwicklung relationaler Datenbanken ist diese Kritik nicht mehr haltbar (Jaster 1997, S. 166). Im Zeitalter von Industrie 4.0, Betriebsdatenerfassung und Shopfloor Management ist zudem von einer Verfügbarkeit der relevanten Daten ohne gesteigerten Erfassungsaufwand auszugehen.

Activity Based Costing

Activity Based Costing (ABC) wurde vor dem Hintergrund der aufgeführten Probleme mit dem Ziel entwickelt, eine verursachungsgerechtere Gemeinkostenumlage auf Kostenträger zu ermöglichen. Durch die Aufgabe von wertmäßigen Bezugsgrößen der klassischen Zuschlagskalkulation (z. B. Materialgemeinkosten als % der Materialeinzelkosten) und die Einführung leistungswirtschaftlicher Beziehungen zwischen Ressourcen, Aktivitäten und Kostenträgern soll dies ermöglicht werden (Schunter, Zirkler 2007, S. 32). Die zugrunde liegende Annahme eines ABC-Systems ist, dass Aktivitäten Ressourcen verbrauchen und wiederum Produkte und andere Kalkulationsobjekte die Aktivitäten verbrauchen.

Die vorhandenen Gemeinkosten werden zunächst über Ressourcentreiber den Kostensammelstellen (Cost Pools) verschiedener Aktivitäten zugewiesen. Im Weiteren werden diese, in Abhängigkeit der in Anspruch genommenen Aktivitäten, auf den Kostenträger umgelegt (Kaplan, Anderson 2009). Zusammen mit den klassischerweise zugerechneten Materialeinzelkosten und direkten Fertigungslohnkosten ergeben sich so verursachungsgerechtere Kostenträgerstückkosten.

Der Aufbau und die Einführung eines ABC Systems erfolgt in sechs Schritten (Hansen et al. 2009, S. 96 – 97):

1. Identifikation, Definition und Klassifizierung von Aktivitäten

2. Zuweisung der Kosten von Ressourcen zu Aktivitäten

3. Zuweisung der Kosten von sekundären Aktivitäten zu primären Aktivitäten

4. Identifikation von Kalkulationsobjekten und Spezifizierung der in Anspruch genommenen Aktivitäten durch das spezifische Kalkulationsobjekt

5. Berechnung der primären Aktivitätenkostensätze

6. Zuweisung der Aktivitätskosten zu den Kalkulationsobjekten.

ABC ermöglicht die Kosten von Produkten oder Aufträgen mit niedriger Stückzahl, hoher Komplexität und weiteren Kostentreibern klar zu erkennen. Die Einführung eines ABC-Systems führte in der Praxis oft zu einer Bereinigung des Produktprogramms oder neuen Preisverhandlungen für solche Produkte (Monroy et al. 2014, S. 14).

Obermaier weist aber darauf hin, dass ein Großteil der Unternehmen (40 %), welche einst ein ABC-System eingeführt haben, dies mittlerweile nicht mehr verwenden und verworfen haben (Obermaier 2006, S. 179). Eine mögliche Ursache ist darin zu sehen, dass ABC nur eine weitere, enorm komplexe Möglichkeit der Gemeinkostenumlage ist. An dem zentralen Problem der Kostenrechnung, der Umlage an sich, ändert sich dadurch jedoch nichts (Asefeso 2014, S. 11). Zudem ist der Aufwand zur Einführung und Aufrechterhaltung eines ABC-Systems erheblich und praktisch kaum flächendeckend durchführbar, was auch von dessen Entwickler Kaplan uneingeschränkt anerkannt wird (Kaplan, Anderson 2009).

Prozesskostenrechnung

Während sich im englischsprachigen Raum der Begriff Activity Based Costing durchgesetzt hat, spricht man im deutschsprachigen Raum von der Prozesskostenrechnung.

Diese gilt als eine die bestehende Kostenrechnung ergänzende Methodik zur Erfassung, Planung, Steuerung und Verrechnung kostenstellenübergreifender Prozesse in Unternehmensbereichen ohne industrielle Arbeitspläne (Gleich et al. 2012, S. 57). Sie wird als Erweiterung der in den direkten Bereichen verwendeten Grenzplankostenrechnung mit Maschinenstundensätzen gesehen (vgl. Schenk et al. 2014, S. 319). Charakteristische Merkmale der Prozesskostenrechnung sind

- die Analyse abteilungsübergreifender Prozesse
- die Untersuchung von Kostentreibern und Bildung von Bezugsgrößen zur Messung von Prozessmengen
- die Ermittlung von Prozesskosten und daraus abgeleiteten Prozesskostensätzen
- Verrechnung auch leistungsmengenneutraler Kosten für mittel- und langfristige Entscheidungen und
- die Abbildung des Ressourcenverbrauchs in indirekten Bereichen als Grundlage der Gemeinkostensteuerung und der Produktkalkulation (Götze 2010, S. 217).

Je Kostenstelle findet eine Tätigkeitsanalyse sowie die Ermittlung von Teilprozessen, leistungsmengenneutralen (lmn) und leistungsmengeninduzierten (lmi) Kosten, die Ermittlung des Kostentreibers und der Prozessmengen statt. Die Teilprozesse werden zu Hauptprozessen (Teilprozessen mit gleichen Kostentreibern) verdichtet und daraus Hauptprozesskostensätze gebildet. Diese dienen der Produkt- bzw. Auftragskalkulation mit Prozesskosten (vgl. Pfeffer 2014, S. 71).

ABC und Prozesskostenrechnung ähneln sich in ihren Grundstrukturen, es sind jedoch auch einige Unterschiede festzustellen (Schunter, Zirkler 2007, S. 42 – 44):

- Die Prozesskostenrechnung zielt primär auf die Umlage von Gemeinkosten aus den indirekten Leistungsbereichen ab, ABC auf sämtliche Gemeinkosten.
- ABC verwendet keine Kostenspaltung in fixe und variable Kostenbestandteile. Daher werden die Kosten hier als vollständig proportional zum Kostentreiber gesehen. Die Prozesskostenrechnung baut auf dem Ansatz der Grenzplankostenrechnung auf und überträgt die dortige Kostenspaltung auf die Prozesskosten. So wird zwischen leistungsmengenneutralen und leistungsmengeninduzierten Kostenkategorien unterschieden.
- Bedingt durch die feine Kostenstellenstruktur in deutschen Unternehmen werden in der Prozesskostenrechnung meist mehrere Prozessebenen geführt und damit Kosten aggregiert, ehe sie auf die Kostenträger verrechnet werden. Ein-

fache ABC-Systeme legen Gemeinkosten oft direkt über Aktivitäten auf die Kostenträger um.

Die Prozesskostenrechnung dient der Erhöhung der Kalkulationsgenauigkeit bei jedoch erheblich gestiegenem Erfassungs- und Verrechnungsaufwand. Eine konsequente Zweckorientierung hinsichtlich der Unternehmensführung leistet sie nicht (Mensch 1998, S. 366). Das Einsatzgebiet der Prozesskostenrechnung ist ausdrücklich beschränkt auf repetitive, strukturierte Abläufe. Diese setzen einen möglichst gleichmäßigen Ressourcenverzehr je Prozessinanspruchnahme voraus (z. B. gleichmäßiger Bestellaufwand je Bestellung) (Schenk et al. 2014, S. 319; Götze 2010, S. 217).

Time Driven Activity Based Costing

Das Time Driven Activity Based Costing (TDABC) stellt eine Weiterentwicklung des klassischen ABC-Systems durch Kaplan und Anderson zur Lösung vieler Probleme prozessorientierter Kostenrechnungsverfahren dar. Dazu zählen u. a.

- der hohe Erfassungs- und Pflegeaufwand
- der Einsatz von Daten basierend auf subjektiven, kaum validierbaren Aussagen
- die unzureichende globale Betrachtung unternehmensweiter Profitabilität und
- die ungenügende Berücksichtigung von Leerkosten ungenutzter Kapazitäten (Kaplan, Anderson 2009).

TDABC ist gekennzeichnet durch den vorwiegenden Einsatz von Zeit als Kostentreiber für die Nutzung von Ressourcen und damit bei den Prozessmengen und Prozesskostensätzen. Die zeitliche Kapazitätsnutzung steht im Vordergrund, womit sich Nutz- und Leerkosten ermitteln lassen. Im Ablauf des TDABC müssen zunächst die Kosten bereitgestellter Ressourcen und die praktische nutzbare Kapazität (Nettokapazität) der Ressourcen ermittelt werden. Daraus wird die Capacity Cost Rate ermittelt (z. B. Kosten pro Minute bereitgestellter Anlagenkapazität). Dann sind für jede Aktivität innerhalb eines Prozesses, einer Abteilung oder eines Wertstroms, die Kapazitätsbedarfe weitgehend in Form von Zeiten zu ermitteln. Hier sind auch alle Nebentätigkeiten und unterstützende Aktivitäten abzubilden. Die Multiplikation der Gesamtzeit der Aktivität mit dem Kostensatz bereitgestellter Kapazität ergibt deren Gesamtkosten. Die Kosten eines Kalkulationsobjekts (Auftrag, Produkt, Prozess etc.) ergeben sich schließlich aus der Summe der Kosten aller Aktivitäten im bzw. zur Erstellung des Kalkulationsobjekts. Für verschiedene Aktivitäten sind Zeitverbrauchsfunktionen, z. B. in Abhängigkeit der Komplexität, zu entwickeln. So lässt sich beispielsweise beim Rüsten von Anlagen die Abhängigkeit des Zeitverbrauchs von der Anzahl zu rüstender Werkzeuge abbilden (Chiarini 2014, S. 135 – 136).

Die Erläuterung des Verfahrens zeigt, dass das TDABC eine Kombination der Prozesskostenrechnung mit der Maschinenstundensatzkalkulation darstellt und daher auf bekannte Verrechnungslogiken zurückgreift (Coenenberg et al. 2016, S. 182). Zudem scheint der Aufwand zur Vorbereitung und Aufrechterhaltung des Systems gegenüber klassischer Prozesskostenrechnung sogar zu steigen, da für jede Aktivität Zeitverbräuche und eindeutig zurechenbare Kosten vorhanden sein müssen (Namazi 2016, S. 471 – 474).

Ressourcenorientierte Prozesskostenrechnung

Die Ressourcenorientierte Prozesskostenrechnung (RPK) nach Schuh und Kaiser integriert Ansätze der Prozesskosten-, Deckungsbeitrags- und flexiblen Plan-Kostenrechnung. Ziele der RPK liegen neben der Prozesskostenrechnung vor allem in der Produktkalkulation und der konstruktionsbegleitenden Kosteninformation (Schuh, Kaiser 1998, S. 370).

Die RPK unterschiedet sich von der herkömmlichen Prozesskostenrechnung in drei Punkten (Schuh, Kaiser 1998, S. 370 – 371):

1. Die Aggregation von Teilprozessen zu Hauptprozessen wird unterlassen.

2. Es findet eine konsequente Trennung zwischen technischem und wertmäßigem Ressourcenverzehr statt.

3. Verbrauchsfunktionen werden zur Beurteilung von Prozessveränderungen und Kostenprognose in Entwicklung und Produktion eingesetzt.

Um eine RPK aufzubauen, werden zunächst die Tätigkeiten der Kostenstellen analysiert und in Teilprozessen gegliedert. Jedem Teilprozess werden die benötigten Ressourcen (z. B. Personal, Anlagen etc.) zugeordnet. Dies ermöglicht eine gesteigerte Flexibilität bei der Verknüpfung der Teilprozesse zu Prozessketten und somit eine höhere Verursachungsgerechtigkeit. Weiterhin muss ein eindeutiger Kostentreiber je Teilprozess und Ressource definiert werden können, dessen Veränderung sich auch signifikant auf den Ressourcenverzehr auswirkt.

Die funktionale Beschreibung des Ressourcenverzehrs einer Ressource je Teilprozess bildet den Kern der RPK. Dazu wird für jede Ressource je Teilprozess der Ressourcenverzehr in einem Nomogramm abgebildet. Dieses zeigt mit einer Verbrauchsfunktion den Zusammenhang zwischen Kostentreiber und dem Ressourcenverzehr. Mit der Kostenfunktion kann in Abhängigkeit des Ressourcenbedarfs der entsprechende Kostensatz ermittelt werden.

Die RPK wird i. d. R. nicht flächendeckend im Unternehmen eingeführt, sondern bietet sich für einzelne Bewertungsfälle – üblicherweise im Entwicklungsbereich – an. Der hohe Erfassungs- und Gliederungsaufwand auf Ressourcenebene je Teilprozess und anschließende Auswertungen sind nur mithilfe relationaler Datenbanken zu beherrschen.

Differenzierte Prozesskostenrechnung (DPK) nach Dickmann

Dickmann kritisiert die klassische Prozesskostenrechnung für die fehlende Berücksichtigung der Diversität der Einflussparameter auf die meist eingesetzten Kostentreiber. Am Beispiel des Prozesses „Wareneingangsprüfung" erläutert er erhebliche Unterschiede in dem zeitlichen Ressourcenverbrauch für unterschiedliche Produktfamilien oder Prozessausprägungen. Der Prüfaufwand kann sich zwischen einem Serienteil und einem Erstmuster um ein Vielfaches unterscheiden. Klassische Prozesskostenrechnung subventioniert so vor allem Langsamdreher und kann das Kriterium der verursachungsgerechten Kostenumlage nur bedingt erfüllen (Dickmann, Dickmann 2009, S. 81 – 84). Um strategische Fehlentscheidungen durch die ungenügende Betrachtung von Kostentreibern zu vermeiden, empfiehlt Dickmann eine Verfeinerung der Prozesskostenrechnung durch die Differenzierung des Ressourcenbedarfs in unterschiedliche Materialfamilien und Prozessgruppen.

Die DPK beginnt mit einer Tätigkeitsstrukturanalyse und der Ermittlung von Hauptprozessen. Den Kern der DPK bildet die darauffolgende interdisziplinäre Arbeitsablaufstudie. Der Zweck liegt in der detaillierten Ermittlung und Zuordnung von Zeiten und Mengen zu den Hauptprozessen. Methodisch basiert das Verfahren auf Zeitstudien durch das Industrial Engineering, langfristig angelegte Zeiterfassungen durch die Mitarbeiter oder Bottom-up-Zeitschätzungen durch ein interdisziplinäres Team. Die erfassten Zeit- und Mengengerüste werden verifiziert und bewertet, um daraus die differenzierten Prozesskostensätze zu bilden (Dickmann, Dickmann 2009, S. 85).

Die DPK weist erhebliche Ähnlichkeiten zum TDABC auf und sieht Zeit als wesentlichen kostentreibenden Faktor an. Sie ist damit vor allem für strategisches Kostenmanagement geeignet. Kurz- und mittelfristige Kostenremanenzen der Bereitschaftskosten direkter und indirekter Bereiche (Fixkostenproblematik) werden nicht berücksichtigt, weshalb die Entscheidungsrelevanz nur bedingt erfüllt ist. Zudem steht der höheren Datengenauigkeit ein erheblich gestiegener Erfassungs- und Verrechnungs- sowie Pflegeaufwand gegenüber.

Prozessorientierte Kalkulation nach Gottmann

Gottmanns (Gottmann 2016) Ansatz der prozessorientierten Kalkulation basiert auf dem Streben nach einer möglichst verursachungsgerechten Abbildung der Kostenentstehung. Der Ansatz greift dabei auf die Prozesskostenrechnung zurück, wobei kein vollständiges Kostenrechnungssystem errichtet wird. Die traditionelle Zuschlagskalkulation bleibt vorhanden, aber deren Zuschlagssätze werden überprüft. Auf die Detailliertheit der klassischen Prozesskostenrechnung kann dadurch verzichtet werden, dass nur punktuell bei Bedarf prozessorientiert kalkuliert wird. Folgende Schritte beschreiben das Vorgehen der prozessorientierten Kalkulation (Gottmann 2016, S. 138 – 144):

- Erstellung einer Prozessübersicht und Auswahl des betrachteten Prozesses

- Erstellung einer Tätigkeitsanalyse der am Prozess beteiligten Kostenstellen

- Auswahl der zum definierten Prozess gehörigen Tätigkeiten

- Kostenanalyse der Tätigkeiten in den zugehörigen Kostenstellen auf Basis von Zeitaufnahmen oder Kapazitätsverbrauchsschätzungen

- Definition der Kostentreiber und Ermittlung des Mengengerüsts

- Herstellung des Zusammenhangs zwischen Prozessen und den Kostenträgern

- Erstellung des prozessorientierten Kostenträger-Kalkulationsschemas, wobei zu den Materialeinzelkosten die klassisch kalkulierten Fertigungskosten und die Prozesskosten der nötigen Tätigkeiten beteiligter Kostenstellen addiert werden.

Modell zur Kostenbewertung von Produktion und Logistik nach Pawellek

Pawellek baut das Modell zur Kostenbewertung von Produktion und Logistik auf seinem integrierten Planungssystem von Produktion und Logistik (IPPL) auf, welches auch die Prozesskostenrechnung beinhaltet. Ziel seines Modells ist vor allem die Produkt- und Prozessstrukturen logistikgerecht zu optimieren (Pawellek 2007, S. 209).

Durch eine modulare Gestaltung des Herstellprozesses soll der häufig kritisierte Datenpflegeaufwand der klassischen Prozesskostenrechnung reduziert werden. Einzelne Module bilden beispielsweise der Wareneingang oder die Fertigung. Deren Schnittstellen (Input und Output) sowie Hilfsprozesse (z. B. Materialdisposition) müssen klar definiert und modelliert werden. Das eigentliche Vorgehen zur Kostenbewertung besteht aus drei Kernschritten (Pawellek 2007, S. 217 – 223):

1. **Bildung und Analyse von Teilprozessen:** Dazu wird der Herstellprozess in modulare Hauptprozesse (z. B. Wareneingang) unterteilt, welche wiederum in Teilprozesse gegliedert werden, die nur von einem Kostentreiber abhängig sind (z. B. Bestellung von der Anzahl an Bestellungen). Diese Teilprozesse bilden die Grundlage zur Abbildung des Betriebs und sind bei Bedarf ergänz-, streich- oder erweiterbar.

2. **Bildung von Prozesskostensätzen:** Zur Ermittlung der Prozesskostensätze sind je Teilprozess die Prozessmengen, Prozesskosten und Kapazitäten zu bestimmen. Dabei muss hier, analog zur klassischen Prozesskostenrechnung, zwischen leistungsmengeninduzierten (lmi) und -neutralen (lmn) Kosten unterschieden werden. Letztere werden auf die lmn-Prozesse umgelegt und so die Kostensätze je Teilprozess und daraus in Summe die Kosten des Hauptprozesses ermittelt.

3. **Berechnung der Herstellkosten mit dem Prozesskostenmodell:** Zur Berechnung der Herstellkosten eines Produktes erfolgt nun die Zuordnung von Haupt-

prozessen zum Produktionsprozess eines jeden Produktes. Zu den Material-kosten werden die stundensatzbasierten Fertigungseinzelkosten addiert und durch die Prozesskosten aller beteiligten Hauptprozesse/Module ergänzt. Ver-waltungs- und Vertriebskosten werden klassisch über einen Zuschlagssatz aus der traditionellen Kostenrechnung übernommen. Durch Division der Prozess-kosten eines Loses mit der Produktionsmenge ergeben sich die Prozesskosten pro Stück.

Briel (2002)

Briel (Briel 2002) entwickelte ein skalierbares Gesamtmodell zur Bewertung der Wirtschaftlichkeit von Anpassungsinvestitionen. Darunter sind vor allem Investi-tionen in neue Anlagen, Maschinen oder Technologien zu verstehen. Das bezogen auf den Zeitraum und die Planungsebenen skalierbare Gesamtmodell besteht da-bei aus drei Einzelmodulen:

Das Grundmodell dient der Abbildung der wirtschaftlichen Leistungsfähigkeit des Fertigungssystems. Die durch die Anpassungsinvestition induzierten Veränderun-gen von Prozesskenngrößen beeinflussen im Grundmodell die lebenslaufübergrei-fenden Aufwands-, Ertrags- und Kapitalbestandteile. Phasenspezifische Modelle für die Lebenslaufabschnitte Planung, Anpassung, Nutzung und Stilllegung ergän-zen das Grundmodell. Dadurch werden einmalige Effekte je Abschnitt auf die Wirt-schaftlichkeit berücksichtigt.

Der Bewertungsrahmen, als drittes Einzelmodul, dient auf Datenbasis des Grund-modells und der phasenspezifischen Modelle der Beurteilung der Wirtschaftlich-keit der Anpassungsinvestition. Dabei wird die Einhaltung der wirtschaftlichen Ziele (Gewinn und Rendite) als auch eventueller Randbedingungen (Budget) über-prüft. Briels Ansatz stellt kein eigenständiges Kostenrechnungssystem dar. Viel-mehr erweitert er dynamische Investitionsrechenmodelle durch den Einsatz von Prozesskenngrößen, um eine höhere Modellskalierbarkeit zu erreichen.

Wunderlich (2002)

Wunderlich (Wunderlich 2002a, 2002b) entwickelte ein Modell zur simulationsba-sierten Wirtschaftlichkeitsregelung komplexer Produktionssysteme. Dabei werden produktions-systembezogene Simulationsdaten in der betriebswirtschaftlichen Be-wertungskomponente eines entwickelten Softwaretools auf deren Wirtschaftlich-keit analysiert.

Wunderlichs Softwarearchitektur berücksichtigt drei Betrachtungsebenen. Ebene 1 stellt dabei das reale oder geplante System dar, welches in einem Modell im Simu-lator auf Ebene 2 abstrahiert wird. Aus diesem Simulationsmodell können dann logistische Leistungsdaten gewonnen werden, welche betriebswirtschaftlich be-wertet werden. Dazu werden die Daten in Ebene 3 in einem Kostenbewertungs-modul für Wirtschaftlichkeitsanalysen verwendet. Dieses besteht aus einer Daten-managementkomponente und drei Anwendungsmodulen:

- Die Datenmanagementkomponente umfasst die Abbildung der Gliederung der Bezugsobjekte (Prozesse, Produkte, Aufträge etc.). Weiterhin erfolgt hier die zeit- oder mengenbezogene Zuordnung von Ressourcen zu Kostenstellen sowie die Integration externer Kostendaten.

- Das Modul Kostenanalyse umfasst die Ermittlung der Ressourcenkostensätze auf Basis der Maschinenstundensatzrechnung und die Prüfung von Möglichkeiten der Kostenschlüsselung zur Herstellkostenberechnung. Ziel ist die detaillierte Kalkulation der verschiedenen Bezugsobjekte bzw. Kostengrößen.

- Das Teilmodul Ablaufanalyse dient der Analyse von Schwachstellen in Materialflüssen durch das Aufdecken kritischer Ressourcen, Prozesse oder Kostenstellen. Als Werkzeuge kommen dabei u. a. Durchlaufdiagramme, Materialflussmatrizen sowie Kosten- und Wertzuwachskurven zum Einsatz. Die Gegenüberstellung von Kosten- und Wertzuwachskurven ermöglicht die Identifizierung nicht wertschöpfender Aktivitäten.

- Das Teilmodul Investanalyse dient der dynamischen Investitionsbewertung unterschiedlicher Gestaltungsalternativen oder Maßnahmen für das Produktionssystem. Einmalkosten sowie Änderungen der laufenden Kosten werden für jede Alternative erfasst.

Die gesammelten Analyseergebnisse dienen in einem ersten Rückkopplungsschritt der Ermittlung von Ansätzen für wirtschaftliche und im zweiten Schritt der Ableitung von Ansätzen für technische Verbesserungen.

Niemann (2007)

Niemann (Niemann 2007) verfolgt mit seinem Ansatz des „Life Cycle Controlling" das Ziel, eine Methodik zur laufenden Kostenoptimierung von Produktionssystemen zu entwickeln. Das Produktionssystem wird dabei zunächst in einem Modell abgebildet und initialisiert, ehe ein Regler zur Systemoptimierung verwendet wird. Dieser generiert in Abhängigkeit der Inputgrößen „Aufträge" und „Betriebsinformationen" Stückkosteninformationen. Damit kann das Produktionssystem kontinuierlich über den Lebenslauf an die geplanten Auftragsmengen angepasst werden, um stets minimale Stückkosten zu erreichen. Mögliche Anpassungs- und Verbesserungsmaßnahmen sollen so identifiziert und proaktiv bezüglich deren Auswirkungen auf die Wirtschaftlichkeit des Produktionssystems bewertet werden. Im Vordergrund des Life Cycle Controllings steht die optimale Konfiguration eines Produktionssystems in Abhängigkeit geplanter Aufträge für einen definierten Zeitraum. Softwaretechnisch erfolgt die Realisierung in einer simulationsbasierten Planungsumgebung, welche die eingesetzten Ressourcen und deren Wirkzusammenhänge erfasst und abbildet. Dazu werden Auftragsdaten und Betriebsinformationen der Produktionssystemkonfiguration für Kapazitätsberechnungen verwendet, um den effizienten Betriebszeitpunkt des Produktionssystems und potenzielle Verbesserungsmaßnahmen zu ermitteln. Diese Maßnahmen werden im Simulationsmodell hinsichtlich der zeitlichen und kostenrechnerischen Auswirkungen bewertet. Zur Beurteilung der kurz- und mittelfristigen Auswirkungen findet ein Vergleich der Fertigungsstückkosten statt; langfristige Effekte werden mit einer statischen Amortisationsrechnung ermittelt.

Zusammengefasst stellt die Methodik die kostenoptimale Synchronisation der Fertigungsaufträge mit dem Produktionssystem in den Mittelpunkt der Betrachtung. Es handelt sich nicht um ein eigenständiges System der Kostenrechnung oder -analyse, sondern verarbeitet Kosteninformationen aus traditionellen Systemen (insbesondere Maschinen- und Gemeinkostenstundensätze).

Möller (2008)

Möller (Möller 2008) entwickelt eine Methodik zur Förderung des Einsatzes wandlungsfähiger Produktionssysteme. Dies soll durch eine verbesserte Ermittlung des Nutzens wandlungsfähiger Systeme und einer adäquaten Wirtschaftlichkeitsberechnung über deren Lebenszyklus erfolgen. Die Methodik interpretiert die Bewertung der Wandlungsfähigkeit als ein Investitionsproblem unter Unsicherheit. Dabei wird die Wandlungsfähigkeit als ein Bündel von Realoptionen verstanden, welche die Anpassung der Produktion an veränderte Umweltbedingungen ermöglicht. So beinhaltet der Ansatz neben Aspekten der Fabrikplanung und Lebenszyklusbewertung vor allem finanztheoretische Komponenten mit der Realoptionenbewertung.

Eingesetzt wird dabei ein stufenweiser Bewertungsansatz, der die Komplexität und Genauigkeit in mehreren Schritten erhöht. Die Grundlage der Bewertung ist ein stufenübergreifendes, skalierbares und bewertungsorientiertes Modell der Produktion. Das bewertungsorientierte Modell der Produktion besteht aus drei Teilprofilen: Erstens aus einem Umfeldprofil, dass an das Rezeptormodell der wandlungsfähigen Produktion angelehnt ist. Zweitens wird ein lebenszyklusorientiertes Kostenmodell zur monetären Informationsgenerierung verwendet. Drittens werden die Optionsprofile für die zu bewertenden Produktionssystemalternativen berücksichtigt.

Die eigentliche Bewertungsmethodik verwendet zur Beherrschung des komplexen Analyseverfahrens einen iterativen Bewertungsprozess mit drei Stufen:

- In der ersten Stufe erfolgt eine statische Kapitalwertrechnung, die von einer erwarteten, quasi-sicheren Zukunft und damit einem starren, nicht ungeplant anpassungsfähigen Produktionssystem ausgeht.

- In Stufe 2 wird das Produktionssystem nach wie vor als passiv angesehen. Hier wird analysiert, welche Auswirkungen ein dynamisches Umfeld auf die verbleibenden technisch-organisatorischen Alternativen besitzt. Dazu wird der Anpassungsbedarf des Produktionssystems ermittelt und das Anpassungspotenzial verschiedener Realoptionen abgeschätzt.

- Die dritte Stufe umfasst die Realoptionsbewertung. Hier werden die einzelnen, priorisierten Handlungsmöglichkeiten für eine gesteigerte Wandlungsfähigkeit wirtschaftlich in Bezug zu einer Referenzalternative (Marktverzichtsannahme) bewertet. Schrittweise werden die wirtschaftlich relevantesten Handlungsmöglichkeiten modelliert und in die Bewertung integriert bis der monetäre Wert der wandlungsfähigeren Alternative aufgezeigt werden kann oder nicht mehr von einer entscheidungsrelevanten Veränderung des Kapitalwerts auszugehen ist.

Möllers Methodik ist nicht als eigenständiges Kostenrechnungssystem zu sehen. Mit seinem Fokus auf die Bewertung der Wandlungsfähigkeit werden weitere Aspekte Ganzheitlicher Produktionssysteme nicht betrachtet.

Reinhart et al. (2008)

Reinhart et al. (Reinhart et al. 2008) stellen einen Ansatz zu Integration qualitativer Einflussfaktoren als Unsicherheit in die monetäre Bewertung von Produktionssystemen vor. Damit sollen finanziell nicht direkt quantifizierbare Einflussfaktoren wie z. B. die Mitarbeitermotivation in der monetären Bewertung berücksichtigt werden.

Die meist nur in Form von Expertenaussagen vorliegenden qualitativen Daten beinhalten linguistische Unsicherheiten. So sind beispielsweise Aussagen zur Mitarbeitermotivation nur durch unscharfe Adjektive wie „hoch" oder „mittelmäßig" möglich. Klassischerweise fließen diese erfolgskritischen qualitativen Faktoren nicht als monetäre Messgrößen in die Bewertung mit ein, sondern werden nur parallel erfasst. Unter Verwendung der Fuzzy-Set-Theorie werden qualitative Einflussfaktoren in die monetäre Bewertung basierend auf der Kapitalwertmethode aufgenommen. Die identifizierten Einflussfaktoren werden in einem Bewertungsnetz (künstliches neuronales Netz) unter Berücksichtigung der Art des Zusammenhangs der Faktoren (scharf oder unscharf) abgebildet. Die Eingangsneuronen beschreiben dabei die qualitativen Faktoren über linguistische Terme. Diese werden in quantitative und damit monetär bewertbare Größen mit der Fuzzy-Logik transformiert. Am Ausgang des Netzes stehen die abgeleiteten Wahrscheinlichkeitsverteilungen der quantitativen Kostengrößen. Die kostenartenbezogenen, theoretischen Wahrscheinlichkeitsverteilungen werden mithilfe der Monte-Carlo-Simulation in eine Verteilung des Kapitalwertes der Produktionssystemalternative überführt.

Brieke (2009)

Brieke (Brieke 2009) verfolgt mit seiner Methodik zur erweiterten Wirtschaftlichkeitsrechnung in der Fabrikplanung das Ziel, eine vollständige Integration nicht-monetärer Bewertungskriterien in die wirtschaftliche Beurteilung der Fabrikplanung zu erreichen. Der Ansatz beinhaltet die Integration der nicht-monetären

Bewertung in Anlehnung an eine Nutzwertanalyse in eine Kapitalwertrechnung. Die Methodik besteht aus sechs Hauptschritten:

1. **Ziele und Kriterien festlegen:** Hier erfolgt die Ableitung des Zielsystems mit den für den jeweiligen Anwendungsfall relevanten Haupt- und Unterzielen. Für jedes Unterziel sind relevante Bewertungskriterien auszuwählen und zu gewichten.

2. **Objektauswahl:** Es erfolgt eine Auswahl der relevanten Fabrikobjekte.

3. **Separate Bewertung:** Hier findet die Bewertung der Gestaltungsobjekte hinsichtlich der Erfüllung ihrer Zielgrößen statt. Dabei werden zunächst die nicht-monetären Kriterien für jede Betrachtungsalternative in einem fünfstufigen Bewertungsschema beurteilt. Anschließend erfolgt die Berechnung des direkten Kapitalwerts auf Basis der ermittelten, prognostizierten oder geschätzten Zahlungsreihe der Alternativen.

4. **Integrative Bewertung:** Die separaten Bewertungsergebnisse werden zusammengeführt. Durch die Überführung der Kriterienerfüllung in monetäre Werte auf Basis von Expertengesprächen und unter Anwendung verschiedener Transformationsverfahren (z. B. Fuzzy-Logik) wird der vorher ermittelte, direkte Kapitalwert um eine weitere Zahlungsreihe zum erweiterten Kapitalwert ergänzt. Nicht monetär transformierbare Kriterien werden in einem Zusatz-Nutzwert erfasst.

5. **Ergebnisaufbereitung:** Mithilfe einer Sensitivitätsanalyse des erweiterten Kapitalwerts werden die Unsicherheiten der Transformationsvorgänge berücksichtigt. Die Ergebnisdarstellung erfolgt grafisch in einem Diagramm zur Visualisierung des direkten und erweiterten Kapitalwerts sowie des Zusatznutzens der jeweiligen Betrachtungsalternative.

6. **Ex-post Analyse:** Abschließend erfolgt die Validierung und das Wissensmanagement zur Beurteilung der Wirtschaftlichkeitsbewertungen an der Realität.

Die Daten zur monetären Bewertung entstammen traditionellen Kostenrechnungssystemen.

Jondral (2013)

Jondral (Jondral 2013) entwickelte eine Methodik zur simulationsgestützten Optimierung und Wirtschaftlichkeitsbewertung der Effizienzsteigerung einer Produktion mittels Lean-Methoden. Der Ansatz besteht dabei aus drei aufeinander aufbauenden Phasen:

- Phase 1 beinhaltet die Systemdefinition zur Spezifizierung des Untersuchungsbereichs auf Basis einer Wertstromanalyse. Weiterhin erfolgt die Aufnahme relevanter Daten für die Simulation (Systemlastdaten, Kostensätze etc.) sowie ein Lean Check zur Potenzialermittlung von Lean Methoden mittels Reifegradmodellen. Die verwendeten Kostensätze zur Kalkulation entstammen dabei aus klassischen Kostenrechnungssystemen.

- In Phase 2 erfolgt die Bildung des Simulationsmodells als Abbildung des Untersuchungsbereichs in der Simulationsumgebung. Weiterhin wird ein Optimierungsmodell mit dem Ziel der Minimierung der variablen Gesamtkosten des Produktionssystems entworfen. Anschließend erfolgt die Implementierung in der Simulationssoftware sowie die Verifikation und Validierung der Modelle sowie die Durchführung der Simulationsstudien.

- Die dritte Phase besteht aus der Wirtschaftlichkeitsanalyse des Lean-Methodeneinsatzes. Ziel ist es, die Auswirkungen des Einsatzes einer optimierten Methodenkombination monetär zu bewerten und den Idealzustand des untersuchten Produktionssystems auf seine Robustheit zu prüfen.

Value Stream Costing nach Maskell et al.

Der Ansatz des Value Stream Costing (VSC) wurde von Maskell et al. (Maskell et al. 2012) entwickelt, um die Auswirkungen von Lean-Maßnahmen auf den Leistungserstellungsprozess transparent zu machen (Cooper, Maskell 2008, S. 61). Es stellt im Kern ein einfaches Deckungsbeitragsrechnungssystem mit Einzelkosten des Wertstroms dar (Maskell, Baggaley 2006, S. 38). Der Haupteinsatzzweck des VSC liegt in der Schaffung der Datengrundlage für periodenbezogene Erfolgsrechnungen von Wertströmen sowie in der Bereitstellung von finanziellen Informationen für die lean-konforme Bewertung von Maßnahmen oder Entscheidungen (DeBusk, DeBusk 2012a, S. 22).

Zentrales Kalkulationsobjekt des VSC ist der Wertstrom. Die eingesetzten Ressourcen im Unternehmen werden dabei möglichst eindeutig den verschiedenen Wertströmen zugewiesen. Geteilte Ressourcen mehrerer Wertströme können entweder abhängig vom Zeitverbrauch den beteiligten Wertströmen zugewiesen oder alternativ für die jeweiligen Geschäftsbereiche in einer Kostensammelstelle berücksichtigt werden (Hansen et al. 2009, S. 572 – 573).

Eine Kostenträgerstückrechnung findet nur bei Bedarf statt. Durch die Anhebung der Betrachtungsebene werden viele Gemeinkosten des einzelnen Produktes zu Einzelkosten des Wertstroms (Institute of Management Accountants 2006, S. 10). Das VSC versucht durch den Aufbau einer kostenbezogenen Wertstromorganisation inkl. der Zuweisung von Unterstützungsfunktionen die Problematik der Gemeinkostenumlage zu lösen (Chiarini 2012, S. 686; DeBusk, DeBusk 2012b, S. 23).

Grundlegend ist weiterhin ein ausgabeorientierter Kostenbegriff (DeBusk, DeBusk 2012b, S. 26; Maskell et al. 2012, S. 177). So werden z. B. Materialausgaben für das beschaffte Material der Periode in der Ergebnisrechnung angesetzt, während klassische Ergebnisrechnungen hier lediglich die Materialkosten des Umsatzes in den Herstellkosten (= bewerteter Materialverzehr) der Periode berücksichtigen. Die Kapitalflussorientierung im VSC soll so übermäßigen Bestandsaufbau verhindern.

Folgende Voraussetzungen müssen für einen effektiven Einsatz von VSC im Unternehmen erfüllt sein (Myrelid, Olhager 2015, S.409; Ruiz-de-Arbulo-Lopez et al. 2013, S.651):

1. Das Berichtswesen muss nach Wertströmen und nicht nach Funktionsbereichen ausgerichtet sein.

2. Der Großteil der Mitarbeiter muss direkt einem Wertstrom zugewiesen sein.

3. Es sollten kaum geteilte Unterstützungsfunktionen oder Ressourcen (Monumente) vorhanden sein.

4. Produktionsprozesse müssen stabil sein.

5. Abweichungen von Standards (wie z.B. Nacharbeit, Ausschuss etc.) müssen sorgfältig außerhalb des Kostenrechnungssystems erfasst werden.

6. Bestände müssen definiert, relativ gering und stabil sein.

Das VSC findet vor allem im englischsprachigen Raum eine steigende Verbreitung und wird mittlerweile auch in amerikanischen Controlling-Lehrbüchern beschrieben (z.B. (Hansen et al. 2009)). Viele Elemente des VSC fördern ein Lean-Vorhaben deutlich besser als Standardkostenrechnungssysteme und können zur Lösungsgestaltung beitragen. Die nicht unerheblichen Voraussetzungen stellen jedoch eine deutliche Hürde dar. Insbesondere in frühen Phasen einer Lean-Implementierung sind diese kaum erfüllt. Gerade in dieser meist kritischen Umstellungsphase wäre eine lean-konforme Kostenrechnung jedoch von hoher Bedeutung, um den Veränderungsprozess zu unterstützen. Der gegenwärtige VSC-Ansatz allein ist daher nicht geeignet als System der Kostenrechnung und Kostenanalyse in Ganzheitlichen Produktionssystemen.

Flow Accounting nach Darlington

Der Ansatz des Flow Accounting nach Darlington hat seine Wurzeln in der Engpasstheorie (Theory of Constraints) und dem dortigen Durchsatzkostenrechnungsverfahren (Throughput Accounting) (Darlington 2012). Im Kern soll vor allem der aktuelle physische Materialfluss innerhalb der Organisationsgrenzen in der Kostenrechnung abgebildet werden. Die dem Flow Accounting zugrunde liegende Annahme ist, dass finanziell ergebniswirksame Resultate durch das Management von Nachfrage, Kapazität und Bestand entstehen. Dazu werden im Flow Accounting Veränderungen von Nachfrage, Kapazität und Bestände bezüglich monetärer Auswirkungen analysiert. Mithilfe von finanziellen und nicht-finanziellen Daten wird versucht, einen Ursache-Wirkungs-Zusammenhang auf Unternehmensebene zu ermitteln.

Das Flow Accounting besteht aus mehreren Elementen und Werkzeugen. Es beginnt mit parallelen Datenanalysen, welche in einer Übersichtsdarstellung, der Big Picture Financial Map (BPFM), zusammengefasst werden.

Die BPFM zeigt in aggregierter Form finanzielle und nicht-finanzielle Daten des Unternehmens auf Ebene der Produktionsprozesse entsprechend dem Materialfluss von Rohmaterial über Fertigungsprozesse zur Montage. Sie dient der ganzheitlichen Analyse und eröffnet Lean-Unternehmen eine Methode zur Fokussierung der Verbesserungsaktivitäten und Sicherstellung von finanziell ergebniswirksamen Leistungen. Dazu wird die Terminologie des Throughput Accounting mit Throughput (Durchsatz, Umsatz), Inventory (Bestände und Investitionen) und Operating Expenses (Betriebskosten) verwendet. Um zu ermitteln, in welchem Prozess das größte finanzielle Potenzial für Verbesserung liegt, wird ein Rankingsystem empfohlen, bei dem aus Bestandswert, Durchlaufzeit und Betriebskosten die Gesamtplatzierung ermittelt wird (Darlington et al. 2016, 89 – 94).

Flow Accounting überträgt die Logik des Throughput Accounting auf eine Prozessflussdarstellung und ergänzt diese damit um monetäre Informationen zur Kostenanalyse. In der gegenwärtigen Ausprägung stellt es kein eigenständiges, vollwertiges Kostenrechnungssystem dar und besitzt aufgrund hoch aggregierter Daten und der geringen Anzahl an Kosten- und Erlösarten Schwächen in der Kostenanalyse.

Order Line Costing nach Johnson/Bröms

Johnson und Bröms beschreiben das Order Line Costing (OLC) als alternatives Kostenrechnungssystem für Lean-Unternehmen. OLC basiert auf dem Ansatz des von den beiden Autoren entwickelten Management by Means (systematische Organisation der Prozesse für mehr Stabilität), das als Gegenteil zum klassischen Management by Results angesehen werden kann. Die Beschreibung des OLC ist nur auf eine Veröffentlichung zurückzuführen (Johnson, Bröms 2000).

Jede Kundenbestellung wird dabei als ein Auftrag (order line) gesehen. Kundenumsatz und Unternehmenskosten kommen nur in diesem einen Punkt, dem Auftrag, wirklich zusammen. Klassische Kostenrechnung weist einen aggregierten Profit in der Ergebnisrechnung aus, zeigt jedoch keine Detailinformationen der tatsächlichen Kosten für den einzelnen Auftrag. Im OLC ist der Auftrag alleiniger Kostenträger. Durch die Zuweisung von Aufträgen zu Kundengruppen, Produktarten, Verkaufskanälen etc. sind aber verschiedene Bezugsobjekte analysierbar.

Im OLC werden dem Umsatz des Auftrags die verursachten Einzel- und Gemeinkosten gegenübergestellt. Die Umlage von Gemeinkosten erfolgt ähnlich zum Activity Based Costing. Beide verwenden Aktivitäten und deren Treibergrößen zur Kostenumlage. Die Kosten werden aber im OLC ausschließlich auf Aufträge in einem einstufigen Verfahren umgelegt. Dies verhindert mehrstufige, intransparente Umlagen von Teilprozessen auf Hauptprozesse und wiederum auf unterschiedliche Kostenträger.

Die Umlage im OLC beginnt mit der Einteilung aller Gemeinkosten in drei Zweckkategorien:

- Unterstützung des aktuellen Geschäfts
- Erhaltung der bestehenden Strukturen in Produktion, Verwaltung und Logistik
- Schaffung von neuen Produkten oder Prozessen.

Das Verfahren teilt die gesamten Gemeinkosten in Abhängigkeit des Ressourcenverbrauchs (vor allem Personaleinsatz) dieser Zwecke in die drei Kategorien auf. In Abhängigkeit des Aufwands des Auftrages bezüglich der drei Zwecke, werden diesem anteilige Kosten über geeignete „Zwecktreiber" (z. B. die Anzahl an Teilenummern je Auftrag) umgelegt. Dies unterscheidet sich vom Kostentreiber des Activity Based Costing insofern, dass zur Umlage ein mit einem Auftrag verbundener Zweck verwendet wird.

Auf detaillierte Beispiele des OLC wird von den Autoren verzichtet. Es konnte keine weitere Veröffentlichung zum OLC gefunden werden, weshalb von einem unvollständigen Ansatz ausgegangen werden muss, der kaum praxiserprobt ist. Die Unterschiede zur Prozesskostenrechnung sind methodisch marginal und liegen eher in der Philosophie als im Verfahren.

Customer-Driven Lean Cost Management nach McNair et al.

Das Customer-Driven Lean Cost Management (CLM) nach McNair et al. konzentriert sich in der Kostenrechnung vor allem auf die Definition des Wertes aus Sicht des Kunden. Die ausgeprägte Orientierung am Markt dient der Ermittlung wertgenerierender Schlüsselmerkmale von Produkten und Dienstleistungen für weitere Entscheidungen zur Wirtschaftlichkeitssteigerung (McNair 2007, S. 121).

Um die Kosten des Unternehmens in Verbindung zur Wertdefinition aus Kundenperspektive zu bringen wird ein siebenstufiges Verfahren entwickelt (McNair-Connolly et al. 2013):

1. Identifikation der wesentlichen wertgenerierenden Eigenschaften des Produktes oder der Dienstleistung.

2. Ableitung des Anteils am Umsatz einer jeden vorher definierten Eigenschaft.

3. Durchführung von Tätigkeitsanalysen je Kostenstelle. Dazu werden die Kernaktivitäten ermittelt und der zugehörige Ressourceneinsatz im Sinne von Personenäquivalenten durch Expertenbefragungen geschätzt.

4. Differenzierung der Kernaktivitäten in verschiedene Wertkategorien. Für jede Kernaktivität wird der prozentuale Anteil des Ressourceneinsatzes für eine der folgenden fünf Kategorien geschätzt:

   a) Wertschöpfung aus Sicht des Kunden

   b) aktuell notwendige, indirekt wertbeitragende Tätigkeiten

   c) Tätigkeiten für zukünftige Wertschöpfung (z. B. Produktentwicklung)

   d) aktuell notwendige, administrative Tätigkeiten

   e) nicht wertschöpfende Tätigkeiten (weder aktuell, noch für die Zukunft).

Durch die Einteilung der Tätigkeiten lassen sich zusammen mit der Tätigkeitsanalyse und dem Ressourceneinsatz auch die Kosten der fünf Kategorien ermitteln.

5. Verknüpfung der Tätigkeiten mit wertschöpfenden Anteilen und den in Punkt 1 ermittelten wertgenerierenden Eigenschaften. Dies erfolgt mit einer Matrix, welche in den Zeilen die wertschöpfenden Aktivitäten und in den Spalten die wertgenerierenden Eigenschaften enthält. Für jede Aktivität muss der prozentuale Beitrag zu einer Eigenschaft geschätzt werden. Dies ist dann die Basis für die monetäre Ermittlung des wertschöpfenden Kosteneinsatzes einer jeden Eigenschaft.

6. Ermittlung des „revenue multipliers". Diese Kennzahl ist das Kernergebnis der Methode. Sie beschreibt das Verhältnis von kundendefiniertem Wert (Punkt 2) zu den wertschöpfenden Kosten. Sie gibt somit an, welcher Wert (Umsatz) mit dem Einsatz wertschöpfenden Kapitals erreicht werden kann (McNair et al. 2001, S. 39).

7. Analyse des „revenue multipliers" zur Ableitung von Optimierungspotenzialen für eine Das CLM ergänzt das klassische Activity Based Costing um den Fokus auf Wertschöpfung aus Sicht des Kunden. In seiner derzeitigen Ausprägung ist es vor allem auf Dienstleistungsunternehmen mit hohem Personaleinsatz ausgerichtet.

Throughput Accounting nach Goldratt

Das Throughput Accounting (TA) bzw. die Durchsatzkostenrechnung basiert auf der Engpasstheorie nach Goldratt (Goldratt, Cox 2013). TA ist ein Teilkostenrechnungssystem, bei dem nur total variable Kosten (d. h. vorwiegend Materialkosten) auf Produkte umgelegt werden. Verbleibende Kosten werden als Periodenkosten der Betriebsbereitschaft gesehen. Es handelt sich somit um eine Annäherung an die Kapitalflussrechnung. Das TA verwendet einen ausgabeorientierten Kostenbegriff.

Folgende monetäre Kennzahlen bilden im TA die Basis für jegliche Ergebnis- und Entscheidungsrechnungen (Techt, Jakobi 2010, S. 28; Goldratt, Cox 2013):

- Durchsatz (D) = Verkaufserlöse − total variable Kosten

- Bestände und Investitionen (BI) stellen das im Unternehmen gebundene Kapital für zum Verkauf gedachte Güter dar.

- Betriebskosten (BK) sind alle Ausgaben zur Umwandlung der Bestände in Durchsatz, im Wesentlichen also Bereitschaftskosten der Periode.

Diese Kennzahlen werden zur Vermeidung lokaler Optima stets für den Betrieb als Ganzes erhoben. Zur Unterstützung von Entscheidungen aus finanzieller Perspektive werden daraus mehrere Verhältniskennzahlen berechnet:

- Net Profit (NP) = D − BK

- Return on Investment = NP ÷ BI

- Produktivität = D ÷ BK

Da der Engpass im System über den Durchsatz entscheidet, sind alle entscheidungsrelevanten Verhältniskennzahlen von diesem abhängig. Goldratt propagiert den Wandel von der Kostenwelt zur Durchsatzwelt, indem er folgende Optimierungsreihenfolge vorgibt: Erst Durchsatz steigern, dann Bestände senken und schließlich Betriebskosten reduzieren (Goldratt, Cox 2013).

Bei genauer Betrachtung stellt das TA eine strenge Form der seit Jahrzehnten bekannten engpassbezogenen Deckungsbeitragsrechnung dar. Das Einsatzgebiet ist beschränkt auf kurzfristige Entscheidungen mit einem völlig eindeutig definierbaren und fixen Engpass.

Value Stream Cost Map nach Sobczyk/Koch

Die Kernidee der Value Stream Cost Map ist die Erweiterung der Wertstromdarstellung mit mehreren Modulen zur verbesserten Abbildung der Ist-Performance des Wertstroms, zur Abschätzung der Plan-Performance aus zukünftigen Verbesserungen sowie der kontinuierlichen Beurteilung der Wertstromleistung im zeitlichen Verlauf (Sobczyk, Koch 2008, S. 152; Dombrowski et al. 2016, S. 608).

Unterhalb der klassischen Wertstromabbildung werden folgende Module dargestellt:

1. **Kostenmodul:** Integrierte Kostenarten-, Kostenstellen- und Kostenträgerrechnung.

2. **Ergebnisrechnungs- und Bestandsbewertungsmodul:** Verwendet die Logik des Throughput Accounting zur Ergebnisermittlung, d. h. abgesehen von Materialkosten werden alle Kosten als Periodenkosten gesehen. Die Bewertung von Beständen erfolgt ausschließlich zu Materialkosten.

3. **Ressourcenanalyse-Modul:** Darstellung der Nutzung von Anlagen- und Personalkapazität. Für die Personalkapazität ist eine Differenzierung in verschiedene Kategorien wie Produktion, Überproduktion, Stillstände Rüsten etc. vorgesehen.

4. **Modul für zusätzliche, spezifische Kennzahlen:** Hier können relevante wertstrombezogene Kennzahlen wie die Durchlaufzeit oder Produktions- und Absatzmengen festgehalten werden.

Den Kern der Methodik bildet das Kostenmodul, deren Ablauf und Logik der klassischen dreistufigen Kostenrechnung folgt. Dabei stellen die Prozesskästen eines Wertstroms die Kostenträger dar. Dies unterscheidet sich deutlich vom traditionellen Kostenträgerverständnis. Die Kostenarten können nach Bedarf definiert und über die Kostenstellen auf die Kostenträger verteilt werden. Als Kostenstellen kommen drei Kategorien bzw. Aggregationsstufen infrage: Einzelprozesse, eine Gruppe von mehreren Prozessen oder der gesamte Wertstrom. Die Darstellung der Kostenzurechnung auf die Kostenstellen erfolgt grafisch im Wertstrom. Dies ermöglicht die Visualisierung der gesamten Kosten im Wertstrom gegliedert nach den Kostenarten, die Darstellung der Einzelkosten eines Prozesses sowie die Ausweisung der verursachten Kosten eines jeden Prozesses. Die Berücksichtigung geteilter Ressourcen erfolgt mit abgedunkelten Flächenfarben. Die Ermittlung der Kostenanteile der Monumente je Wertstrom kann basierend auf Kostentreibern, ähnlich des Activity Based Costing, erfolgen (Sobczyk, Koch 2008, S. 153 – 156).

Die Value Stream Cost Map kann unabhängig vom Lean-Reifegrad des Unternehmens eingesetzt werden. Im Gegensatz zum Value Stream Costing kann auf ein vollständiges Auflösen von Monumenten verzichtet werden. Die grafische Darstellung in einer Abbildung mit den verschiedenen Modulen ermöglicht eine ganzheitliche Betrachtung des Wertstroms aus verschiedenen Dimensionen. Ein vollständiges Kostenrechnungssystem ist zum gegenwärtigen Veröffentlichungsstand nicht gegeben.

Lean Cost Management nach Wiegand und Feldmann

Wiegand kritisiert die Ansätze des Value Stream Costing oder Throughput Accountings dafür, dass sie traditionelle Kostenrechnungsansätze, vor allem aus externen Rechnungszwecken, nicht ersetzen können. Ein paralleles Führen mehrerer Kostenrechnungssystem lehnt er ab, da dies im Sinne der Lean-Philosophie Verschwendung darstellt (Wiegand 2012, S. 123).

Daher findet im Lean Cost Management eine Anpassung der traditionellen, dreistufigen Plankostenrechnung um die sogenannte Wertabrechnung und das Wertecockpit statt.

Mithilfe der Wertabrechnung erfolgt in der Kostenstellenrechnung eine dem Betriebsabrechnungsbogen strukturähnliche Rechnung für Lean-Effekte. Dabei werden die Gemeinkosten zusätzlich hinsichtlich Wertschöpfung, Überkapazität, momentan notwendiger Verschwendung und Ineffizienz auf Basis von qualifizierten Schätzungen oder Tätigkeitsstrukturanalysen differenziert. Diese Kostenkategorien können in eine differenzierte Deckungsbeitragsrechnung übernommen werden (vgl. Ehlers 2013). Lean-Maßnahmen sollen so durch die Reduktion nicht wertschöpfender Kosten im Zeitverlauf transparent werden. Weiterhin ergibt sich die Möglichkeit der Berechnung rein wertschöpfender Zuschlagssätze für die Kostenträgerrechnung, welche das Szenario maximaler Effizienz abbilden (Wiegand 2012, S. 123; Feldmann, Wiegand 2009).

Das Wertecockpit zeigt mit verschiedenen Kennzahlen die Lean-Effekte, welche schwer monetär erfassbar sind oder eine Wertsteigerung aus Kundensicht bedeuten. Dazu werden beispielhaft Lieferfähigkeit, Durchlaufzeit oder Umschlagshäufigkeit aufgeführt (Feldmann, Wiegand 2009). Das Lean Cost Management stellt vor allem ein projektbezogenes Instrument der Kostenbewertung dar. Da es auf den Grundsätzen traditioneller Kostenrechnung aufbaut, basiert es auf dessen Annahmen und Prämissen und stellt somit einen evolutionären Ansatz ohne radikale Veränderung dar.

Werttreiberbaum Lean Production nach Charifzadeh et al.

Charifzadeh et al. zeigen einen Ansatz zur Ermittlung der Auswirkungen eines Lean-Production-Methodeneinsatzes auf den Unternehmenswert. Dazu wird das Zusammenspiel von werteorientierter Unternehmensführung, Working Capital Management und Lean Production untersucht (Charifzadeh et al. 2013, S. 49 – 50).

Das Net Working Capital ist eine Liquiditätsgröße, welche den Überschuss des Umlaufvermögens über die kurzfristigen Verbindlichkeiten beschreibt. Es verdeutlicht den Teil der liquiden Vermögensgegenstände, der durch langfristiges Kapital finanziert wird. Unternehmerisches Ziel ist die Minimierung des Working Capital und die Reduktion der Bindungsdauer (Erhöhung des Kapitalumschlages) (Charifzadeh et al. 2013, S. 49 – 50).

Durch Lean-Aktivitäten induzierte Bestandsreduzierungen haben großen Einfluss auf die Höhe des Umlaufvermögens (Bestände an Roh-, Halbfertig- und Fertigwaren) und damit auf das Working Capital.

Zur Ermittlung des Wertbeitrags der Lean-Production-Maßnahmen wird das Konzept des „Economic Value Added" (EVA) eingesetzt. Das EVA ist die Differenz zwischen dem periodenbezogenen betriebswirtschaftlichen Gewinn nach Steuern (NOPAT) und den Kapitalkosten für das Working Capital und das Anlagevermögen. Der Wertbeitrag auf das EVA durch Lean-Maßnahmen ergibt sich einerseits indirekt durch einen höheren Betriebsgewinn aufgrund niedriger Kosten durch Reduktion von Verschwendung. Andererseits reduzieren sich die Kapitalkosten direkt durch eine Verringerung des Working Capital (geringere Bestände) und ggfs. des Anlagevermögens (weniger Flächenbedarf).

Der EVA-Wertreiberbaum stellt kein Kostenrechnungssystem dar. Er eignet sich zur Schätzung der erreichten bzw. erreichbaren Wertsteigerung durch Lean. Die Berechnung ist jedoch erheblich von der Qualität der Eingangsgrößen abhängig. Als Input werden Kosten und Erlösinformationen aus klassischen Kostenrechnungssystemen verwendet. Es wird kein Hinweis auf die Ermittlung der Kostenauswirkungen und Kostenremanenzen gegeben.

Kosten- und Wertzuwachskurven

Balsliemke (Balsliemke 2015) beschreibt ein Verfahren zur kostenorientierten Wertstromplanung unter dem Einsatz von Wertzuwachskurven. In einer Wertzuwachskurve wird auf der Abszissenachse i. d. R. die Durchlaufzeit eines Produktes beschrieben, während auf der Ordinatenachse der Wertzuwachs festgehalten wird (Balsliemke 2015, S. 15). Typischerweise wird der Wertzuwachs durch die Entwicklung der Herstellkosten pro Stück beschrieben. Der Graph beschreibt somit die Entwicklung der Stückkosten im zeitlichen Verlauf der operativen Prozesskette. Balsliemke setzt die Wertzuwachskurve ergänzend zur Wertstromdarstellung ein, um den Zusammenhang zwischen den Herstellkosten und der Durchlaufzeit eines Produktes aufzuzeigen. Wesentliche Möglichkeiten zur Beeinflussung der Wertzuwachskurve sind die Verkürzung der Durchlaufzeit, die Veränderung des Steigerungsverhaltens und die Reduzierung der Herstellkosten (Balsliemke 2015, S. 15).

Bei genauer Betrachtung handelt es sich bei dem Modell von Balsliemke nicht um eine Wertzuwachskurve, sondern um eine Kostenzuwachskurve. Der Wertzuwachs eines Produktes kann der Lean-Philosophie entsprechend nicht mit den eingesetzten Ressourcen und damit Kosten gleichgesetzt werden. Der Wert aus Sicht des Kunden definiert sich weitgehend unabhängig von den entstandenen Kosten.

Gottmann (Gottmann 2016) erkennt dies und plädiert für eine gleichzeitige Verwendung von Kostenzuwachskurven und Wertzuwachskurven. Nicht wertschöpfende Zeiten (z. B. Lagerzeiten) verursachen zwar eine Steigerung in der Kostenkurve, die Steigerung der Wertzuwachskurve ist im gleichen Abschnitt jedoch null. Dies ermöglicht eine bessere Visualisierung der Zeit- und Kosteneinsparpotenziale (Gottmann 2016, S. 35).

Gracanin et al. (Gracanin et al. 2014) beschreiben den Einsatz von cost-time profiles (Kostenzuwachskurven) zur Optimierung von Wertströmen. Auf Basis eines Prozessflussdiagramms von Bestellungseingang bis Versand soll prozessorientiert der Kosten- und Zeitinvest grafisch dargestellt werden. Allgemeines Ziel ist dabei die Reduzierung der Fläche unter der Kurve (Gracanin et al. 2014, S. 1229).

Alle Formen der Kosten- und Wertzuwachskurven beschränken sich i. d. R. auf die Darstellung eines Repräsentanten. Start und Endzeit eines jeden Prozesses müssen bekannt sein. Die Kosten eines jeden Prozessschrittes müssen eindeutig ermittelbar sein und auf ein einzelnes Produkt verursachungsgerecht umlegbar sein. Typischerweise werden bei der Berechnung klassische Zuschlags- oder Stundensatzkalkulationen verwendet.

Value Stream Cost Model nach van Goubergen

Van Goubergen ergänzt in seinem Value Stream Cost Model, ähnlich dem Ansatz von Sobczyk und Koch, die Wertstromabbildung um verschiedene Module. Folgende Bestandteile bilden das Value Stream Cost Model (Van Goubergen 2012, 27 – 35):

- **Wertstrom:** Bildet die Basisgrafik, die übrigen Module werden unterhalb des Wertstroms dargestellt.
- **Bestandsmodul:** Zeigt in einer ersten Spalte unterhalb des Wertstroms den Bestandswert zu Materialkosten an (Logik des Throughput Accounting).

- **Kostenmodul:** Stellt die Kosten des Wertstroms dar und detailliert diese ggfs. zu den einzelnen Prozesskästen im Wertstrom (Logik des Value Stream Costing).

- **Kapazitäts- und EPEI-Modul:** Visualisiert die freie, die genutzte und die verschwendete Kapazität (z. B. für Stillstand, Ausschuss).

- **Profit Module:** Weist gesamthaft für den Wertstrom entsprechend dem Ansatz des Throughput Accounting den Nettogewinn, den Return on Invest, die Produktivität und den Cashflow sowie die durchschnittlichen Stückkosten aus.

Das Value Stream Cost Model bedient sich somit der Darstellungsweise der Value Stream Cost Map, dem Value Stream Costing als Kostenrechnungssystem und dem Throughput Accounting zur Berechnung wirtschaftlicher Kennzahlen. Dies führt zu einer komplexen Abbildung, welche dem Autor entsprechend, neben dem Zweck der Ergebnisrechnung auch zur Entscheidungsunterstützung verwendet werden kann. Das Modell wurde in nur einer Veröffentlichung ohne Praxisbeispiel beschrieben.

Bewertung von Wertströmen nach Pfeffer

Zweck der Methode zur Bewertung von Wertströmen nach Pfeffer ist die Auswahl von alternativen Wertströmen hinsichtlich von Kosten- und Nutzenzielen. Die entwickelte Kosten-Wirksamkeits-Analyse bewertet die Kosten auf monetärer und den Nutzen auf nicht-monetärer Basis unter Verwendung des Verfahrens der Nutzwertanalyse (Pfeffer 2014, S. 85 – 86). Das Vorgehen besteht dabei aus fünf Schritten (Pfeffer 2014, S. 94 – 168):

1. **Situationsanalyse:** Die Ist-Situation der betrachteten Prozesse und deren Vernetzungen wird mit einer Wertstromanalyse beschrieben. Zur Bewertung und Analyse der indirekten Bereiche des Wertstroms wird ergänzend eine Tätigkeitsstrukturanalyse durchgeführt. Diese dient als Schnittstelle zur Prozesskostenrechnung mit deren Hilfe die monetäre Bewertung der einzelnen Wertstromelemente erfolgt.
   Weiterer Schritt der Situationsanalyse ist die Ermittlung von Analysekennzahlen zur Formulierung des Zielsystems für die spätere Bewertung der alternativen Wertströme. Dabei wird zwischen globalen Prozesskennwerten des gesamten Wertstroms und lokalen, elementbezogenen Kennwerten unterschieden.
   Abschließend wird zur weiteren Analyse von Prozessen und Identifikation von Verschwendung eine Kategorisierung der Teilprozesse und Tätigkeiten in wertschöpfend oder nicht wertschöpfend und notwendig oder nicht-notwendig durchgeführt.

2. **Formulierung des Zielsystems:** Zweck ist die Ermittlung von Kennzahlen zur Bewertung alternativer Wertstromdesigns. Nach der Auswahl und Priorisierung der Ober- und Marktziele einer Produktion werden konkrete Betriebs-

ziele abgeleitet. Diese dienen der Konkretisierung des Zielsystems bezüglich der vorliegenden Planungs- und Entscheidungssituation.

3. **Synthese von Handlungsalternativen:** Auf Basis unterschiedlicher Wertstromdesigns werden je Alternative notwendige Tätigkeitspakete und Maßnahmen abgeleitet. Darauf basiert die Prozesskostenermittlung je Variante.

4. **Bewertung der Lösungsalternativen mit der Kosten-Wirksamkeitsanalyse:** Nach der Definition monetärer und nicht-monetärer Zielkenngrößen erfolgt deren Überführung in Wertefunktionen zur Ermittlung der Teilnutzen und deren Gewichtung. Auf Basis der Wertstromdesigns, der erreichten Teilnutzen und der Gewichtungen ist je Alternative ein Gesamtnutzen zu berechnen, welcher der Auswahl der optimalen Alternative dient.

5. **Validierung der Ergebnisse:** Hierbei erfolgt das Überprüfen der Restriktionen und gesetzten Zielsetzungen sowie der Abgleich der ausgewählten Alternative mit der Ausgangssituation.

Modell zur Abbildung von Wertstromkosten nach Gottmann

Auch das Modell von Gottmann (Gottmann 2013) dient der Beurteilung der monetären Entwicklung bei Veränderungen im Wertstrom. Durch die rechnerische Abbildung von Zusammenhängen und Wechselwirkungen unterschiedlicher Eingangsgrößen eines Wertstroms soll die zeitliche und monetäre Kostenentwicklung in Abhängigkeit der Eingangsgrößen gemessen werden. Betrachtete Eingangsgrößen sind dabei Stückzahlen und Variantenanzahlen. Die Methodik besteht aus folgenden Schritten (Gottmann 2013, S. 102):

Im ersten Schritt erfolgt die Erfassung verschiedener ressourcen- und variantenspezifischer Daten im Wertstrom. Dies beinhaltet neben allgemeinen Wertstromdaten wie Schichtmodellen und Stückzahlen der Varianten auch Daten der Einzelprozesse (z. B. Bearbeitungszeiten), der Puffer (z. B. Flächenbedarf) sowie der beteiligten Supportfunktionen (z. B. Tätigkeiten und Zeitverbräuche). Für die Produktionsprozesse, Puffer und Lager werden Vermögenswerte und Kosten, meist auf Stundensatzbasis, ermittelt. In den Supportbereichen erfolgt die Erfassung der Kosten relevanter Tätigkeiten nach der Logik der Prozesskostenrechnung.

Der zweite Schritt umfasst die Durchführung eines Kapazitätsabgleichs. Zunächst werden ohne Berücksichtigung von Rüstzeiten die Kapazitätsbedarfe ermittelt, um notwendige Investitionen in Kapazitätserweiterungen durch das veränderte Produktionsprogramm (Stückzahlen und Varianten) zu prüfen.

Im dritten Schritt erfolgt die Engpassermittlung durch die Flexibilitätskennzahl Every Part Every Intervall (EPEI) unter Berücksichtigung der Rüstzeiten zur Bestimmung der minimal möglichen Losgrößen je Variante und Prozess. Der EPEI wird als zentrales Verbindungselement zwischen Produktionsprogramm und Wertstromkosten gesehen. Die ermittelten Losgrößen dienen als Berechnungsgrundlage für die Kostenbetrachtung im Schritt vier.

Hier werden die Aufwendungen für die Ressourcen in Puffern, Prozessen und Support über den EPEI in Abhängigkeit zu Varianten und Stückzahlen gebracht. Durch die Eingabe des Produktionsprogramms können die Gesamtkosten des Wertstroms, bestehend aus den Kosten in den Prozessen, im Lager und den Supportbereichen, für das betrachtete Szenario ermittelt werden. Die Verwendung verschiedener Produktionsprogramme ermöglicht die Kostenentwicklung bei veränderten Eingangsgrößen von unterschiedlichen Szenarien zu ermitteln und so die Auswirkungen auf den EPEI und damit auf Losgrößen und Kosten abzubilden.

Lean Accounting nach Silvi et al.

Silvi et al. (Silvi et al. 2012) entwickeln ein Modell zur Aufdeckung von Lean-Potenzialen (d.h. den monetären Auswirkungen geplanter Lean-Maßnahmen) sowie dem Controlling von Lean-Management-Aktivitäten. Das einzige Kalkulationsobjekt bildet der Wertstrom. Dazu ist es notwendig Ressourcen und deren Kosten möglichst klar Wertströmen zuzuweisen. Zum Umgang mit den, meist in frühen Lean-Implementierungsphasen vorhandenen, geteilten Ressourcen wird der punktuelle Einsatz von Activity-Based-Costing-Verfahren empfohlen. Dies soll eine Umlage von Prozesskosten geteilter Ressourcen auf die Wertströme ermöglichen.

Zur Beurteilung der Auswirkungen von Lean-Maßnahmen werden Tätigkeitsanalysen, analog dem Time Driven Activity Based Costing, durchgeführt. So können zeitrelevante Prozessveränderungen monetär transparent gemacht und dadurch Auswirkungen bezüglich Nutz- und Leerkosten der Tätigkeit quantifiziert werden. Dies setzt somit bei jeder Lean-Maßnahme die Kenntnis von Kostentreibern, Zeitverbräuchen und Mengen je betroffener Aktivität voraus.

Ergänzend zur Kostendimension soll die Methodik auch die Wertdimension berücksichtigen. Alle Aktivitäten innerhalb des Wertstroms sollen dabei, dem Ansatz von McNair (McNair et al. 2001) folgend, klassifiziert werden in wertschöpfende Aktivitäten, Tätigkeiten für zukünftige Wertschöpfung, Unterstützungsaktivitäten und Verschwendung.

Silvi et al. kombinieren in ihrem komplexen Ansatz die Grundmethodik des Value Stream Costing mit dem Activity Based Costing und dem Customer-Driven Lean Cost Management.

Simplified Time-Based Accounting nach Warnacut

Das Simplified Time-Based Accounting System (STBAS) nach Warnacut verknüpft den Ansatz des Value Stream Costing mit dem Throughput Accounting (Warnacut 2016, S. 67). Es handelt sich um ein Teilkostenrechnungsverfahren. Für die Ermittlung entscheidungsrelevanter Produktkosten bzw. Deckungsbeiträge verwendet das STBAS Informationen aus Stücklisten mit durchschnittlichen Bearbeitungs- und Rüstzeiten, Umsatz und Stückzahlen je Produkt sowie Istdaten der Produktion zu Rüstzeiten, Durchlaufzeiten und Stückzahlen (Warnacut 2016, S. 67).

Die Kerngröße der Methodik für Entscheidungsrechnungen ist der Deckungsbeitrag pro Tag Durchlaufzeit („contribution per day of lead time"). Der Deckungsbeitrag eines Auftrages oder Produktes ermittelt sich dabei klassisch als Differenz der Umsatzerlöse von Material- und Fertigungseinzelkosten, welcher anschließend durch die Durchlaufzeit dividiert wird (Warnacut 2016, S. 70). Eine Berücksichtigung von Engpässen findet aufgrund meist springender Engpässe in der Praxis nicht statt. Die Verbesserung der Kennzahl ist somit möglich durch die Reduzierung der Durchlaufzeit (Bearbeitungs-, Liege- oder Transportzeit) oder durch die Steigerung des Umsatzes durch eine Erhöhung des Durchsatzes an abgesetzten Gütern. Dies verhindert eine Motivation von Überproduktion und Beständen. Die Grundannahme der Methodik liegt also darin, dass eine Steigerung des Deckungsbeitrages pro Tag Durchlaufzeit zu besseren Ergebnissen bzw. zu einem gesteigerten Cash Flow führt.

Der Ansatz eignet sich vor allem in der Zellen- bzw. Inselfertigung zur Planung und Kontrolle von Verbesserungsmaßnahmen. Als Teilkostenrechnungssystem liegt der Fokus auf den variablen Kostenbestandteilen. Die Fixkosten werden dabei, ähnlich der einstufigen Deckungsbeitragsrechnung, völlig undifferenziert behandelt und als Block in der Ergebnisrechnung von den Deckungsbeiträgen aller Zellen des Wertstroms subtrahiert.

Lean Financial Accounting nach Kristensen und Israelsen

Das Lean Financial Accounting Model ist ein Kostenrechnungssystem, welches Transparenz in die Kosten der Verschwendung bringen möchte. Als Hauptzweck wird die ex-post-Kostenkontrolle im Lean-Vorhaben und die bessere Unterstützung bei der Auswahl von Lean-Projekten zur monetären Nutzenmaximierung gesehen (Kristensen, Israelsen 2013, S. 50).

Grundsätzlich handelt es sich dabei um ein um Lean-Aspekte erweitertes Verfahren der flexiblen Plankostenrechnung. Dazu werden sowohl die Plankosten als auch die Istkosten des Ressourceneinsatzes und die daraus resultierenden Abweichungen in folgende vier Kostenkategorien differenziert (Kristensen, Israelsen 2013, S. 47):

- Wertschöpfende Kosten (process consumed)
- Kosten der Verschwendung (differenziert in zehn Verschwendungsarten)
- Kosten freier Kapazität
- Kosten für Unterstützungsfunktionen von Wertströmen.

Verhältniskennzahlen messen im Zeitverlauf den jeweiligen Kostenanteil je Kategorie an den Gesamtkosten und stellen wesentliche Zielgrößen zur Steuerung von Lean-Aktivitäten dar.

Die Basis zur Kategorisierung der Plankosten sind detaillierte Arbeitsplandaten eines gesamten Wertstroms, welche die Tätigkeiten und deren Zeit- bzw. Mengenverbrauch mit Standards beschreiben. Dabei werden stückbezogene und losbezogene Daten getrennt erfasst, um einerseits die Fehler klassischer Kostenrechnung zu vermeiden (Überbewertung von Massenprodukten und Unterbewertung von Exoten). Anderseits beeinflussen Lean-Maßnahmen mit dem Ziel der Reduzierung von Beständen und Durchlaufzeit oftmals die Losgrößen. Durch die Vorgabe dieser Stück- und Los-Planzeiten können Lean-Effekte besser von klassischen Lern- bzw. Erfahrungseffekten abgegrenzt und quantifiziert werden. Zudem werden Kosteneffekte durch Veränderungen im Produktmix mithilfe detaillierter Standards abgebildet und von Lean-Maßnahmen abgegrenzt. Die Plan-Verschwendungskosten einer Periode werden abhängig vom aktuellen Produktionsprogramm ermittelt und den Ist-Verschwendungskosten zur Abweichungsanalyse gegenübergestellt.

Die periodenbezogene Ergebnisrechnung erfolgt in Form einer mehrstufigen retrograden Deckungsbeitragsrechnung. Dabei werden von den Umsatzerlösen des Wertstroms erst stückbezogene Kosten, dann losbezogene Kosten und schließlich die Kosten der Unterstützungsfunktionen, Anlagenabschreibungen sowie Kapitalkosten subtrahiert. Die Gegenüberstellung von Istkosten zu Soll- und Plankosten ermöglicht eine Abweichungsanalyse. Zur Ermittlung der Istkosten und -leistungen werden auch Daten aus dem Shopfloor Management integriert. Dies soll ein einheitliches Bild von Wertschöpfung und Verschwendung im physischen Wertstrom als auch in der monetären Ergebnisrechnung ermöglichen und bei der inhaltlichen Abweichungsanalyse unterstützen.

Das Lean Financial Accounting Model ist bisher nicht erfolgreich in der Praxis angewendet worden (Kristensen, Israelsen 2013, S. 52).

Explicit Cost Dynamics nach Yu-Lee

Yu-Lee entwickelte sein System der Explicit Cost Dynamics (ECD) auf Basis der Kritik an klassischen Stückkostenbetrachtungen. Stückkosten, insbesondere mit umgelegten Fixkosten, sind stets fiktive Werte ohne Bezug zum tatsächlichen Kapitalfluss und Ressourceneinsatz. Viele klassische Kostenbewertungen, insbesondere auf Basis einer prozessorientierten Betrachtung (z. B. Kosten einer Besprechung, Kosten einer Bestellung), haben keinerlei Kapitalflussbewegungen zur Folge und werden als irrelevant und irreführend betrachtet (Lee 2016, S. 254). Das ECD konzentriert sich dagegen auf die Betrachtung von Kapazitäten und deren kapitalflussorientierte Abbildung.

Die Reduzierung von Verschwendung und Steigerung der Effizienz des Ressourceneinsatzes durch Lean führt nicht notwendigerweise zu absolut weniger oder günstigeren Ressourcen und damit zur Beeinflussung des Kapitalflusses. Nur Entscheidungen beeinflussen den Kapitalfluss (Yu-Lee 2006, S. 79 – 80). Effizienzsteigerungen erhöhen nach Yu-Lee meist die sogenannte dynamische Kapazität. Darunter wird das Output-Potenzial zur Erzeugung von Einheiten oder Durchführung von Aktivitäten oder Prozessen verstanden. Die statische Kapazität, also die bereitgestellten Ressourcen in Form von Personal, Anlagen etc. zur Erzeugung dynamischer Kapazität, bleibt jedoch zunächst unverändert. Zahlungsflussrelevant sind alleinig die statischen Input-Kapazitäten. Der Umgang mit gewonnener dynamischer Kapazität durch Lean entscheidet über Veränderungen der statischen Kapazität und damit eventuelle monetäre Auswirkungen (Yu-Lee 2011, S. 43).

Die Modellierung des Zusammenhangs zwischen statischer und dynamischer Kapazität sowie der Zahlungsflüsse für statische Kapazität (Auszahlungen) und abgesetzte Produkte (Einzahlungen) steht im Fokus des ECD. Das ECD stellt somit eine strenge Form der Kapitalflussrechnung dar.

Deckungsbeitrag je Zeiteinheit nach Brauckmann

Auch Brauckmann kritisiert traditionelle Stückkostenbetrachtungen. Der hohe Anteil von Gemeinkosten (ca. 85 %) an den Kosten der Wertschöpfung lässt keine verursachungsgerechte Kostenumlage zu (Brauckmann 2002, S. 17 – 19). Der Fixkostencharakter der meisten Gemeinkosten führt nach Brauckmann dazu, dass nicht die Produktionsleistung, sondern die Durchlaufzeit maßgeblich für die Kosten der Wertschöpfung ist. Liegen ist praktisch so teuer wie produzieren (Brauckmann 2002, S. 31 – 34). Traditionelle Kostenrechnungsverfahren verdecken die Kosten der Liege- und Übergangszeiten in verschiedenen Gemeinkostentöpfen. Der fehlende Zeitbezug klassischer Kostenrechnung wird daher als problematisch gesehen.

Als entscheidende Größe zur Beurteilung der Wirtschaftlichkeit wird die Durchlaufzeit gesehen. Das einzig relevante Kalkulationsobjekt bildet dabei der Kundenauftrag als Träger der Wirtschaftlichkeit (Brauckmann 2009, S. 7). Die zentrale Zielgröße ist demnach der Deckungsbeitrag eines Auftrages (Nettoumsatz – variable Auftragskosten) pro Zeiteinheit der Durchlaufzeit. Diese Zielgröße wird als universelles Wirtschaftlichkeitsmaß gesehen (Brauckmann 2015, S. 125). So steigert die Reduzierung der Liegezeiten, welche üblicherweise 95 % der gesamten Auftragsdurchlaufzeit beträgt (Brauckmann 2009, S. 9), dieser Sichtweise nach die Wirtschaftlichkeit. Das entspricht im Grundsatz auch der Philosophie Ganzheitlicher Produktionssysteme und eignet sich zur Verhaltenssteuerung.

Der Ansatz ist insgesamt vergleichbar zum Simplified Time-Based Accounting nach Warnacut. Er impliziert mit der Verhältniskennzahl Deckungsbeitrag pro Zeiteinheit, dass eine Reduzierung der Durchlaufzeit zwangsläufig mit Zahlungsflussveränderungen einhergeht. So würde eine Halbierung der Durchlaufzeit zur Verdopplung des Deckungsbeitrags führen. Dies trifft bezogen auf den Kapitalfluss jedoch nur zu, wenn die Durchlaufzeit mit dem Durchsatz durch das Produktionssystem und damit der Produktionskapazität korreliert oder sich im Umkehrschluss die Höhe der Auszahlungen halbiert. Diese inhärente Annahme ist in der Praxis kaum haltbar, da eine Reduktion der Liegezeit eines Auftrages nicht Kapazitäten für zusätzliche Aufträge schafft bzw. ein Großteil der Kosten und Ausgaben remanent sind.

Anhang 2: Datenquellen für Mehrfachzuweisungen zur Kapazitätsspaltung im Praxisbeispiel

Personal-Werker

- Wertschöpfende Kapazitätsnutzung:
  - Berechnung: Summe aller in den Arbeitsplänen als wertschöpfend gekennzeichneten Fertigungsminuten der Absatzmenge der Zeitperiode.
  - Datenquelle: ERP-System.
- Notwendig indirekte Kapazitätsnutzung:
  - Berechnung: Summe aller Personenzeiten für Rüsten, Reinigen, Transport, Prüfen, Anlernen, Besprechungen und Schulungen.
  - Datenquellen: Zeiterfassungssystem (BDE), ERP-System.
- Verschwendete Kapazitätsnutzung:
  - Berechnung: Summe aller Personenzeiten für Inventur, Wartezeiten, Störungen und Überschreitung der Vorgabezeiten für Fertigung und Rüsten.
  - Datenquelle: Zeiterfassungssystem (BDE), ERP-System mit Arbeitsplandaten, Aufschreibungen im Shopfloormanagement.

Personal-Teamleiter

- Verschwendete Kapazitätsnutzung:
  - Berechnung: Summe aller Personenzeiten der Teamleiter für das Handling von Nacharbeiten, Ausschuss, Reklamationen und Störungsbehebung.
  - Datenquelle: Zeiterfassungssystem (BDE).
- Notwendig indirekte Kapazitätsnutzung: alle verbleibenden Zeiten.

Material

- Verschwendete Ressourcenbereitstellung:
  - Berechnung: Summe des Materialwertes für Ausschuss, Verschrottungen, Verlust und Bestandsaufbau.
  - Datenquelle: ERP-System.
- Wertschöpfende Ressourcenbereitstellung
  - Berechnung: Summe des Materialwertes für die Herstellung abgesetzter Güter
  - Datenquelle: ERP-System.

Anlagen

- Wertschöpfende Kapazitätsnutzung:
  - Berechnung: Differenz zwischen dem Kapazitätsangebot und allen nicht wertschöpfenden Zeiten.
  - Datenquelle: Schichtplanung (Kapazitätsangebot).

- Notwendig indirekte Kapazitätsnutzung:
  - Berechnung: Summe aller Rüstzeiten.
  - Datenquellen: Zeiterfassungssystem (BDE).
- Verschwendete Kapazitätsnutzung:
  - Berechnung: Summe aller ungeplanten Stillstandszeiten.
  - Datenquelle: Zeiterfassungssystem (BDE).
- Freie Kapazität:
  - Berechnung: Summe aller unbelegten Zeiten.
  - Datenquelle: Schichtplanung (Kapazitätsangebot).

Index